石河子大学哲学社会科学优秀学术著作出版基金资助
国家社会科学基金项目“创新驱动战略下企业成本费用粘性与创新绩效研究”（17BJY030）



经济管理学术文库 • 管理类

# 创新驱动战略下企业成本费用粘性与创新绩效研究

Research on the Cost Stickiness and Innovation Performance under the Strategy of Innovation-driven

刘 嫦 刘立飒／著

经济管理出版社
ECONOMY & MANAGEMENT PUBLISHING HOUSE

**图书在版编目（CIP）数据**

创新驱动战略下企业成本费用粘性与创新绩效研究 / 刘嫦，刘立飒著 .—北京：经济管理出版社，2020.11

ISBN 978-7-5096-7565-6

Ⅰ. ①创… Ⅱ. ①刘… ②刘 Ⅲ. ①企业管理—成本管理—研究—中国 Ⅳ. ①F279.23

中国版本图书馆 CIP 数据核字（2020）第 245017 号

组稿编辑：郭　飞
责任编辑：曹　靖　郭　飞
责任印制：黄章平
责任校对：董杉珊

出版发行：经济管理出版社
（北京市海淀区北蜂窝 8 号中雅大厦 A 座 11 层 100038）
网　　址：www.E-mp.com.cn
电　　话：（010）51915602
印　　刷：唐山昊达印刷有限公司
经　　销：新华书店
开　　本：710 mm × 1000 mm/16
印　　张：16.75
字　　数：201 千字
版　　次：2020 年 12 月第 1 版　2020 年 12 月第 1 次印刷
书　　号：ISBN 978-7-5096-7565-6
定　　价：88.00 元

# 前　言

创新是我国转变经济发展方式，促进经济结构提质升级的关键。本书基于我国实施创新驱动战略的背景，在阐述成本费用粘性基本机理的基础上，采用国际学术界通用的规范分析（理论分析与建模）与实证检验相结合的研究方法，从企业践行创新驱动战略的企业研发及配套固定资产升级换代两类开支来探究其对企业成本费用粘性的影响及其相应的经济后果。与此同时，进一步考察我国企业金融化行为是否挤占实体企业正常的研发投资和固定资产投资，进而导致企业成本调整能力弱化而影响企业粘性程度。通过研究，本书核心结论包括：

第一，基于我国公司财务报表的整体特征和代表性案例公司数据，在我国实体经济“冷”与虚拟经济“热”结构性矛盾以及资本逐利避险性环境下，我国企业存在着基于投机动机的金融化行为。这一行为源于中国实体企业盈利能力不断下降，但是，金融化行为进一步恶化实体经济“脱实向虚”，并可能进一步诱发中国金融风险问题，这成为党的十九大报告提出的“健全金融监管体系，守住不发生系统性金融风险的底线”的现实背景。在此背景下，一方面我国大量推行管理会计，要求企业运用价值链、价值工程、作业管理等工具从原来粗放式管理的低成本往精益式管理的低成本转型，并大力投入品牌建设、技术研发等，从总成本领先策略往差异化策略转型。另一方面则从国家层面实施创新驱动战略及配套有利政策，激发企业加大研发投入及配套投资，以期实现供给侧产品更新换代。可以说，国家创新驱动战略的提出和企业战略行为，尤其是企业创新决策行为选择是一个相伴相随的过程，创新驱动战略的提出将会对企业战略行为选择，尤其是其创新性投资产生巨大的影响，而企业投资尤其是研发投入将助力国家创新战略目标的达成。

第二，技术创新是企业核心竞争力形成的基础和关键。但是，提升核心竞争力是以企业大量资源投入与消耗为前提的，为此，企业资源充裕与否对企业技术创新与核心竞争力提升起着决定性作用。本书第 5 章基于“费用粘性本质是一种特殊情境下的内部资源储备”，立足于国家宏观经济发展与企业微观核心竞争力现状，以及企业面临的资源约束，通过深入剖析企业费用粘性冗余资源的战略效应及中介路径来考察企业技术创新和费用粘性关系，以及微观产权性质与宏观金融发展对战略效应与中介机制的调节效果。研究证实，我国企业费用粘性有助于企业提升其核心竞争力，进而证明费用粘性具有战略效应。其中，进一步的中介效应检验表明，技术创新在费用粘性发挥市场竞争优势中具有显著的中介效应。与此同时，产权性质与金融生态环境对费用粘性的战略效应具有调节作用。

第三，固定资产投资是企业应对经济周期波动的策略，能够对新进入者构成进入壁垒，实现企业长期获利能力的提升。为此本书第 6 章从微观企业的视角出发研究固定资产及产能过剩对企业成本决策的影响。研究发现，企业固定资产投资不能增加企业费用粘性，但是其产能过剩会通过增加企业调整成本进而增强费用粘性。

基于企业创新投入的长期性和持续性特征，企业创新投入会进一步强化产能过剩与费用粘性之间的正向关系。通过进一步考察产能过剩影响费用粘性的经济后果发现，产能过剩通过增加费用粘性对当期企业价值产生负面效应，但在未来一期这种显著的负相关关系不再存在，进而表明企业创新投入在长期内有助于提升企业竞争力，能够缓解产能过剩诱致的费用粘性的负面经济后果。同时，本书也发现，在产业政策扶持行业、财政压力较大的地区，产能过剩对费用粘性的强化作用更显著，产能过剩引致的费用粘性价值损害效应更严重。

第四，基于本书第 4 章研究表明，我国实体企业大量配置金融资产已经成为我国经济“脱实向虚”重要特征之一。为此本书第 7 章主要基于企业资源基础等理论，在将成本费用粘性细分为营业成本粘性和销管费用粘性的基础上，实证检验了企业金融化是否影响及如何影响公司的成本费用粘性，以及金融化下的成本费用粘性对企业价值创造的影响。研究结果表明，企业金融化行为对不同成本费用粘性的影响效应存在差异，其中，企业金融化显著弱化了营业成本粘性，但是却明显增强了销管费用粘性程度。机制检验发现，企业金融化并未扮演“蓄水池”角色而缓解企业未来的投资不足，不仅挤出了实体企业主业发展，也加剧了公司的代理冲突。企业金融化与成本费用粘性的关系在金融发展水平更高的东部地区、投资机会更差的衰退行业更突出。与此同时，本书研究表明，企业金融化影响企业成本费用粘性的同时，降低了企业价值，这一价值损害效应在我国金融发展程度更低的中西部地区、衰退行业更为显著。上述观点从不同视角证实了我国企业金融化行为主要是出于投机套利动机，而非预防储蓄动机，最终通过挤出实业资本投资和恶化代理冲突而降低了企业价值。

本书在丰富成本费用粘性动因及经济后果相关方面的研究，更是对我国创新驱动战略实施效果进行了微观层面的效果检验，有效拓展了“政府作为—企业行为”的宏观、微观互动机制研究框架，为我国创新驱动战略的有效推进提供了一定启示和建议。

# 目 录

# 第 1 章　导论

## 1.1　研究背景及问题的提出

历经 20 余年高速增长且取得令人瞩目成就后，我国经济正走向速度趋缓、结构趋优的工业化后期（刘焕蕊，2016），经济社会面临诸多矛盾叠加，风险隐患加剧。

从宏观层面来看，以习近平同志为核心的党中央在中共十八大报告中提出了“五位一体”总体布局，要求“统筹推进经济建设、政治建设、文化建设、社会建设、生态建设，全面实现社会主义现代化和中华民族伟大复兴”。2017 年党的十九大在全面总结经验、深入分析形势的基础上，从经济、政治、文化、社会、生态文明五个方面制定了新时代统筹推进“五位一体”总体布局的战略目标及战略部署。虽“五位一体”总体布局涉及我国经济、社会等不同发展领域，且各具其特殊的内容和规律，但它们之间存在着“有机统一、不可分割、相辅相成、相互促进”的辩证统一关系。其中，作为建设我国特色社会主义政治、文化和社会、生态文明的前提和基础，经济建设将为我国现代化建设奠定坚实的物质和财富基础。然而，习近平总书记强调，我国经济“大而不强、臃肿虚胖体弱问题相当突出，主要体现在创新能力不强，成为我国经济大块头的阿喀琉斯之踵”①。创新引领、驱动发展已经成为我国经济发展的迫切要求。正是因为这一原因，党的十九大报告50余次提到创新，反复强调“创新是建设现代化经济体系的战略支撑”，并将创新位列新发展理念之首，居于国家发展全局的核心位置。

从微观层面来看，实施创新驱动发展战略，建设创新型国家，需要大批高水平创新型企业群体的有力支撑。当今世界，发达国家国际竞争力主要来源于那些掌握核心竞争力的创新型企业。它们之所以能够成为世界经济强国和创新型国家，核心就在于它们颁布系列有助于企业创新的制度，并培养了一大批具有创新型的企业群体。这些创新型的企业群体在国家经济发展中的支撑和引领作用功不可没。随着我国科技实力的不断提升，创新型企业逐渐成为我国参与国际竞争的主导力量。随着后工业化时代的到来，我国科技与经济发展的未来，以及我国在国际市场上的竞争力，将在很大程度上取决于我国企业在国际上的核心竞争力。而培育具有较强自主创新能力和较强国际竞争力的创新型企业群体，不能仅仅依靠企业的单方面投入，需要国家和企业协同共进，共同致力推进创新型企业的建设，打造一大批具有自主创新能力和较强国际竞争力的创新型企业群体。这一工作将成为我国建设创新型国家的长期的基础工程，也将成为企业提升其核心竞争力的根本任务。

可以说，在我国宏观的创新驱动战略指引下，实施创新驱动战

① 2016年1月18日习近平在省部级主要领导干部学习贯彻党的十八届五中全会精神专题研讨班开班式上讲话。

略已成为我国基本国策之一，目前我国已经制订包括企业研发费用加计扣除、扩大固定资产加速折旧实施范围等系列政策措施。这些制度的出台及其实施已经对微观企业的研发支出投入及为新产品投产而进行的固定资产升级换代投入产生了强烈的激励效果，并进一步影响着企业的成本管理行为及其绩效。

作为管理会计的核心概念，成本性态，尤其是成本费用粘性受到会计理论与实务界的高度关注。目前成本费用粘性话题成为国内外成本管理实证研究的重中之重。从国外实践及理论界研究来看，自 Anderson 等（2003）首次发现商品“销售、一般及管理费用（SG&A）”存在“成本（费用）粘性”（Cost Stickiness）以来，国外学者从契约论、效率论以及管理层代理冲突等角度阐述成本费用粘性动因并取得大量的实证证据（Anderson et al.，2003；Kama and Weiss，2013；Rajiv et al.，2014）。从我国来看，在学习和借鉴国外研究成果的基础上，学者围绕着成本费用粘性的存在（孙铮和刘浩，2004；刘武，2006；孔玉生等，2007；曹晓雪等，2009）、动因（孙铮和刘浩，2004；江伟和胡玉明，2011）及其影响因素（王明虎和席彦群，2011；万寿义和王红军，2011；梁上坤等，2015；周兵等，2016；宋常等，2016）等开展大量研究，证实了我国上市公司存在着成本费用粘性特征，且其粘性程度要高于美国企业（刘媾等，2014）。鉴于我国特殊的制度背景，国内学者进一步基于我国特殊的背景分别从宏观政策（周丽等，2013）、劳动保护（刘媛媛和刘斌，2014）、政府干预（刘红雪，2015）、非经济动因（毛洪涛等，2015）、中国经济换挡（王睿和韦鹏，2016）以及政治关联（张泽南，2016）等视角关注影响我国上市公司成本费用粘性的外部因素。2014 年开始，财政部发布《关于全面推进管理会计体系建设的指导意见》《管理会计基本指引》，2016 年 10 月发布《会计改革与发展“十三五”规划纲要》将管理会计提升到新的高度以来，我国对费用粘性研究更是如火如荼（详见第 2 章文献综述部分）。然而，在我国提出创新驱动发展战略大背景下，作为创新驱动战略践行主题的微观企业的创新行为是否影响着其成本管理行为及其绩效？

结合我国创新驱动战略在企业微观实践行为，以及我国费用粘性研究现状，目前如下问题值得关注：

第一，从企业研发支出来看，在国家宏观创新驱动战略政策鼓励下，企业是否采取积极措施响应国家号召进而加大企业研发支出？在我国经济增长换档期、结构调整镇痛期、前期刺激政策消化期“三期叠加”背景下，经济下行压力不断增大（郎丽华和周明生，2014）。一旦企业面临收入增长放缓或者下降，在经营业绩及现金流压力下，企业是削减研发支出使得国家创新驱动战略大打折扣，还是为实现创新驱动的长期效应维持既定开支，进而使得研发支出呈现显著的成本费用粘性？如果是后者，企业高成本费用粘性是否能够带来预期的企业创新效应？上述效应是否视产业政策、行业竞争程度及行业进入壁垒等而存在差异？

第二，从新产品投产而进行的固定资产升级换代投入来看，在面临研发支出不断增长的压力下，企业在进行固定资产升级换代时是否能够在竞争驱动动因下坚持“产能先发优势”战略，进而在固定资产投资中预留适当的产能剩余，为后续新产品生产和推广预留有效的供给能力？上述预留的产能剩余是否会导致企业的成本费用粘性加大？进一步地，企业产能过剩与费用粘性关系是否随着企业创新投入的加大（微观）、行业政策鼓励与否（中观）以及企业所在地的财政压力（宏观）而呈现不一样的关系？产能过剩诱致的费用粘性是否具有战略效应，亦即是否使得企业在面临经济复苏和繁荣时能够实现先占优势，提升企业的行业市场占有率，进而提升企业经营绩效？如果能够实现预期效应，上述效应是否会因为企业内部研发投入、产业政策鼓励以及所在地财政压力等而存在着差异？

第三，鉴于我国目前金融行业（含房地产企业）的获利能力高于实体企业，我国实体企业金融化行为严重。那么企业金融化行为是否会挤占企业正常的研发支出和固定资产投资，进而影响企业的成本粘性行为及其创新绩效？

本书基于上述考虑，在我国宏观创新驱动战略大背景下，集中关注企业践行创新驱动战略中企业研发支出以及为此配套的固定资产升级两类开支的成本费用粘性及其对创新绩效的影响，以及实体企业金融化是否影响企业粘性及其战略效应。

## 1.2 研究意义

### 1.2.1 理论意义

第一，首次将企业创新投入开支分解为企业研发支出与为今后新产品投产而进行的固定资产升级换代投入，分别关注这两类开支对我国企业成本费用粘性的影响，进而拓展了企业成本费用粘性的研究范畴，在一定程度上补充了费用粘性研究范畴。

第二，本书关注企业创新投入开支行为对企业成本费用粘性影响的同时，进一步探究上述行为诱致下的成本费用粘性战略效应，这一系列研究则进一步拓展了费用粘性经济后果研究领域。

第三，本书研究上述问题不仅考虑了企业内部创新投入行为对费用粘性的影响，而且结合企业产权性质、行业成长性以及我国制度背景等宏观变量（地区金融水平发展、地区发展产业政策、地区财政压力等）考察行业中观层面竞争和国家宏观制度层面对企业微观实践及其后果的影响，在一定程度上丰富“政府作为—企业行为”的宏微观互动机制研究。

### 1.2.2 实践价值

第一，本书关于企业创新投入开支对我国企业成本费用粘性的影响及其粘性经济后果，有助于企业清晰认识企业研发活动对企业成本管理行为的影响路径，有助于企业科学对待企业的成本决策行为。

第二，本书研究有助于企业客观评价其研发投入的成效，为加大企业研发投入提供支撑，有助于客观评价我国创新驱动战略的效用。如本研究在第 5 章考察费用粘性冗余资源的战略效应及中介路径时的研究结果表明，我国企业费用粘性对核心竞争力有着正向影响，具有战略效应。而进一步的中介效应检验则表明，费用粘性的战略效应主要源于企业通过强化企业技术创新能力而实现的企业长期核心竞争力的提升。很显然，这个结果就很好地论证了企业研发产出的长效机制，这就为企业进行科学的研发投资决策提供了理论依据，为评价我国创新驱动战略成效提供了来自管理会计视角的证据。

第三，本书研究能为我国宏观政策的优化调整提供针对性的政策建议。如本书第6章研究表明，产业政策扶持行业、财政压力较大的地区，产能过剩对费用粘性的强化作用更显著，而且在产业政策扶持行业、财政压力较大的地区的企业中，产能过剩引致的费用粘性价值损害效应更严重。这个研究结论再次论证了“市场”“政府”两种资源配置方式的利弊纷争。虽然，“政府干预具有资源配置导向功能，能够弥补市场失灵缺陷”这一观点已被大部分人认可，但是，实践中为实现地方政府的局部利益，大量的政府不当干预现象依然存在。上述行为激励微观企业过度投资，加剧产能过剩程度，降低资源要素配置效率。因此，推行简政放权，加快推进政府由“干预型”向“服务型”转变成为提升国家现代治理能力的重要内容。对应地，政府应减少对企业的干预行为，下放包括投资审批等在内的各种行政审批权力，加快建设统一开放、竞争有序的市场体系。可以说，本书研究为我国宏观政策的优化调整提供了针对性的政策建议。

## 1.3 研究目标与研究内容

本书基于信息不对称理论、契约论、效率论、代理理论、创新理论、竞争力理论相关理论，从我国实施的创新驱动战略背景出发，在阐述成本费用粘性基本机理的基础上，从企业践行创新驱动战略的企业研发及配套固定资产升级换代这两类开支来探究其对企业成本费用粘性影响及其相应的经济后果。与此同时，进一步考察我国企业金融化行为是否发生挤占效应，挤占实体企业正常的研发投资和固定资产投资，进而导致企业成本调整能力弱化而影响企业粘性程度。具体来看，本书主要包括八章：

（1）第 1 章：导论。本章在阐述本项目选题的背景与意义基础上，主要介绍了本项目的总体研究思路、主要研究目标和采用的研究方法；最后说明本项目的研究特色和贡献。

（2）第 2 章：文献综述。本章文献综述包括两大部分：第一部分主要对成本费用粘性，包括成本费用粘性存在性及其影响因素进行系统梳理，第二部分就创新驱动战略与创新绩效文献综述进行了回顾梳理，在此基础上结合我国创新驱动战略背景，寻找目前两个话题的结合点，奠定本文研究的落脚点。

（3）第 3 章：概念界定和理论基础。本章在界定成本费用粘性等核心概念基础上，主要就本书紧密相关的基础理论如契约论、代理理论、创新理论等进行了阐述，为下文进一步实证研究奠定了理论基础。

（4）第 4 章：国家创新驱动战略及其对企业创新决策行为影响分析。本章在简要回顾我国创新驱动发展战略目标及其任务基础上，主要基于单一公司案例分析和上市公司整体资产构成，分析阐述我国实体企业“脱实向虚”行为对我国企业，尤其是其核心竞争力的影响，进而引出我国实施国家创新驱动战略的必要性和紧迫性①，以及我国企业基于国家创新驱动战略具体实施下企业创新决策

① 第 4 章基于财务报表分析结论表明，我国实体经济“冷”与虚拟经济“热”的结构性矛盾，使得我国企业存在较为严重的金融化行为以实现其“投机套利”目的，这些行为通过挤出企业创新活动资源损害了企业核心竞争力。为此，我国提出调整经济结构和经济转型的任务和举措，这些举措上升到国家层面就成为了国家创新驱动战略中的重要组成部分。

行为选择，为后文整体研究及其框架搭建奠定基础。

（5）第5章：费用粘性、技术创新与企业核心竞争力。本章基于资源基础理论和技术创新理论观点，主要探究在面临外部资源约束与内部资源冗余的矛盾下，企业成本管理费用粘性究竟是无效浪费，还是资源储备？如果费用粘性能够提升企业核心竞争力，或者说具有战略效应，则其战略效应是否是通过强化技术创新能力这一路径而实现？另外，在我国“政府+市场”经济发展模式下，进一步考察政府干预下，资源错配与不同金融发展环境下企业资源储备对费用粘性战略效应及技术创新中介机制的调节作用。

（6）第6章：创新投入、固定资产投资（产能过剩）与费用粘性战略效应。本章在关注固定资产投资及其诱发的产能过剩问题对企业费用粘性影响的基础上，进一步考察企业创新投入是否会进一步促进固定资产投资（含产能过剩）和费用粘性的联系。在此基础上，进一步检验企业过度的固定资产投资（表征为企业产能过剩程度更高）是否会导致企业获利能力下降，或者说削弱了费用粘性战略效应，以及企业研发投入对产能过剩诱致的费用粘性战略效应的矫正效应。最后，本书进一步结合我国中观层面的行业政策扶持与否以及公司所在地的财政压力等分析其对上述关系（或效应）的影响。

（7）第7章：企业金融化行为是否会削弱创新支出费用粘性的绩效。本章基于我国实体企业大量配置金融资产事实，主要探究企业金融化行为是起到“蓄水池”的作用，进而为企业实体投资提供额外资金支持；还是基于投机套利行为挤占企业研发创新投入（含固定资产投资和研发投入），进而影响企业的成本决策行为，并损害企业价值创造能力。如果上述企业金融化的确影响到企业的成本费用粘性程度及其战略效应，则其影响途径是否会削减企业固定资产投资和无形资产投资？上述影响是否在企业金融资产配置差异、地区金融发展差异以及行业差异间存在着区别？本章基于金融化视角的研究有助更好地辨识我国实体企业金融化行为是否已经影响到企业实体投资，进而影响到企业的成本管理行为及其对企业价值创造能力的影响。

（8）第 8 章：研究结论与建议。本章主要对全文核心章节的研究结论再次进行总结，然后就本书的研究结论、启示和建议进行阐述，最后简单总结本书的不足之处并指出进一步的研究方向。

## 1.4 研究方法

本书采用国际学术界通用的规范分析（理论分析与建模）与实证研究相结合的研究方法，具体如下：

（1）理论分析与建模：通过理论推导与分析的方法，系统阐释分析企业两类创新驱动战略成本开支对成本费用粘性的影响机理；并结合企业实施创新驱动目标就其预期目标进行理论分析，并构建相应的理论模型。

（2）实证研究：运用我国上市公司的相关数据，实证检验公司两类创新驱动战略成本开支对成本费用粘性及其经济后果的影响程度。

## 1.5　研究创新之处

（1）本研究首次全面关注企业践行创新驱动战略的两类创新开支对我国企业成本费用粘性及其创新绩效的影响。该研究不仅有助于企业拓展成本费用粘性动因解说，丰富成本费用粘性经济后果研究，而且有助于客观评价我国创新驱动战略的实施成效。

（2）本研究在聚焦研发费用粘性与企业创新绩效相关性的基础上，进一步从企业特质性、行业产品市场程度及地区保护程度等不同层面，关注微观、中观和宏观环境对研发费用粘性与企业创新绩效相关性的调节作用，进而丰富"政府作为—企业行为"的宏微观互动机制研究，有助于客观评价创新驱动战略的效用，进而为我国宏观政策的优化调整提供针对性的政策建议。

（3）鉴于我国实体企业金融化行为严重现状，本书进一步考察企业金融化行为是否会挤占企业正常的研发支出和固定资产投资，进而影响企业的成本粘性行为及其战略效应。这使得本研究不仅仅关注国家创新驱动战略下的研发支出行为，还关注企业两大类投资（长期实体资产投资和金融资产）之间的挤占效应，这为我国目前积极倡导的"脱虚向实"的战略取向提供了来自管理会计领域的研究成果支持。

# 第 2 章　文献综述

## 2.1　成本费用粘性[①]文献综述

### 2.1.1　成本费用粘性存在性相关文献回顾

成本费用粘性研究最早起源于国外，在理论界与实务部门的互动中不断深入，并取得长足发展。费用粘性现象最早刊登在 *The Accounting Reviev*（1993）上。Rajiv D Bangker 和 Holly H Johnston 通过对 28 家美国大型航空企业在 1981~1985 年的大样本季度财务数据统计分析发现，这 28 家航空公司的成本费用变化规律并不符合传统教科学中所述的成本性态模型观点，即随着企业销售收入变动方向的改变，上述样本公司的成本费用与销售收入并不是等比例发生变化。但是，它们并没有意识到成本粘性问题，而是将其

① 文献综述中不明确区分成本粘性和费用粘性，二者存在着交叉使用。在后续章节中，如果专门提及成本费用粘性的特定概念，则按照章节特定概念进行定义。

归结为美国各大运营商采取的有效管理策略。当然，其研究结论在一定程度上证实了公司管理者的经营决策选择对成本费用有着非对称性的显著影响，进而开始引发理论界对成本形态的深入思考。1996年，D S Hamermesh 和 Gerard A Pfann 也提出了对传统成本习性模型的质疑，并提出调整成本的概念，开始对调整成本进行深入研究，为后来学者研究费用粘性的影响因素提供了基础。1997年，Noreen E 和 Soderstrom 取得了医疗机构成本费用粘性特征的证明，他们通过对医疗机构成本费用变化规律的研究发现，医疗机构的成本费用变化同样与传统成本性态模型相背离，突出表现为平均医疗费用随着医院业务量的增加而降低的现象。这一研究扩大了费用粘性的研究范畴，进一步加剧了学术界对传统成本核算系统中成本正比例变化模型的质疑。1998年，Cooper R 和 Kaplan R 在证实成本费用与销售收入不等比例变化现象的基础上，首次提出"成本动因"理论。他们认为，公司业务量只是众多成本驱动因素之一，成本是由"包括客观驱动因素和主观人为驱动因素在内的多种因素共同作用的结果"（Cooper R and Kaplan R，1998），公司管理层可以根据企业的销售情况，发挥主观能动性选取适当的成本决策方案对成本费用进行调整，这一研究大大推动了成本形态研究成果。但是，这一阶段的研究虽然发现并在一定程度上证实了企业成本费用与业务量存在不等比例变化的现象，并引发"成本费用与业务量的线性关系"的质疑，但是，此时的研究并没有提出"费用粘性"这一正式概念，也没有对其产生的原因进行系统性研究。

2003年 Anderson、Banker 和 Janakiraman（以下简称 ABJ）发表了"Are Selling，General and Administrion Costs Sticky"一文。该篇论文首次借鉴经济学中的粘性概念提出成本费用粘性的概念，并

在推翻传统成本形态模型基础上建立新的实证替代模型来反映成本费用粘性特征。为证实企业成本费用粘性，他们选取 7629 家美国企业样本的年度财务数据，以企业的营业收入（Revenue）作为业务量的替代变量，将企业营业收入与“销售费用、一般费用和管理费用”（SG&A）及其交乘项进行实证回归，其研究结论表明，营业收入每增加 1%，SG&A 费用随之增加 0.55%；但是，当营业收入下降 1% 时，SG&A 费用仅仅减少约 0.35%，其降低幅度小于上升幅度的 0.2%。针对这一非对称的现象，即费用随销售收入下降而减少的幅度小于费用随销售收入上升而增加的幅度不一致，ABJ 首次将其界定为“费用粘性”（Cost Stickiness），并将这一现象归结为企业客观存在的成本调整问题、企业内部存在的代理问题以及企业管理层存在的乐观预期等。

自 ABJ 提出“费用粘性”概念后，费用粘性问题就成为了管理会计实证研究的热点话题，越来越多的专家和学者在借鉴 ABJ 提出的研究模型基础上，投入到成本费用粘性研究，不断寻找和证实费用粘性现象的存在，并验证其他成本类型、国家和行业企业是否亦存在费用粘性。Chandra Subramaniatn 和 Marcia L Weidenier（2003）采用 ABJ 模型，采取美国 1979~2000 年度数据对 SG&A 费用、商品成本（简称 CGS）和两者之和是否存在粘性进行验证，并验证了企业的 SG&A、CGS 成本和总费用都存在费用粘性，丰富了费用粘性理论研究范围。Otavio Ribeirode de Medeiros 和 Patriciade de Souza Cosza（2004）选取巴西企业 1986~2003 年度财务数据研究发现，巴西企业同样存在着成本幅度随收入变化方向而存在着差异的现象。其中，巴西企业销售收入增加 1% 时，企业成本费用增加 0.59%，而当销售收入降低等额幅度时，企业成本费用却只减少

0.32%，亦即巴西企业存在费用粘性问题。Kenneth等（2006）对美国、英国、法国和德国的企业费用“粘性”行为进行了研究后发现，这些国家的企业均存在费用“粘性”行为，而且美英普通法系下的企业费用“粘性”的强度要弱于大陆法系下的法德两国，继而表明不同国家的法制环境也将影响企业的成本决策行为。Calleja等（2006）则对美英普通法系下的代表性国家英国和美国，以及大陆法系下的代表性国家法国、德国的四个国家上市公司为样本公司进行检验，比较了不同国家的成本粘性差异以及法律制度对其影响。他们的研究发现四个国家的成本都存在粘性，且大陆法系下的法德两国公司营运费用粘性程度高于英美普通法系下的公司，再次证实了成本费用粘性的国别差异。Banker等（2011）发现近乎三分之二的经合组织（OECD）成员国的企业营业成本存在明显的“粘性”现象，Zanjirdar等（2014）则取得了德黑兰上市公司的成本和销售费用的粘性证据。上述系统研究无一不证明，传统的成本形态假设只是存在于教科书上的经典模型，企业现实中成本的变动已经脱离了经典性态模式的假设。

国内最早开始费用粘性研究的是孙铮和刘浩（2004），他们选取我国292家上市公司8年的年度财务数据并主要关注了我国销管费用（即销售费用和管理费用之和）的粘性及其可能的原因，其研究结果表明：当企业销售额增加1%时，企业费用增加0.5597%；当销售额减少1%时，企业费用只降低0.0578%，中国企业费用粘性远远高于美国企业，他们认为，其可能的原因在于我国存在企业代理问题严重、企业内部控制混乱等问题。

随后我国其他学者也进行了类似研究，如孔玉生、朱乃平等（2007）利用2001~2005年上市公司样本数据同样证实了我国上市公司普遍存在着费用粘性问题，其中费用粘性程度将随着时间的推移而减小，他们的研究还进一步表明了费用粘性的大小会受到行业及公司特征的影响。陈灿平（2008）的研究发现企业费用“粘性”行为在我国东部、西部、中部三大经济地区之间存在显著差异，其中东部企业费用粘性行为最弱，中部次之，西部最强，进而证明了不同地区的经济发展程度也会在一定程度上影响企业的成本决策行为。曹晓雪等（2009）利用 2001~2006 年企业的年度财务数据对我国中央企业这一特殊样本的费用粘性进行了研究，结果发现，我国央企上市公司也存在着费用粘性，而且其粘性程度会随着央企负责人考核任期而发生变化。这一结果在一定程度上表明，央企的绩效评价制度会对企业成本决策行为产生影响，进而影响着央企的费用粘性程度。但是。刘彦文等（2009）通过对我国的 234 家上市公司 1994~2004 年的数据进行实证，研究得出：过去十年，中国上市公司的收入和费用一直呈增长趋势，且费用较收入增长得更快，他们认为这可能是费用粘性的一种直观体现；这种粘性行为受到宏观经济增长、资本密集程度和历史费用三大因素的影响。韩飞和刘益平（2010）利用我国 A 股市场上市的制造类企业 2000~2009 年的样本数据研究发现：我国制造类上市企业确实存在着总成本的粘性特征，并且粘性具有反转性特征和反向性特征。万寿义、徐圣男（2012）则证实了我国国有上市公司的费用粘性程度相对于非国有上市公司更加严重，进而说明了企业产权属性会对企业成本决策起着一定的影响。此外，2008 年金融危机后上市公司的成本粘性程度有所提高，且非国有上市公司提高幅度较大。但是，唐跃军等（2012）研究则表明，我国上市公司期间费用粘性更多地表现为管理费用的“粘性”，销售费用并不存在“粘性”特征，进而提出了不同费用粘性的差异性表现的现象。

### 2.1.2 费用粘性存在影响因素的文献回顾

目前国内外学者主要从资源调整成本与费用粘性、管理层预期与费用粘性和代理问题与费用粘性三个维度对费用粘性动因进行研究，并在此基础上形成了一系列的费用粘性影响成果。

（1）资源调整成本与费用粘性。

最早被用来解释企业费用粘性存在性的因素是企业资源调整成本理论（Adjustment Costs）。按照交易成本理论，企业是一系列契约的组合体，企业在日常的市场运行中，会签订一系列的短期契约和长期契约。为降低企业经营所需成本并维持企业的长期持续经营，企业往往在资源成本较低时进行资源购置并且倾向于与资源供应者签订长期的契约，如：为降低人工成本，企业往往与员工签订长期合同；为降低原材料的采购成本，企业与供应商签订长期的原材料供应合同；等等。这些合同协议一旦签订，则意味着企业管理者短期内对资源进行调整就会面临较高的长期契约调整成本。于是，为了避免企业中断长期契约可能面临的额外成本问题，企业即使面临着市场业务量下滑的现实，也会保持原来的长期契约，继而导致企业成本下降幅度小于业务量的下降幅度。因此，从企业契约的角度来看，长期契约的调整成本高于短期契约，这使得管理层并不会轻易变更长期契约的行为导致了费用粘性现象的产生。此外，在企业实际经营过程中，管理者往往需要根据市场需求和销售收入的变化，深思熟虑后对投入承诺资源进行调整，当产量或销量发生变化时，企业向上或向下（提高或降低）调整成本费用的支出就会导致调整成本的形成。正是由于调整成本的存在，所以企业当期业务量变动、企业即期生产能力变动以及未来业务量预期变动决定了企业成本与费用的变动。

借助上述理论，国内外学者开始检验调整成本对费用粘性的影响。其中，ABJ（2003）为检验调整成本对费用粘性的影响结果，利用资本密集度和劳动密集度分别衡量企业固定资产水平和劳动力水平，作为资源调整成本的代理变量，其研究结果显示，资本密集度和劳动密集度越高，则企业的 SG&A 费用粘性就越大，进而证实了调整成本对费用粘性影响的研究假设。同时，他们进一步发现，实物资产和劳动力资源所占比重较大企业的向下调整成本的难度要远远大于原材料比重较大企业的向下调整成本，进而说明非流动资产的调整难度更大，进而其调整成本更高。Rajiv（2010）进一步研究表明，当企业业务量下降时，企业管理者的成本决策行为不仅受到企业资源成本调整能力的影响，还进一步受到企业盈余管理动机的影响。如果企业存在着盈余管理动机，尤其是面临调增盈余的压力，则公司管理者会克服调整成本的困难，并采取各种可能的措施削减企业闲置资源，进而导致业绩下降时，成本费用下降更加厉害。这一另类的不对称性现象被称为反粘性。这一基于盈余能力指标视角的企业成本决策行为研究引发了后续的基于盈余管理视角下的成本粘性相关研究。类似地，Itaykama 和 Dan Weiss（2012）进一步研究了管理层资源调整背后的动机，他们同样强调，想要理解企业成本结构的决定因素，就必须挖掘隐藏在企业管理层资源调整行为背后的代理动机。他们经过研究发现，当管理层面临规避损失、规避盈利下降和迎合分析师盈利预测的动机时，在业务量下降的情况下，他们会做出加快闲置资源向下调整的决策。而这种决策行为相应地会降低成本粘性。Rajiv D Banker 等（2011）开始将心理学研究运用到企业成本决策领域，为此，他们进一步将调整成本分为货币性调整成本和心理性调整成本两部分，其中，货币性调整成本是指业务量下降时向下调整承诺资源和业务量上升时向上调整承诺资源时企业必须支付的成本。在 Rajiv D Banker 看来，企业管理者不仅会关注货币性调整成本，也会关注心理性调整成本，即管理层在调整企业成本时，更加倾向于保留其熟悉的部门或者雇员，更加可能削减自己不熟悉的部门。为此，这一研究较好地将企业成本管理研究和心理学有机结合，拓展了成本管理研究领域。总体而言，上述研究基于不同视角证实了调整成本对企业成本费用粘性的影响，但是，这一阶段学术界主要还是关注总体调整成本对费用粘性的影响，并没有按照投入资源的不同将调整成本进行具体细化，也没有深入研究各种资源调整成本差异对成本费用粘性的影响。

随着研究的逐渐深入，学者们开始对不同类型的资源调整成本进行细化，进一步探究不同成本费用的粘性差异。Rajiv D banker 和 Lei Chen（2006）探讨了资源调整成本中劳动力市场特征对企业成本费用粘性（非对称行为）的影响，集中专注于劳动力市场中的管理者资源调整成本，其实证结果证明，工会议价能力越高，则企业向下调整成本的能力越弱，导致工会议价能力与企业成本费用粘性呈正相关。公司的集中和协调程度越强，则公司在出现业务下滑时更能有效处理削减企业规模等相关事宜，进而使得集中和协调程度与企业成本费用粘性呈负相关。类似地，地区的失业保险金水平和就业保护立法的严密性会加大人工成本的调整难度，使得地区的失业保险金水平和就业保护立法水平会显著影响企业的成本费用粘性。Banker 等（2013）则从国际范围内利用不同国家雇员保护法律指数进一步研究了不同国家劳动力投入的成本费用粘性差异，其研究结果发现，当一国拥有较为严格的雇员保护法律制度时，公司营业收入下降时其解雇员工需要支付更高的遣散费用，导致劳动力成本的粘性程度大大增加。进一步地，鉴于不同行业的资源调整成本也存在差异，进而导致了不同行业的资源调整成本存在着行业和部门差异性。Balakrishnaa 和 Gruca（2008）则关注了医疗行业的不同成本项目的费用粘性差异。他们分析到，鉴于医疗行业对人力资源的特殊需求，尤其是医院的人力资本密集型属性，使得医院的人力资本的调整成本将对医疗行业的成本费用粘性变化起着主导作用。从医院具体情况来看，医院的患者护理作为医院的核心服务很可能面临更大的调整成本。招聘和培训专业医疗人员的成本则远远大于辅助员工（比如洗衣房）的成本费用，为此医院管理者很难迅速调整专业医疗人员的编制和职位。而患者护理过程中的先进设备也很难在短期内进行调整，其调整成本较大。基于上述分析，他们首次按照投入资源的类型对医院的主要调整成本进行具体细化，并深入分析了投入资源调整成本的性质和差异性，最终验证了由资源调整成本差异导致的企业成本费用粘性的部门差异。可以说，Balakrishnaa 和 Gruca 的文章是目前为止对成本细化最为全面的一篇论文，这对后续研究进行成本细化并进行针对性提供了良好的借鉴。

国内学者在学习国外研究方法的基础上对我国上市公司成本费用粘性动因进行了研究，并取得了一定的成果。孙铮和刘浩（2004）在采用资源调整成本解释了契约理论对成本费用粘性的影响的基础上，选取资本密集度作为调整成本的代理变量来检验资本密集程度与费用粘性的关系。但是，孙铮和刘浩（2004）的研究结果未能证实契约观的观点，我国公司高管可能存在的机会主义观行为更具有解释力。陈灿平（2008）基于费用粘性调整成本观点将我国不同地区的成本费用粘性差异主要归因于不同地区的劳动密集型程度。刘媛媛等（2014）借我国《劳动保护法》实施契机，检验了《劳动合同法》对企业成本粘性的影响，证实了较强的劳动保护法律会增加企业解雇员工的难度，从而增强企业的薪酬粘性，进而加剧企业成本粘性的观点。韩岚岚（2018）则考察了研究创新投入对成本粘性的影响，其结果表明，创新投入可以促进成本粘性的产生，内部控制质量对于创新投入影响成本粘性具有调节效应。周林洁等（2019）则研究了董事会留有前任总经理对公司资源调整的影响，结果发现董事会留有前任总经理会提高成本粘性，此效应在管理层持股比例较低、非国有控制和行业竞争程度较低的公司中更强。上述结果表明董事会留有前任总经理会导致公司资源投入“易增难减”，其原因是前任总经理会阻止公司向下调整资源。张路等（2019）则进一步从管理者效应出发，探究管理者能力对企业成本粘性的影响，研究结果表明，管理者能力能够显著抑制企业成本粘性，且经济政策不确定性越高，管理者能力的抑制作用越显著。陈良华等（2019）基于供应商集中度、供应链企业间距离以及制造商治理方式等视角考察了供应链对企业成本粘性的影响效应，其研究发现，供应商集中度与供应链企业成本粘性间存在倒U形的非线性关系，进而说明企业构建供应链合作伙伴关系可以实现供应链企业间的利益共同体关系，这一关系可以有效降低企业的成本费用粘性。上述关系在供应链地理距离越远以及企业签订长期契约中更显著。与国外研究相比，虽然我国研究视角出现多样化趋势，但是相对缺少对调整成本按照资源进行具体细化的相关研究，这与我国资源调整成本的细化数据较难获取密切相关。

（2）管理层预期与费用粘性。

既有的国内外研究不同程度上证实了企业资源调整成本能力对企业费用粘性程度的影响，但是，该观点并不能完全解释费用粘性的变化规律，为此，国内外学者开始关注企业管理层预期对费用粘性的影响，并逐步形成了费用粘性的管理者预期理论。

管理层预期理论主要是基于效率观和有限理性假说提出来的。效率观认为，企业的经济活动本身就是一种动态的持续过程，只有在企业持续业绩下滑时，其成本调整行为才是有效的。短期来看，企业产量和销售量呈现波动起伏，但是从企业长期来看，企业产量或销售量一般都会随着会计期间的延长而有所上升。正如费用粘性调整成本观所言，企业的资源调整存在着成本。因此，只有在企业业务量出现持续变化，且变化幅度超过一定水平时，企业资源调整行为所形成的调整费用才能被成本调整收益所弥补，此时企业资源的调整才是有效率的。从行为经济学的有限理性假说来看，人的有限性和知识能力水平的限制，使得人们的实际决策与理性的预期目标无法保持完全相同，最终导致无法保持与现实条件下的最优化完全一致。虽然企业管理层期望获得最大效率的成本调整行为，但是其有限理性导致企业管理层难以实现最有效率的成本调整，二者联合作用下产生了企业的成本费用粘性特征。于是，当管理层预期业绩下滑是临时性的，或者未来经济向好时，企业管理层就不会向下调整成本，而是保持其成本开支，进而使得成本呈现粘性特征。

基于上述观点，ABJ（2003）选取 GDP 增长率作为宏观经济发展指标并将其作为影响管理层未来预期的代理变量研究了管理层预期对费用粘性的影响，其研究发现，当宏观经济出现持续增长时，企业管理层更倾向于乐观预期企业未来发展，此时管理层倾向保留现有资源规模，使得企业费用粘性越强。当宏观经济增速放缓时，管理层对未来的乐观预期就会减弱，此时管理层会采取更加有效的手段削减成本，导致企业费用粘性程度相应降低。二者联合作用下宏观经济增长期间的费用粘性显著大于宏观经济减缓期间的费用粘性，进而论证了管理者未来预期对企业成本调整行为的影响，并显著影响着企业成本费用粘性程度。此外，ABJ（2003）还选取了连续两期营业收入是否持续下降作为管理层预期的替代变量，其研究结论同样表明了管理层对企业未来业务量的预期对企业费用粘性水平的影响。随后，Chandra Subramaniam 和 Marcial L Weidemnier（2003）、Rajiv D Banker 和 Lei（Tony）Chen（2006a）、Kama 和 Weiss（2013）的实证研究也证实了管理者预期的假说。

随着研究的深入，部分学者开始探究管理层未来预期影响成本费用粘性的作用机理。Banker 等（2010B）主要研究了管理层乐观预期和悲观预期与企业成本费用粘性之间的相互关系。他们分析，当企业未来业务量需求存在不确定性因素时，乐观预期的管理层在业务量增加时更倾向于立刻增加对企业的资源投入，扩大企业的生产能力，从而使得企业费用粘性水平提高；悲观预期的管理层在企业业务量减少时，更倾向于采取处置闲置资源的成本决策，迅速减少企业成本，最终导致费用粘性水平降低。这一分析得到其大样本实证研究结果的证实。在此文基础上，Banker 等（2014）同时考虑了管理者预期及企业前期营业收入变化对费用粘性的影响，其研究发现，企业前期营业收入增加时，企业成本费用粘性会随之增加；但是，当企业前期营业收入减少时，企业费用粘性出现反转，这一结果充分说明了管理层对收入的预测将同时考虑宏观经济的未来走向和企业前期的收入变化，并联合作用到企业成本调整行为并体现为成本粘性的变化。

随着管理层预期对费用粘性影响研究的深入，学者们开始结合心理学研究成果来拓展费用粘性的研究范畴。Hirai 和 Shiiba（2006）采用 ABJ 研究模型，选取日本企业数据主要从深思熟虑的决定论和成本调整延迟论两个角度解释费用粘性，试图测试故意决策理论对企业成本粘性的驱动作用，其实证检验证实了“SG&A 费用粘性和管理者对未来销售增长前景的预期呈现显著负相关”的预期，为此他们解释，即使企业现行的销售额处于下降状态，但是如果管理层预测未来销售额将增长，此时管理者会在短期内故意保持较多的资源，进而论证了管理层故意决策对成本粘性的影响。可以说，该文基于故意决策视角的解释对于成本粘性的成本调整论进行了有益的补充。这一思想在 Kenji Yasukata 和 Takehisa Kajiwara（2011）研究中再次得到体现，他们的研究进一步证实了管理层对未来经济发展变化的预期会导致企业有意的资源调整行为，而且他们认为，这种有意的调整行为是一种正当的行为，因为这一行为从长远来看可以使企业获得更高的未来利润。Banker 等（2014）结合成本调整的两个相反的过程，即前期销售增长和当期销售减少时企业两个相反的成本调整过程，研究了管理者自由裁量权和资源调整成本的动态复杂关系，进一步完善了调整成本的故意管理决策理论。Rajiv D Banker 和 Dmitri Byzalov（2014）则在综合前人研究成果的基础上，全面考察了成本粘性驱动主要因素对管理者决策和企业调整成本之间的动态关系。

此外，国外学者还专门就管理者过度自信行为对费用粘性水平的影响进行了研究。其中，Clara Xiaoling Chen、Timo Gores 和 Julia

Nasev（2013）认为，由于管理者在资源调整过程中拥有自由裁量权（ABJ，2003），为此，除关注经济因素和代理问题对成本费用粘性的影响规律外，还需要关注管理者过度自信对费用粘性行为的影响。他们认为，当企业销售下降时，管理者优于平均效应和认知误差会影响管理层对未来经济发展以及自我能力的客观评价，这使得过度自信的管理者更倾向于高估未来销售反弹的可能性，进而不愿削减其资源规模，导致企业保持更多的冗余资源，最终表征为成本费用粘性增大，这一分析获得了实证结果的支持，即管理者过度自信对成本费用粘性具有显著影响。

我国学者也关注到管理层预期对企业成本费用粘性问题的影响，如孙铮、刘浩（2004）选取了宏观经济GDP增长率作为管理层对未来经济发展预期的替代变量，证实了GDP增长率对企业费用粘性程度的增强有贡献。刘彦文、王玉刚（2009）在孙铮等的研究基础上，同样考察了管理者乐观预期对企业成本粘性的影响，其实证结果再次证明了这一观点。在借鉴Banker等（2011）的研究方法的基础上，曹歌（2012）选取前期销售收入是否增加作为管理层乐观预期的替代变量，选取前期销售收入是否下降作为管理层悲观预期替代变量，考察了管理者不同预期对企业费用粘性影响，实证结果发现，管理层乐观的预期与成本费用粘性水平显著相关，而管理层的悲观预期与成本费用反粘性水平显著相关，进而证明了管理层乐观预期对企业成本管理决策的影响。李梁和赵息（2013）研究同样证明了管理者乐观预期是导致成本费用粘性产生的原因。但是其结论与曹歌存在着差异，主要表现在“高管对未来业务量呈悲观预期时，则成本费用粘性并不明显”。周兵等（2016）在考察企业不同竞争战略与不同成本行为之间的关系时发现了相似的观点，即管理层乐观预期会提升成本粘性，而悲观预期会降低成本粘性。该文的增量贡献主要体现在作者进一步考察了不同管理者预期下，企业不同的战略选择和成本粘性的关系，其研究结果显示，管理层乐观预期下选择差异化战略的企业比选择低成本战略企业成本粘性更高，管理层悲观预期时选择低成本战略的企业比选择差异化战略企业成本反粘性更高。刘嫦（2014）首次结合我国企业负责人绩效考核制度，从心理学角度实证检验了管理者过度自信对公司成本费用管理决策的影响，其实证研究表明我国管理者过度自信程度和公司成本费用粘性呈现负相关关系，这一关系在国有控股上市公司中更为显著，该文章很好地结合了我国特殊的国有企业绩效考核制度，考察了管理者乐观预期对企业成本管理行为及其盈余管理行为的弹性影响。梁上坤（2015）基于“管理者过度自信、债务融资约束与成本粘性”之间的关系研究表明，管理者过度自信公司的成本粘性显著更高，且这一关系仅存在于债务约束较弱的情况，进而说明管理层过度自信对成本粘性影响具有一定的条件。宋云玲等（2019）研究了 CEO 的动态过度乐观对费用粘性的影响，其研究结论表明，动态过度乐观的 CEO 会努力工作以实现对未来的乐观预期，会增强 CEO 与股东之间的利益协调度，进而减少管理者机会主义行为而抑制企业费用粘性程度。

上述研究都在不同程度上证实了企业管理层乐观预期对企业费用粘性的影响，而且进一步结合了心理学的管理者乐观预期、企业战略行为选择等考察不同情境下管理者乐观预期对企业成本费用粘性的影响，其研究具有较好的系统性。目前，我国学者在学习国外研究成果的基础上，也开始大量关注管理层预期与费用粘性关系的文献，并进一步基于企业发展战略、企业业绩考核制度、管理者过度自信以及 CEO 的动态过度乐观等视角进一步深化了费用粘性的管理者预期观的相关验证。

（3）代理问题与费用粘性。

除资源调整成本和管理层预期两个因素外，国内外学者进一步从企业的代理问题视角考察了代理问题对企业粘性的影响，并形成了费用粘性的代理成本理论。

费用粘性的代理成本理论认为，基于股东和管理层之间存在委托—代理问题，处于信息优势地位的管理层在进行企业成本费用决策时出于其个人的机会主义利益考虑，进而偏离股东利益最大化目标，产生管理层自利行为。这些自利行为会导致企业成本决策偏离公司资源最优化目标，并表现出成本具有粘性特征。其中，ABJ（2003）也认为企业股东和管理层之间存在的代理问题是产生费用粘性的重要因素之一。他们分析，为实现管理者的机会主义行为动机，存在代理问题的公司高管并不总是以股东权益最优化为行事准则，而是更加关注自身利益最大化。于是，当公司业务量出现下降时，为避免公司大幅度减少（或小幅度减少）自身所能控制的资源及其对自身薪酬降低的可能影响，公司高管会做出保留闲置资源的成本决策，使得成本下降幅度小于收入下降幅度的可能性，从而表征出公司的费用粘性。在此基础上，Calleja 等（2005）借鉴 Subramaniam 和 Weidenmier（2003）研究模式，考察了不同的公司治理模式下公司费用粘性的国别差异。其研究发现，大陆法系国家中的法国和德国的费用粘性大于普通法系国家中美国和英国企业的成本费用粘性，其根源主要在于普通法系国家中国家的公司治理制度和管理监督机制相对更加科学完善，进而可以更好地抑制企业管理层代理行为对成本费用粘性的影响，进而从侧面支持了费用粘性的代理成本解说理论。

随着基于代理视角的企业费用粘性相关性研究的深入，学者开始进一步关注管理层具体的代理行为，如管理层“帝国构建”行为、盈余管理行为等对费用粘性的影响。Chen 等（2012）主要从管理层帝国主义构建视角考察企业高管决策层面对成本费用粘性的影响。他们预测，随着公司自由现金流水平的提高，企业管理层可以有更多的资源用于其帝国的构建，当企业销售量下降并导致自由现金流水平降低时，管理者帝国构建的能力和概率变小，为避免其利益受损，他们会降低 SG&A 费用继而导致成本费用粘性变小。这一预测得到了 Chen 等（2012）的论证。同时，他们进一步考虑了公司治理结构对这一问题的治理作用，其研究进一步支持了“良好的公司治理结构能够降低企业成本费用粘性水平”，进而证明了管理层代理行为的确会影响企业的成本决策行为。鉴于股权激励是缓解代理问题的一种有效手段，部分学者在验证了代理问题对费用粘性影响的基础上，开始关注股权激励对企业费用粘性的缓解作用。Rajiv D.Banker 等（2011）则从股权激励视角考虑了股权激励制度是否协调管理者和股东的代理问题，进而影响管理层的成本决策行为。他们的研究结果表明，公司股权激励导致投入资源的增加创造出更高的未来价值，即当企业输入资源支出能够创造更高的未来价值时，公司提供新的股权激励机制时管理者更有可能做出合理的成本支出决策。Clara 等（2012）提出，既往成本费用粘性研究主要考虑了经济因素对调整成本的影响，未深入考虑企业资产强度和未来需求的不确定性对费用粘性的影响。为此，他们从公司治理视角探讨了其对费用粘性的影响，并以自由现金流量、首席执行总裁的数量、任期和薪酬结构四个变量衡量公司代理问题以及管理者帝国构建激励机制，以此考察管理层代理问题对成本费用粘性的影响，其实证研究结果与其预期一致，再次验证了费用粘性的代理成本解说。为克服 Chen 等（2012）研究中可能存在的内生性问题，Chen 等（2014）采用 DID 模型，利用美国各州通过的反收购法律作为一个外生事件，研究代理问题对企业成本决策的影响。其研究结果发现，当公司营业收入增加时，公司实施新的反收购法律条例后公司销管费用支出得更多，这一结果与公司实施新的反收购法律条例后，管理层为减少公司被收购、失去工作的机会从而进一步加大了企业成本费用开支。但是，在公司营业收入下降时，实施新的反收购法律条例后公司的费用粘性并不显著，这与作者的预期不相吻合，也不符合代理问题对费用粘性影响的解释。

Itay Kama 和 Dan Weiss（2013）则从管理者资源调整的动机考察了管理层代理问题对粘性的影响，其实证结果表明，当企业销售量下降时，在管理层面临盈利目标的压力下，企业管理人员可能采取更积极的措施削减成本，进而避免企业盈利下降以满足华尔街金融分析师的盈利预测。这种情形下，管理层更加积极的成本削减行为使得成本下降幅度大于其销售额的下降幅度，进而使得企业成本粘性程度下降，甚至出现成本粘性消失，并呈现反粘性特征。这一结果表明，企业管理层为满足盈利目标的激励，企业高管存在着刻意的资源调整行为，从而影响着企业成本费用粘性程度的变化方向。此外，他们进一步借鉴 Banker Ciftci 和 Mashruwala（2011）的研究框架，考察管理层面对盈利目标的激励是否是管理层乐观预期的影响，其研究表明，即使管理层对未来需求的预期是乐观的或者这些资源可能是未来需求增长时所需的，但是，为满足盈利为目标的激励，管理者依然更倾向于减少冗余资源，降低成本费用粘性水平。

我国学者在学习国外研究基础上，也对我国企业的代理问题与费用粘性关系进行了大量研究。孙铮和刘浩（2003）实证结果发现，虽然我国企业资本密集度和宏观经济 GDP 增长率都会影响公司的费用粘性，但是统计学上并不显著，为此，他们将其可能的原因归结为我国上市企业管理层可能存在的机会主义行为。基于这一结论以及我国企业存在的严重代理问题和内部控制混乱等现状，我国学者围绕着管理者代理问题就费用粘性进行了大量的研究。如万寿义、王红军（2011）选取 740 家 A 股上市企业的财务数据，从公司代理问题的角度解释公司代理冲突对费用粘性的影响，其实证结果表明，制造业企业代理问题越严重，则公司的费用粘性水平越高，二者显著正相关。王明虎、席彦群（2011）以及房曼、杨凤（2013）在进行理论模型推导基础上，进一步分析了企业自由现金流量对企业费用粘性的影响，研究发现企业自由现金流量与企业的费用粘性水平呈正相关关系，继而表明了企业大量的自由现金为管理层的代理问题提供了资源，使得管理层更有可能进行管理层帝国构建行为。穆林娟、张妍等（2013）从金融学和经济学角度出发，利用我国 A 股的 2500 家上市公司 2007~2011 年的销售和管理费用粘性情况进行考察，研究显示管理层就业自利动机的企业扩张动机会增强费用的粘性程度，这种关系在资本集中度较高的企业中更加显著。罗宏等（2015）鉴于高管薪酬激励被认为是缓解委托—代理问题的重要机制入手，实证检验了国有企业高管薪酬激励对费用粘性的影响。他们发现：管理层的机会主义是造成国有企业费用粘性的主要原因，而高管薪酬激励则有助于缓解委托—代理问题引发的费用粘性水平，并且良好的公司治理水平可以显著增强这种效果。孙维章等（2016）同样发现高管薪酬激励在国有企业中的粘性克服效果更加显著，并且相较落后地区，发达地区上市公司中高管薪酬激励对费用粘性的抑制效果较差。南晓莉、张敏（2018）研究发现，政府补助显著增强了成本粘性。这一关系在融资约束较低条件下尤其明显，这就表明政府补助通过管理层代理问题增强了成本粘性。牟伟明（2018）研究结果表明，在中国制造业上市公司存在费用粘性特征且自由现金流具有增强费用粘性的情况下，完善董事会治理有助于遏制自由现金流充裕的情况下的费用粘性问题。万寿义、田园（2017）研究结果表明，公司第一大股东控制权越高，管理费用粘性越高，销售费用粘性则越不显著；其他大股东对第一大股东制衡度越高则越能有效抑制负面管理费用粘性，但是对销售费用粘性程度无显著影响，这一结果进而证明了科学合理性股权结构有助于抑制企业不合理的成本决策行为。刘慧龙等（2017）研究了金字塔集团不同层级公司成本粘性差异及其成因。结果发现，公司距离最终控制人的层级数和成本粘性程度正相关，这一关系在公司融资约束程度较低、管理层不持有公司股份、股权集中度较低时更加明显，但是在公司收入持续下降时无显著变化。中介机制分析表明，金字塔层级增加会通过增加管理费用率、过度投资而提高成本粘性。这些结果说明，金字塔层级增加是通过恶化管理层代理问题而提高了成本粘性，没有证据表明金字塔层级通过影响资源调整成本和管理层乐观主义而提高了成本粘性。

基于管理者代理冲突诱发费用粘性，我国学者进一步探究何种治理机制可以治理管理者代理冲突诱发的费用粘性，并取得了系列研究成果。崔学刚等（2013）在探讨境外上市对公司资源调整行为特征的影响时发现，在境外上市由于面临更好的法律制度环境、市场环境与信息环境，会产生绑定效应，从而会显著地降低公司费用粘性；这种机制作用会受到公司控制权特征及其所导致的控制人动机的影响，地方政府控股公司及非国有企业境外上市的绑定效应相对较弱。侯晓红和魏文静（2016）从外部监管环境差异和机构投资者异质性视角出发，以2007~2014年沪深A股上市公司为样本，研究发现：相对于境外机构投资者，我国的机构投资者在公司治理中未发挥积极的治理效应，其持股的增加显著增加了费用粘性的强度；交叉上市公司由于面临更高的监管和信息披露标准，使得机构投资者对费用粘性的增强作用消失；同时，交易型机构投资者比稳定型机构投资者更具短视倾向，为此，交易型机构投资者持股比重越高，则公司费用粘性越大。梁上坤、陈冬（2015）进一步考察了事务所规模对费用粘性的影响，其研究结论显示，国际四大审计上市公司其费用粘性显著更低，而国内十大与非十大审计公司则不存在显著差异，这一结果敲醒了强化审计师行业监督、提升审计质量的警钟。宋常等（2016）则发现审计师行业专长也会对企业费用粘性产生影响，审计师行业专长水平越高，企业费用粘性越低。媒体关注作为一种公司的外部治理机制，对于公司管理层的监督，降低信息不对称和缓解代理问题发挥了重要作用。梁上坤（2017）基于媒体关注角度，发现媒体关注能够显著地抑制公司的费用粘性，并且这种抑制作用受到公司内外部信息环境和不同媒体导向的调节作用。这一结果就证明了我国的媒体关注具有治理效应，可以对企业无效的成本决策行为起着监督作用。全怡、陶聪（2018）基于管理者性别特征考察管理层对企业成本费用粘性的影响。其研究表明，女性高管倾向于规避风险和遵守道德规范的性格，使得女性高管占比越高企业费用粘性越低，这一关系在管理层自利动机较强的企业以及女性高管处于核心领导岗位时，对企业费用粘性的抑制效果更加明显。张传奇、孙毅（2018）进一步考察了企业债务能否发挥治理成本费用粘性的作用，其研究结果表明，企业债务约束具有较好的治理作用，可以显著抑制管理层的过度投资行为，进而降低企业成本粘性。梁上坤（2018）则进一步考察了机构投资者持股对公司费用粘性的治理效应，其研究发现，机构投资者持股对公司费用粘性存在显著的抑制作用，这一抑制作用在非国有公司以及股权分置改革后的样本公司中更显著，进而从成本粘性角度论证了机构投资者的效应。洪昀、隋晓敏（2019）实证检验融资融券对企业费用粘性的影响，研究发现融资融券对上市公司费用粘性具有显著的抑制作用，进一步分样本回归结果表明，上述抑制效果在所在地区投资者保护环境较差的企业、代理问题更为严重的国有企业及外部审计质量较低的企业中更为明显。

相对于资源调整成本、管理层预期，我国学术界关于代理成本与企业费用粘性之间关系的研究文献更为丰富，其主要在于费用粘性程度总体高于发达国家并将其归结为我国企业代理冲突更为凸显（孙铮和刘浩，2004）。但是，随着费用粘性研究的不断深化，部分学者提出费用粘性可能是企业战略资源的储备，进而对费用粘性代理观提出了巨大挑战。但是，目前尚没有充足的证据证明费用粘性的战略效应，为此持费用粘性观的学者依然占据主导地位。

## 2.2 创新驱动战略与创新绩效文献综述

### 2.2.1 创新驱动战略思想发展、效果成果回顾

自党的十八大明确提出“科技创新是提高社会生产力和综合国力的战略支撑，必须摆在国家发展全局的核心位置，强调要坚持走中国特色自主创新道路、实施创新驱动发展战略”以来，创新驱动发展战略思想根源以及实施效果成为当前国内学术界和社会所广泛关注的热点。下面主要从创新驱动战略的理论根源、效果及其缘由等视角进行相关成果回顾。

从我国创新驱动战略的起源及其理论渊源来看，最早[①]介绍创新驱动战略的费利群（2011）认为，2010 年 9 月 6 日胡锦涛同志在深圳特区成立 30 周年庆祝大会上阐述的“要坚持自主创新，重点跨越，支撑发展，引领未来的方针，加快构建以企业为主体，市场为导向，产学研相结合的技术创新体系，提升核心技术自主创新能力，推动经济发展从要素驱动向创新驱动转变”观点意味着我国已经在 2010 年就提出了创新驱动战略思想。张泽一（2013）则对

① 尽管袁洪川（1996）的论文标题最先出现“创新驱动战略”字眼，但是从其行文来看，其核心在于阐述以国有大型、特大型企业及国有控股集团作为技术创新的“核心层”，以国有中型企业及股份公司作为技术创新的“紧密层”，以小型企业（国有、集体、民营）作为技术创新的“活跃层”，以国际国内两个大市场作为“驱动层”等不同层级的特征及目前进行技术创新存在的困难。为此，该文标题中出现的创新驱动战略与党的十八大提出的创新驱动战略是两个不同的概念，需要则请参考袁洪川（1996）一文。

我国创新驱动战略的理论渊源进行了追根溯源。该文认为，马克思列宁主义的科技与创新思想是创新驱动战略的理论源泉，以毛泽东为核心的党的第一代领导集体提出的自力更生、跨越式发展的科技创新思想，以及随后经过党的十四大、十五大、十六大和十七大演化最终在党的十八大上明确提出我国的创新驱动战略，使得我国科技思想成为了一个博大精深的理论体系。王聪、何爱平（2016）指出，马克思关于企业技术创新和制度创新的思想，以及熊彼特系统的创新理论是我国提出创新驱动发展战略的重要理论基础。罗晓梅（2016）则认为，马克思主义的理论渊源、中国共产党人探索带来的创新发展以及现代西方学者的创新理论都构成了我国创新驱动发展战略的理论基础。

从实施效果来看，我国创新驱动战略的执行效果有待提升。如李晓萍等（2015）认为，我国科技创新方面存在的科技成果质量整体水平不高以及科研成果转化机制不顺畅两大问题严重阻碍创新驱动发展战略的实施。高伟（2016）认为，尽管我国 R&D 支出占 GDP 的比重已超过 2% 的临界点，进入创新驱动阶段的前期。但是，在产业、企业和政府层面创新增长还存在一定的障碍。其中，企业层面主要体现为企业的制度改革难以为企业技术创新提供足够激励，导致企业的创新动力不强。

针对目前创新成效不佳的问题，需要从营造良好的外部环境和培育有效的微观主体入手。前者来看，需要建立开放、公平竞争的市场环境，营造鼓励和支持创新的金融体系，完善知识产权保护制度，激发企业创新驱动力。如辜胜阻等（2016）认为，我国实施供给侧结构性改革的关键在于激发微观企业主体活力，关键环节之一在于推进国有企业实施创新驱动战略，为此，需要构建适合创新活动特征的能动性管控系统，来保障创新思维真正转化为生产力，实现企业创造价值能力的提升。周琳（2015）同样认为，在激发企业创新发展过程中，特别需要一批国有企业能够在开发新技术、开拓新市场、发展新产业中发挥带头引领作用。在这个过程中，恰当选择研发支出会计政策不仅为企业提供资金和政策的支持，也为企业技术创新和国家创新驱动发展战略的实现提供外在动力（李华，2016）。

### 2.2.2 创新绩效衡量及其影响因素相关研究

在我国实施创新驱动战略的大背景下，如何衡量创新绩效就成为了学者关注的另一个问题。为此，我国学者在学习国外学者衡量技术创新的方法基础上也提出了我国技术创新绩效的衡量方法。从现有的技术创新绩效的衡量方法来看，目前主要从技术创新投入产出双视角以及创新产出，即创新效益等角度来展开。其中，基于投入产出角度的评价指标体系既包括单产出多投入指标体系，又包括多产出多投入指标体系[①]。从创新产出即创新效益的角度来看，鉴于技术创新的最终结果都将反映在效益上，为此部分学者开始从创新的效益角度来构建评价指标体系。代表性学者有 Alegre 等，他们采用了效果和效率两类指标来衡量。王青云和饶扬德（2004）则结合技术创新的经济特征，构建了包括经济效益和社会效益两个维度、16 个二级指标的指标体系来评价企业的技术创新绩效评价体系。陈劲和陈钰芬（2006）则基于创新产出绩效和创新过程绩效两

① 鉴于向坚、刘洪伟(2011)一文已经有了详细的回顾，本书不再赘述，需要则请参考向坚、刘洪伟(2011)一文。

个阶段构建了包括经济效益、直接技术效益以及技术积累效益三个维度，共计 11 个具体指标的企业技术创新绩效指标体系。鉴于上述指标的构建需要大量的研发产出的数据，而且这些数据属于企业的内部机密，不属于对外公开的信息，为此，部分学者直接采取了企业绩效作为企业创新的替代变量。

在构建创新绩效衡量指标的前提下，学者进一步就影响创新绩效的内外部因素进行了研究。现有研究主要沿着两条路径开展：一是从企业投入的角度开展，二是从企业外部的制度环境来考察。

从企业投入的角度来看，国内外学者主要从企业的科研投入（含无形资产投入）来考察企业投入对企业创新绩效的影响。如李涛等（2008）针对信息与制造行业的行业特征以及对科研投入的依赖性，利用面板数据建立多元线性回归方程模型，考察科研投入对企业绩效是否具有提升作用。其总体样本研究表明，企业科研投入并不能明显提升其盈利能力，但是对企业成长能力有显著的促进作用；但是，当企业进行高研发密度和高效率的人工费用投入时，科研投入可以有效促进信息业主营业务收入和整体盈利能力的增长，这一结果说明企业科技投入存在着高门槛阈值效应。王兰芳、胡悦（2017）研究证据表明，创业投资显著促进了企业创新绩效，这一相关关系在外部融资依赖度更高、高新技术密集度更高的行业以及产权保护更好的地区、非国有创业投资以及高声誉、高网络资本企业中更显著，进而说明企业创新绩效的提升需要必要的外围条件。林钟高等（2011）选取 2003~2010 年沪深 A 股上市公司 R&D 数据，研究企业债务水平对企业研发投入的影响及其对公司市场价值的关联关系。其研究结果表明，因债务高企导致的企业破产风险加剧，使得企业投资动机不足，进而削弱企业的研发投入量。同时，为保证研发活动取得其预期的经济效益，企业会尽力避免较高的资金成本和风险，采取更加稳健的资本结构，从而使得低负债率公司中企业研发投入和公司价值的正向影响关系更为显著。

从企业外部的制度环境来看，国内外学者则主要从地方政府的财政补贴、税收优惠政策等视角来考察国家对科技的投入补贴对创新绩效的影响。如 Autant-Bernard 等采用局部知识溢出效应的经验数据研究了欧洲地区创新政策对企业创新行为及其产出的影响，该文强调政策制定者应根据各区域战略需求进行区域创新政策设计。Berube 和 Mohnen 采取非参数匹配技术估计方法对加拿大统计局企业创新产品的调查数据的研究发现，较之只享受税收优惠的企业而言，同时享受政府补助和税收优惠的企业的创新绩效更高，突出体现在“能生产出更多新产品、制造出更多世界第一的新产品以及创新产品商业化会取得更大的成功”。从国内研究来看，我国学者对政府补助与税收优惠这两种政策工具的作用存在着不同的看法。基于创新活动具有的高投入、高风险性，为此，需要针对企业创新活动进行适度的研发补贴，以降低企业研发的私人成本。其中，白俊红、李婧（2011）研究表明，政府研发资助可以提升企业的技术创新效率。虽然邢斐、王红建（2018）也认为，研发补贴可以撬动更多私人创新，但是政府研发补贴可以直接替代和减少企业私人研发，进一步产生政策风险。为此，他们以沪深 A 股上市公司 2008~2012 年的数据作为样本，验证企业规模、市场竞争及两者组合对我国研发补贴政策绩效的调节作用，其研究结果发现，在市场竞争程度较弱的行业中不应资助规模过大的企业，在市场竞争程度较强的产业中应避免资助规模过小的企业。这一研究结果为政府部门制定补贴政策提供了有效参考。王一卉（2013）在考察企业所有制属性、企业经验积累以及地区差异等基础上，运用中国高技术企业的面板数据分析了政府补贴对企业研发创新活动的影响，其研究结果表明，国有制企业中的政府补贴会导致创新绩效下降，这一观点和白俊红、李婧（2011）的观点正好相反。郑春美、李佩（2015）实证分析了政府财政激励政策对中小型高新技术企业创新绩效的影响，并对两种主要政策工具即政府补助和税收优惠的激励效果进行比较。研究发现，政府补助和税收优惠两种手段的效果存在巨大差异，其中政府补助可以促进企业创新，但是税收优惠不仅不能，有时还会对其企业创新产生消极影响。马伟红（2011）研究结果发现，税收激励与政府资助对中小板上市高新技术企业的研发投入都有促进作用，其中税收激励作用更大。戴晨、刘怡（2008）运用省际大中企业面板数据的实证分析结果发现，税收减免比财政补贴的激励作用更大。类似地，刘楠、杜跃平也得出了政府补助无法激励研发创新活动的结论。此外，庞瑞芝（2014）进一步从政企关联角度考察了其对政府资金支持和创新绩效的关系，其研究结果，政企关联企业在获取政府资金支持方面具有明显优势，但是这种优势没能有效转化成其创新发展强势，政企关联对企业创新绩效的总体影响是负面的。邵传林（2015）则进一步从制度环境的角度对政府财政补贴与企业创新绩效关系进行了研究，其中，与没有获得政府财政补贴的企业相比，获得政府财政补贴的企业创新绩效更高，而且政府财政补贴在制度环境好的地区对企业创新绩效的促进作用更强。

从上述文献回顾可以看出，虽然我国就研发投入经济后果进行了大量研究，但是从现有研究结果来看，其研究结论并不一致，有必要在深入研究其机理基础上进一步深入研究。

## 2.3 文献述评

从上述文献可以看出，国外内学者对成本费用粘性影响机理及其动因已经取得大量研究成果。然而，在我国提出创新驱动战略背景下，现有研究尚未从企业创新角度解读成本费用粘性问题，更未有学者关注创新中的研发支出及其后续的固定资产升级换代开支中产能剩余行为对成本费用粘性的影响，有必要从我国创新驱动战略出发，研究企业创新的不同开支行为对成本费用粘性的影响。为此，第一，应基于我国宏观创新驱动战略政策探究国家创新驱动战略对企业的影响，并采取定量研究方法深入探究企业两大创新驱动行为（企业研究开发行为和企业固定资产产能更新行为）是否影响企业成本决策，并表征为企业粘性程度的变化。第二，虽然目前主流的观点认为费用粘性是企业管理者代理冲突的结果，但是，部分研究却认为费用粘性具有战略效应，粘性是企业战略资源的一种储备，有助于企业在经济复苏时尽快恢复产能进而抢先占领市场。那么，企业创新性行为的费用粘性是否具备战略资源的储备和开发效果，这也需要进一步研究和挖掘。第三，在我国目前金融行业（含房地产企业）的获利能力高于实体企业，我国实体企业金融化行为严重，那么企业金融化行为是否会挤占企业正常的研发支出和固定资产投资，进而影响企业的成本粘性行为，这也是目前研究的一个薄弱环节，亦需要进行强化研究。

基于上述考虑，本书基于我国宏观创新驱动战略大背景，集中关注企业践行创新驱动战略中企业研发支出以及为此配套的固定资产升级两类开支的成本费用粘性及其相应的经济后果，并关注实体企业金融化行为对费用粘性的影响，以期进一步补充费用粘性相关研究，也为评价我国创新驱动战略的实施效果提供辅助性证据。

# 第 3 章　概念界定和理论基础

## 3.1　基本概念界定

### 3.1.1　成本费用粘性

传统的成本费用性态模型将成本费用分为固定成本费用和变动成本费用，并假设业务量增加或减少相等的幅度，其对应的成本费用也增加或减少相等的幅度。但在，现实情况下并非如此。如 Banker 等（1995）在对制造业企业的间接制造成本考察中发现，大多数的企业间接制造成本不是由企业产量的大小来决定的，而是主要由制造过程的复杂程度和交易过程的关系来决定的。为此，他们认为，企业成本费用的开支变动并不是随业务量的改变而机械地变动，进而对传统的成本性态理论提出了质疑。Noreen 和 Soderstrom（1997）利用企业成本费用开支模型预测企业成本时发现，企业的某些成本费用在核算过程中出现了“企业业务量下降时降低的程度小于业务量上升时提高的程度”这一现象，但是并未对这种现象进行专有化命名。随着学者研究的不断深入，这一现象得到了理论界的关注，并有部分学者借鉴经济学中的“粘性”概念来解释成本费用的异常变化，2003 年 Anderson 等首次提出了费用粘性的概念，此后费用粘性概念正式成为一个专业术语而存在。从目前的研究来看，成本费用粘性的概念已经基本固定，即成本费用粘性是指公司成本费用由于业务量的上升带来的边际增加值大于业务量降低带来的边际减少值，也即业务量与成本费用变化之间的不对称。

从成本费用粘性现象的发现、确认到成本费用概念正式定义的过程来看，成本费用粘性概念是对传统成本性态理论的一种补充和发展。这一概念最大的贡献在于发现了不同的成本变化方向下业务量和成本量之间的非对称性关系，换言之，企业成本费用的变化不仅取决于业务量变化的幅度，还取决于业务量变化的方向，成本费用随业务量变化的方向不同，会产生非对称性的改变，用数学表达式来表示则为：若 $X_n<X_{n+1}$，$dy/dx=b_1$，若 $X_n>X_{n+1}$，$dy/dx=b_2$，则有 $|b_1|>|b_2|$，即模型 $y=a+bx$ 中的 b 不是一个固定的常数。这一现象的提出，打破了我们对传统成本习性的单一理解，后来的研究也进一步证实了成本费用粘性的存在。

成本粘性、费用粘性、成本费用粘性三者所研究的问题都是指企业成本费用的边际变化率随业务量变化方向不同而呈现出的非对称性现象，其区别主要在于其研究范围和对象。其中，成本粘性主要关注企业的销售成本与销售收入之间的非对称性变化关系，费用粘性则主要关注销售费用、管理费用与业务量变化的非对称性关系。成本费用粘性的研究综合考虑了企业的成本与费用，研究对象不仅包括销售费用、管理费用，还包括销售成本。为此，部分学者将成本费用粘性也称为总成本粘性。虽然费用粘性、成本粘性、成本费用粘性这三个概念的研究口径存在着差异，但是其研究原理、研究方法、模型设计等方面很相似，这就需要在后续研究时结合具体的研究事件来选择合适的研究口径确保研究结果的准确性和针对性。

### 3.1.2 调整成本

虽然 Daniel S Hamermesh 和 Gerard A Pfann（1996）认为调整成本是影响企业市场需求以及企业内部自身需求的一个重要因素。但是，鉴于调整成本难以从企业正常发生的成本中进行分离，也难以从数量及程度上做出具体的衡量，所以他们仅采取列式方式将调整成本分为对称性成本、不对称性成本、线性成本以及块状成本四类，并对企业内部调整成本进行了举例分析。Charlotta Groth（2004）则主要从资金的角度对企业的调整成本进行研究，并将“企业在募集新的资本过程中所产生的成本”称之为调整成本。部分学者则从劳动力的角度对调整成本进行了定义，并认为调整成本是解释劳动力市场的变异以及周期变动的重要因素。Joseph Francois、Marion Jansen 和 Ralf Peters（2011）则进一步对企业调整成本的组成进行了分类和总结，他们认为企业的调整成本主要由每个企业所特有的调整成本以及企业外部调整成本构成，其中企业所包含的调整成本主要包括与劳动力有关的调整成本，以及与资金有关的调整成本。从国外代表性的研究成果来看，研究人员对于调整成本的研究视角存在着差异，而且定义各有不同，大部分研究都是基于其研究方向所定。但是，通过对其研究的归纳总结，调整成本包括了难以计量、暂时性和涉及范围广三个共性特征，本书基于上述特点，将调整成本定义为企业在对当前成本费用开支进行调整的过程中所产生的成本。

### 3.1.3 创新绩效

绩效就是企业在经营过程中所表现出来的经营成果，是企业在市场发展过程中能够表现其经营发展能力的最重要指标，是企业在确定企业战略管理等核心问题时所使用的关键标准。然而，实践中绩效是一个宽泛和复杂的概念，目前没有权威确定的单一性指标。从现有研究成果来看，大多数学者都认为企业绩效就是企业能力行为和结果的表示，相应的企业绩效亦主要从结果视角和过程视角两个角度进行分析并衡量。其中，从结果视角角度来看主要采取系列的财务指标进行衡量，从过程来看主要从企业生产经营的过程，即影响企业最终绩效的企业价值驱动层面、方向、来源、产生地等方面对整个生产经营过程的发展做出分析，探究企业结果的诸多动因。

受企业绩效界定视角不统一的影响，创新绩效的概念内涵及衡量目前亦存在着争议。其中，Drucker（1973）指出企业创新绩效是指企业在生产时提高技术水平的过程。Linton（1993）则从社会创新和技术创新两个维度界定创新绩效，并认为企业创新绩效实质就是企业在产品生产过程中所产生的一系列改变。Alegre等（2013）指出创新绩效即企业获取资源并且在进行资源配置的过程中提高资源配置效率以及获得更高经济效果的方法。此外，部分学者进一步将企业的想法和概念在被落实的过程中（如产品的市场投入环节和产品的技术创新环节等）纳入创新绩效的范畴，进而将创新绩效的定义划分为广义和狭义两种（Hagedoorn and Cloodt，2003）。从上述概念界定可以看出，目前创新绩效仍然没有一个确定的统一概念。但是，从创新的最终目的来看，目前学者都认可的观点是“企业创新是企业为获得更加长远发展而做出的努力，最终将导致企业获利能力的提升”。基于创新的终极目的，本书将企业创新界定为企业在产品生产过程中研发投入等导致的企业绩效的提升。

需要进一步指出的是，企业创新是导致企业绩效的重要来源，但是，导致绩效提升的因素包罗万象，企业创新和企业绩效并没有一一对应的因果关系，这导致企业创新绩效衡量办法的多样性。从目前创新绩效的具体衡量来看，既有采用企业研发投入的直接产出，如企业申请专利数量等进行衡量，也有采取综合性指标体系来衡量，甚至直接采取企业绩效指标来度量。虽然采取企业申请专利数量的确可以直观表达出企业衡量创新直接产出，但是实际上，部分企业很多的改进和应用因专利申请条件约束和周期等因素并未申请专利；部分企业申请专利则可能是基于政策性目的，如政府对企业创新的资金扶持需要进行申请，但是这种专利很多并未应用于企业的产品；综合性指标体系一则繁琐，二则面临着类似专利技术问题，而直接采取企业绩效衡量则面临着企业创新和企业绩效无一一对应的因果关系问题。因此，无论哪种衡量方法，都面临着或多或少的问题。但是，从企业创新的出发点和落脚点来看，企业创新的最终结果都会通过产品的开发进行体现，并表现在企业的绩效提升方面，所以本书采取了企业绩效来衡量企业的创新绩效。但是，为克服企业绩效和创新之间非直接的因果关系，本书在后文的研究设计中，已经将企业研发投入、成本粘性和企业绩效纳入同一个框架进行研究，深入考虑了在不同的技术投入等情形下的企业绩效变化，这在一定程度上可以弥补直接采取企业绩效作为创新绩效衡量的缺陷。

## 3.2 相关基础理论

### 3.2.1 契约论

契约（Contract）是不同主体之间签订的一种合约，往往也被称为广泛意义上的合同。契约按照不同的内容划分，可以分为长期契约和短期契约、正式契约和非正式契约以及显性契约和隐性契约等。从狭义角度来看，商品和劳务交易行为均可视为一种契约关系。例如，出行者购买火车票的行为就在出行者和铁路公司之间达成了一种隐性契约关系，即出行者支付一定的费用，铁路公司负责在约定时间内将出行者安全送达目的地；生产商和客户之间签订的供货合同则可视作一种显性契约。从广义角度来看，一切法律规章制度等均可视为一种契约关系。

作为博弈论在社会实践中的应用，契约论从契约关系角度来分析社会活动中的生产和服务活动，试图在契约关系的框架内建立一套激励和约束机制，从而实现社会福利的最大化。但在信息不对称的情况下，契约缔结过程中通常会出现道德风险、逆向选择、“敲竹杠”和承诺四种问题。其中，第一种问题属于机制设计理论方面的问题，后三种问题则通常被视作契约论的核心问题。由此也引出了两种不同问题导向的“完全契约理论”和“不完全契约理论”，前者试图解决契约缔造过程中的道德风险问题以及动态情况下的承诺问题，后者则试图为契约主体之间的“敲竹杠”问题提供机制保护措施，两者共同构成了契约论发展的主线。

具体到企业成本决策来看，企业管理者决定向企业投入大量的多种承诺资源以及投入资源的期限长短其实就属于一种契约。为降低企业的经营成本和经营风险，促进企业的持续经营，企业的成本决策往往会形成多种契约关系，如企业同供应商之间签订的长期采购协议、企业同员工之间签订的劳工合同等。这些契约合同虽然会产生高额的调整成本，致使企业在短期内难以调整资源，但这些契约关系也保障了企业资源供给的稳定性和持续性，一定程度上有利于降低企业向上调整资源的成本和重置费用。以人力资源和物质资源来说，在业务量下降时，如果企业即时削减员工和机器设备等，虽然会产生高额的向下调整资源的成本，如员工遣散费、失业补偿费、折旧费等显性费用和员工工作士气下降导致的劳动生产率下降等隐性费用，甚至是未来业务量回暖时发生的资源重置费用。但这些契约关系的签订也保证了企业可以稳定客户—供应商关系和员工忠诚度，从而帮助企业在市场回暖时及时把握有利投资机会，迅速做大做强。因此，企业的成本决策实质上是契约双方利益权衡的结果。

### 3.2.2 代理理论

代理理论是契约理论最重要的发展成果之一。自 Adam Smith 指出企业中广泛存在代理问题后，代理问题逐渐成为现代公司治理研究中的一个焦点话题。在当代最早提出代理理论的是Jensen和Mecking（1976）。在代理理论的框架下，代理人和委托人作为理性经济人，其利益函数往往存在着目标不一致，委托人希望代理人能够利用其提供的资源实现自身利益最大化，但由于信息不对称，委托—代理关系中往往存在逆向选择和道德风险等问题，从而导致委托人的利益受到代理人侵害。因此，代理理论本质是委托人与代理人之间缔造的一种契约关系，由于契约不完全，从而造成委托人与代理人之间存在代理问题和代理成本。Fama和Jensen（1983）在后续研究中将代理问题进一步细分为第一类代理问题和第二类代理问题。其中，第一类代理问题是指管理层与股东之间的代理问题，其产生的原因主要包括三方面：第一，管理层与股东之间利益目标函数不一致。股东的目标是希望管理层能够利用自己提供的资源实现公司利益最大化及公司的可持续经营，而管理层的目标是在约束条件下谋求自身利益最大化，从而造成其在一定条件下会违背股东意愿做出一些自利行为。第二，信息不对称的存在使得股东往往难以全面掌握管理层的努力程度和公司的经营状况，管理层可以利用信息不对称从事机会主义行为，而股东却难以对此进行全面监督。第三，契约的不完全性。在委托人与代理人的契约关系中，难以详尽各种情况的发生，这种客观存在的契约不完全性致使管理层经常做出有损委托人利益的私利行为。在第一类代理问题中，最常见的就是逆向选择和道德风险问题，这两类问题的存在往往导致管理层的投资决策违背公司价值最大化的目标，从而损害股东利益，提高公司的投资经营风险。为此，在现代公司治理结构中，建立和完善管理层激励约束机制显得至为关键。

第二类代理问题主要是围绕公司股权结构产生的大股东与中小

股东之间的利益问题。一方面，大股东有动机监督管理层的投资决策行为，促使管理层做出更多符合公司价值最大化的决策行为，从而缓解公司的第一类代理问题；另一方面，控股股东控制权与现金流权的分离也可能导致控股股东利用隧道挖掘、资金占用等方式掏空上市公司，从而损害广大中小股东利益，产生第二类代理问题。第二类代理问题产生的关键在于控股股东控制权和现金流权的分离，两者越趋于一致，大股东与中小股东的利益越趋于一致，隧道挖掘和资金占用等代理问题越轻；反之，则控股股东攫取中小股东利益的冲突越严重。

### 3.2.3 技术创新理论

熊彼特提出创新理论后的很长一段时间内，学术界关于创新理论的研究主要是基于经济学视角展开，创新的概念被界定为对资源要素或生产条件的创造性利用改变旧的生产函数。根据熊彼特的创新理论，技术创新活动是包含形成新观念、提高产业生产率、并成功进行商业推广等一系列活动的过程，企业的创新活动主要包括拓展资源来源渠道、开发新市场，改善生产技术和创新产业组织形式等一系列活动，这一过程中特别强调信息、知识、资本、人才与企业家精神等要素的协调组合。后续随着技术创新理论的深入发展，学术界逐渐开始从企业管理的视角来考察技术创新活动的特征，重点探究企业的管理行为如何影响技术创新活动，并为此提出了大量技术创新模型以更深入地考察技术创新活动的本质。从这些文献研究来看，技术创新模式经历了从技术推动、需求拉动再到一体化创新范式的演变过程。在技术推动模式下，技术创新活动主要源于突破性的技术变革，创新经历了概念形成、研发投入、小试、中试、规模化产出以及商业推广等过程，最终形成一个新的产业模式。需求拉动模式则是指企业以市场需求作为创新的出发点，以及市场需求针对性地进行创新，这种创新模式可能出现在产业投资热潮之前，也可能出现于产业投资热潮之后。陈劲（2001）指出，无论何种创新模式，成功的技术创新成果都是企业运用管理满足市场需求的结果。因此，管理学在解释技术创新时往往强调“过程”和“结果”两个方面，并且将“结果”即成功的商业推广视为技术创新活动与科学研究的本质区别。此外，还有一些学者认为，技术创新过程不仅仅是从概念形成到商业推广的过程，在产业生产的各个环节都可能孕育着创新，这种观点表明技术推动与市场需求在技术创新过程中具有同等重要性（陈劲，2001）。

### 3.2.4 资源基础理论

企业战略资源基础理论认为（Wernerfelt，1984；Barney，1986），稀缺性、有价值、难以模仿及不可替代的人力、物力等组织资源对企业提升、维持其竞争优势具有重要影响，例如拥有技术熟练、创新型的内部员工。企业成长理论同样认为（Penrose，1959），企业本质为生产性资源的合集，企业所拥有的异质性实物与人力资源是促进其成长的内在动力。Peteraf（1993）利用资源与企业绩效的简约模型，阐明企业获取并维持竞争优势需满足四个基本条件，这些条件包括优势资源（产业内部资源异质性）、事后租金具有竞争限制、资源流动的不完全性以及资源获取前的竞争限制。上述观点均说明，企业内部资源基础是企业竞争优势获取与战略部署的关键所在。但这些观点主要基于企业自身资源处于静态特征的假定，而事实上，企业所面临的市场环境充满诸多不确定性，这迫使企业在具备优势资源同时必须具备一定动态资源整合能力才能实现真正的、持续性的竞争优势。能力基础观与要素基础观认为，企业稀缺资源是获取竞争优势的基础，与此同时形成的动态能力是维持竞争优势的关键。Hansen（2004）基于资源动态整合视角同样证实，资源基础与资源管理于企业持续性竞争优势而言均十分重要。现阶段，我国企业普遍面临着较严重的外部资源约束，如何获取良好的资源基础能力、做出有效的内部资源的管理调整决策是实现持续性竞争优势的重中之重。

# 第 4 章　国家创新驱动战略及其对企业创新决策行为影响分析

## 4.1　我国创新驱动战略的提出[①]

我国创新驱动发展战略思想脱胎于马克思主义思想，形成于社会主义建设、改革实践中，党的十八大创新驱动发展战略被确立为国家发展战略后，该思想不断丰富，发展成一个由一系列相互联系的基本观点构成的科学思想体系。

### 4.1.1　我国创新驱动发展战略思想的萌芽和实践

新中国成立后，以毛泽东同志、邓小平同志为核心的党的第一代领导集体和第二代领导集体在探索社会主义建设、改革、发展中，结合世情、国情分别提出“向科技进军”和“科学技术是

① 本章内容主要参考了谭志敏的博士论文《中国创新驱动发展战略思想体系研究》。

第一生产力”的伟大口号，开启了我国创新驱动发展战略思想的起源。

毛泽东主席早在《论十大关系》中提出要“借鉴苏联成功经验，坚定科学技术是促进国民经济发展的有力武器”这一真理，并要求我国参考苏联，将科技规划管理作为领导新中国科技发展的重要方式，并提出“不搞科学技术，生产力无法提高”等一系列理论观点。1956年，毛泽东同志在全国知识分子会议上再次提出“向科学进军”伟大思想。1992年，国务院颁发了《国家中长期科学技术发展纲领》，该纲领对新中国成立以来科技事业发展经验进行总结，其中第三条“在国家的统一领导下，集中人力物力，对国民经济建设和社会发展中的重大科技任务，组织攻关”就是我国创新驱动发展战略思想的起源的最好阐述。在这一阶段，虽然我国没有从企业层面提出实施企业创新的要求，但是毛泽东同志的人才思想和自力更生的思想对我国科技项目规划意识提供了重要的理论基础，国务院颁发的《国家中长期科学技术发展纲领》在很大程度上推动了我国国家层面的重大科技项目的攻关。

20世纪80年代末，基于第三次科技革命后，科技成果对经济社会发展的推动作用更加显现，邓小平进一步将科学技术的地位提高至“影响我国国际地位和国际竞争力的重要高度”，并反复提出“实现人类的希望离不开科学，第三世界摆脱贫困离不开科学，维护世界和平也离不开科学”“中国要发展，离不开科学”的重要论断。此后“科学技术是第一生产力”在我国第一次全国科技大会上再次得到体现。1988年面对世界科技涌动大潮，邓小平结合马克思提出的“科学技术是不费资本家分文的生产力”论述，进一步指出：“科学技术是第一生产力”，高度肯定了科技在社会经济发展中的关键作用。这为我国制定科学发展和经济发展的相关战略提供了思想根源。这一阶段，虽然党的政策文件涉及更大范围的科学技术重要性阐述，但是依然没有将创新提高到国家战略层面。

面对世界多极化的发展格局和经济发展全球化的态势，以江泽民为核心的党的第三代领导集体在世纪之交，进一步提出“科学的本质属性是创新”，并于 1995 年在全国科技大会上提出科教兴国战略、1997 年在党的十五大报告中提出可持续发展战略。科教兴国战略和可持续发展战略的出台实施，表明党中央从战略层面第一次将科技与可持续发展结合，初步体现了创新驱动发展战略的思想内核，标志着我国国家层面的创新驱动发展战略思想初步形成。

### 4.1.2　创新驱动发展战略思想体系的全面形成

进入 21 世纪，胡锦涛同志结合中国社会实际，围绕为什么发展、怎样发展等根本性问题，创造性提出科学发展观指导思想，并把“建设创新型国家”作为落实科学发展观的实践途径。2012 年党的十八大报告提出：

“我国发展仍处于可以大有作为的重要战略机遇期，为实现全面建成小康社会和全面深化改革的战略目标，要加快完善社会主义市场经济体制和加快转变经济发展方式，实施创新驱动发展战略。”

这是党中央明确提出将创新驱动作为攻坚克难、全面建成小康社会、转变经济发展方式和实现跨越式发展的核心动力。我国创新驱动发展战略的正式实施标志着创新驱动发展战略思想体系的全面形成。

### 4.1.3 创新驱动发展战略思想体系的成熟发展

自提出实施创新驱动发展战略以来，以习近平同志为核心的党中央带领全国人民在建设新时代中国特色社会主义进程中，不断丰富新时代创新驱动发展战略思想内涵，先后用“新动力”“关键支撑”“牛鼻子”“先手棋”等语言来形象阐述创新的极端重要性。2015 年中央先后颁布了《关于深化体制机制改革　加快实施创新驱动发展战略的若干意见》和《关于大力推进大众创业　万众创新若干政策措施的意见》，为《国家创新驱动发展战略纲要》的出台做好了政策铺垫，也表明国家开始在实践层面全面系统推进创新驱动发展战略。

2016 年 5 月中共中央、国务院印发《国家创新驱动发展战略纲要》，对我国创新驱动发展战略的指导思想、基本原则、战略目标、战略部署、组织实施做出具体安排，确立了 11 个国民经济发展的重点领域、8 个前沿技术和 4 项重大科学研究计划。《国家创新驱动发展战略纲要》作为国家对创新驱动发展做出顶层设计和整体部署的统领性文件，切实把创新提升到发展全局的核心位置，其颁布标志着创新驱动发展战略思想体系走向成熟。

## 4.2 创新驱动战略的目标及其任务分解

依据我国《国家创新驱动发展战略纲要》，我国实施创新驱动发展的战略目标，是以国家现代化建设“三步走”战略为上位准则，具体分为“三步走”，即：

第一步，到 2020 年进入创新型国家行列，基本建成中国特色国家创新体系，有力支撑全面建成小康社会目标的实现。

第二步，到 2030 年跻身创新型国家前列，发展驱动力实现根本转换，经济社会发展水平和国际竞争力大幅提升，为建成经济强国和共同富裕社会奠定坚实基础。

第三步，到 2050 年建成世界科技创新强国，成为世界主要科学中心和创新高地，为我国建成富强民主文明和谐的社会主义现代化国家、实现中华民族伟大复兴的中国梦提供强大支撑。

从我国创新驱动战略的目标表述来看，其根本目标在于建成富强、民主、文明、和谐的社会主义现代化国家，其具体目标就是建成创新型国家。

为实现上述目标，目前我国已经在细化战略目标基础上，分别从提高自主创新能力，构建以企业为主体、市场为导向、产学研相结合的技术创新体系，以及加快科技体制机制改革创新三个主要维度对我国创新驱动战略的目标进行任务分解，使得我国国家创新体系成为一个由众多单个的、局部的创新系统组成的开放式体系。

# 4.3 创新驱动战略实施与企业创新决策行为选择

## 4.3.1 基于企业核心竞争力视角的国家创新驱动战略的提出：基于公司财务报表的特征

中国号称世界工厂，更多的公司通过制造环节的低人工成本、低环保成本等要素在全球取得竞争优势。但是，随着经济的发展，原先的低成本要素难以为继，实体企业盈利能力不断下降，中国实体经济的“脱实向虚”过于严重。对 2015 年中美两国 50 强公司[①] 比较后发现两国公司结构存在以下几方面的差异：①产业结构的差异。中国 50 强以银行、保险等金融公司为主，有 15 家，还有 4 家房地产以及与房地产密切相关的 7 家建筑和建材企业，结构很集中；美国 50 强企业中，金融行业 7 家，房地产 2 家，科技类公司 6 家，其余为医疗保健、零售业、消费品等行业，结构很分散。②盈利结构的差异，中国 50 强利润总额为 18193826 万元，其中 19 家金融和房地产公司合计 128808820 万元，占比 70.80%；这就凸显中国实体经济的“脱实向虚”过于严重。其实，这种局面可以通过单个企业财务报表数据予以透视，也可以通过我国全部上市公司整体的财报予以整体反映。

① 郭永清．财务报表分析和股票估值评估[M]．北京：机械工业出版社，2017.

以我国服装龙头企业雅戈尔集团股份有限公司为例，该公司1998年在上海证券交易所上市，短短十年内雅戈尔公司依靠7亿元的股本将其金融资产扩张到200亿元。然而，2008年公司金融资产快速缩水，跌近50亿元，此后，公司金融资产规模经历反复变化。

本部分将借鉴张新民（2010）资产分类方式对雅戈尔公司的经营性资产和非经营性资产进行统计分析，见表4-1、图4-1。

**表4-1 雅戈尔公司资产分布情况统计**

单位：亿元，%

| 年份 | | 2008 | 2009 | 2010 | 2011 | 2012 | 2013 | 2014 | 2015 |
|---|---|---|---|---|---|---|---|---|---|
| 总资产 | 金额 | 316.32 | 419.34 | 482.63 | 489.33 | 498.60 | 483.46 | 476.24 | 662.77 |
| 生产经营资产 | 金额 | 258.66 | 284.52 | 327.61 | 370.66 | 369.53 | 353.53 | 314.69 | 329.80 |
| | 占比 | 81.77 | 67.85 | 67.88 | 75.75 | 74.11 | 73.12 | 66.08 | 49.76 |
| 投资性资产 | 金额 | 57.66 | 134.81 | 155.02 | 118.66 | 129.06 | 129.93 | 161.54 | 332.98 |
| | 占比 | 18.23 | 32.15 | 32.12 | 24.25 | 25.88 | 26.88 | 33.92 | 50.24 |
| 其中：交易性金融资产 | | 0.01 | 8.93 | 11.37 | 0.01 | 0.00 | 0.00 | 0.00 | 0.00 |
| 可供出售金融资产 | | 46.72 | 112.47 | 121.89 | 93.62 | 84.32 | 65.17 | 100.91 | 260.70 |
| 长期股权投资 | | 10.93 | 13.42 | 21.76 | 25.03 | 44.74 | 64.76 | 60.64 | 72.28 |

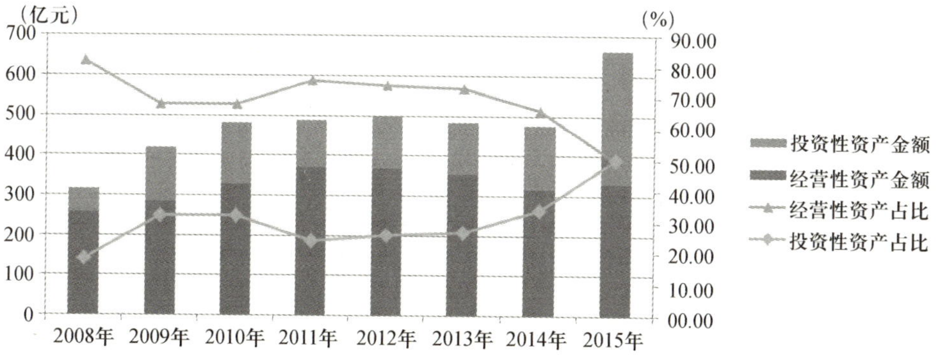


**图4-1 资产分类及占比趋势**

从表 4-1、图 4-1 可以看出：

（1）2008~2015 年公司资产总额稳定增长，但是公司生产经营性资产占资产总额的比重呈现大幅度下降的趋势，从 2008 年占比 81.77% 下降到 2015 年的 49.76%，相应地，公司投资性资产大幅增加，从 2008 年占比 18.23% 上升到 2014 年的 33.92%，飙升至 2015 年的 50.24%，公司资产结构变化极大。

（2）尽管公司资产结构变化巨大，但是除 2015 年这一特殊年份外，雅戈尔公司的经营性资产的占比在 65% 以上，说明雅戈尔公司依然是生产经营性资产占据主要地位，其资产主体依然为生产经营性资产。

按照利润结构和资产结构相匹配原则，即生产经营性资产为主导的公司其利润构成应当以核心利润为主，那么，对于生产经营性资产占据优势的雅戈尔公司来说，其营业利润是否占据主导地位？

**表 4-2　雅戈尔公司经营业绩指标统计**

单位：亿元，%

| 年份 | 2008 | 2009 | 2010 | 2011 | 2012 | 2013 | 2014 | 2015 |
|---|---|---|---|---|---|---|---|---|
| 营业收入 | 107.80 | 122.79 | 145.14 | 115.40 | 107.33 | 151.67 | 159.03 | 145.27 |
| 营业成本 | 69.15 | 75.63 | 96.35 | 69.70 | 54.48 | 81.03 | 96.47 | 90.29 |
| 营业利润 | 21.93 | 41.40 | 34.01 | 24.38 | 20.82 | 25.87 | 37.92 | 45.15 |
| 投资收益 | 22.22 | 19.79 | 20.58 | 14.43 | 5.43 | 6.54 | 31.48 | 35.32 |
| 毛利率 | 35.85 | 38.41 | 33.62 | 39.60 | 49.24 | 46.57 | 39.34 | 37.85 |
| 投资收益 / 营业利润 | 101.32 | 47.80 | 60.51 | 59.19 | 26.08 | 25.28 | 83.02 | 78.23 |

从表 4-2 雅戈尔公司经营业绩指标统计可见，2008~2015 年雅戈尔公司的投资收益占营业利润的 60.18%，已经成为公司利润的核心来源。

通过对服装行业主要企业的投资收益占利润总额的比重计算，比

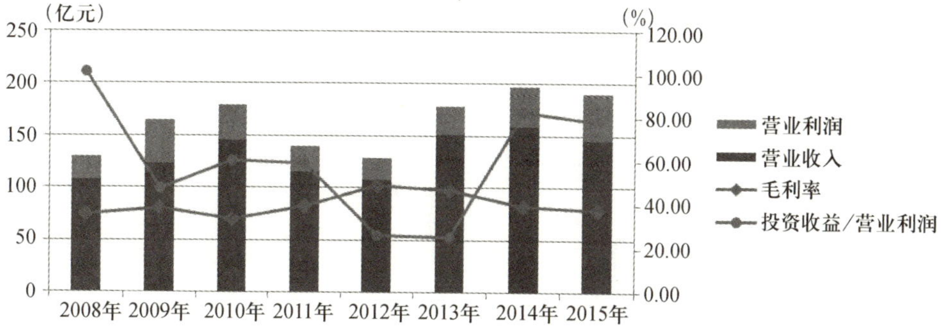


图 4–2　雅戈尔公司经营业绩指标统计

较可以看出，雅戈尔公司的利润总额中的投资收益的占比远高于行业均值，可谓一枝独秀。这一结果也进一步表明雅戈尔公司的利润结构和公司资产结构不匹配。结合公司经营性资产占主导这一事实，则可以鲜明反映公司生产经营性业务获利能力较低的问题（见表 4–3）。

表 4–3　服装行业投资收益占利润总额的比重比较

单位：%

| 名称 | 2008 | 2009 | 2010 | 2011 | 2012 | 2013 | 2014 | 2015 |
|---|---|---|---|---|---|---|---|---|
| 雅戈尔 | 93.55 | 48.30 | 56.21 | 55.03 | 24.51 | 30.70 | 80.74 | 65.85 |
| 七匹狼 | 0.06 | 0.31 | 3.64 | 1.23 | 1.56 | 8.96 | 19.87 | 37.69 |
| 森马 | 0.01 | 0.07 | –0.39 | –0.21 | 0.00 | 0.83 | 4.00 | 3.56 |
| 保利地产 | 2.41 | 0.03 | 0.57 | –0.18 | 3.04 | 3.94 | 6.06 | 4.33 |
| 万科 | 3.31 | 6.73 | 6.51 | 4.43 | 4.41 | 4.14 | 16.47 | 10.54 |
| 房地产行业 | 3.31 | 10.72 | 6.51 | 4.43 | 4.41 | 4.14 | 16.47 | 10.54 |
| 服装纺织业 | 8.31 | 0.74 | 3.80 | 5.54 | 32.12 | 23.79 | 10.17 | 0.11 |

从上述分析可以看出，雅戈尔公司名义上是一个生产经营性公司，但是为实现企业利润的稳定增长，公司的投资性资产却发挥着举足轻重的作用。这一作用在公司特殊时期，尤其是核心利润增长乏力的情况下，来自于投资性金融资产的作用表现得更为充分，这

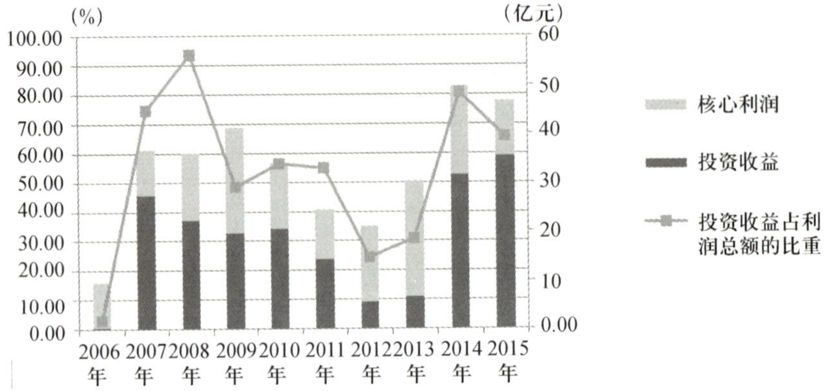


**图 4-3 投资收益占利润总额比重**

与我国实体经济下滑企业盈利能力低下密不可分。

其实，类似的实体企业金融化问题不仅仅体现在雅戈尔公司，在我国也是一个普遍存在的问题。2014 年 7 月 14 日，《财富》杂志中文网发布中国 500 强企业排行榜。依据该排行榜数据，可以统计并计算得出，29 家金融企业总利润（1.27 万亿元）占 500 强公司总利润的一半以上。王红建等（2016）通过对中国上市公司 2009~2014 年财务数据的统计发现，金融保险行业利润率远远高于上市公司平均利润率水平，每年有将近一半的利润归属于金融业企业，且该比重还呈逐年递增趋势。

为更直观表达这个问题，本章也统计了我国 A 股上市公司 2008~2018 年金融行业、房地产行业和其他实体企业的净资产收益率的情况，见表 4-4。

**表 4-4 A 股上市公司 2008~2018 年金融行业等 ROE 的统计**

| 行业 | 变量 | 样本量 | 均值 | 标准差 | 最小值 | 中位数 | 最大值 |
|---|---|---|---|---|---|---|---|
| 金融行业 | Roe | 775 | 9.63 | 8.76 | −26.95 | 9.88 | 35.32 |
| 房地产行业 | Roe | 1276 | 8.35 | 11.99 | −54.97 | 8.62 | 38.47 |
| 实体行业 | Roe | 24939 | 6.68 | 12.46 | −66.13 | 7.18 | 39.30 |

从表 4-4 可见，无论是均值还是中位数，金融行业和房地产行业的盈利能力远远高于实体企业。也正是因为金融行业和房地产行业的净资产收益率高于实体企业，进一步使得实体企业也涉足房地产并投资金融产品，这一点从表 4-5 和图 4-4 可知。

**表 4-5 实体企业生产性资产和金融资产占比趋势分析**①

| 年份 | 2008 | 2009 | 2010 | 2011 | 2012 | 2013 | 2014 | 2015 | 2016 | 2017 | 2018 | 均值 |
|---|---|---|---|---|---|---|---|---|---|---|---|---|
| 生产性资产占比 | 0.560 | 0.520 | 0.470 | 0.470 | 0.480 | 0.490 | 0.480 | 0.450 | 0.440 | 0.430 | 0.440 | 0.470 |
| 金融资产占比 | 0.025 | 0.026 | 0.023 | 0.018 | 0.018 | 0.019 | 0.029 | 0.032 | 0.033 | 0.034 | 0.034 | 0.027 |

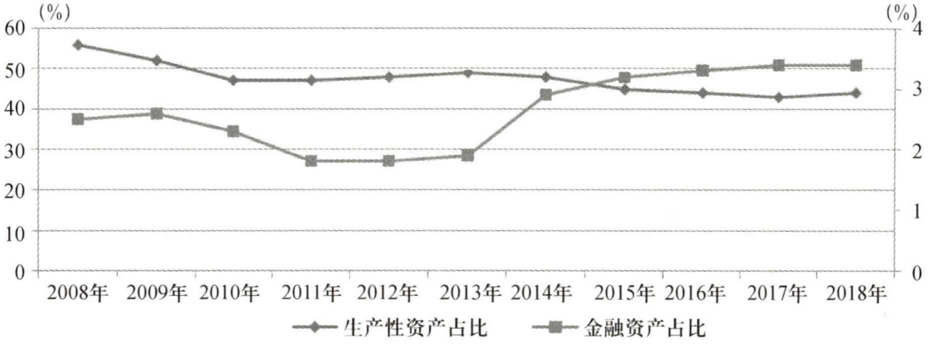


**图 4-4 实体企业生产性资产和金融资产占比趋势**

从表 4-5 和图 4-4 可以看出，虽然我国实体企业的生产性资产占比平均为 47%，金融资产占比为 2.7%。但是，从历年发展趋势来看，我国实体企业的生产性资产占比呈现下降趋势，而金融性资产占比却呈现增长趋势，这种发展趋势在某种程度上就印证了我国实体企业存在着金融化行为。

基于实体经济“冷”与虚拟经济“热”的结构性矛盾，以及资

① 生产经营性资产占比 =（存货 + 固定资产 + 无形资产 + 在建工程 + 工程物资）/ 总资产；金融资产配置占比 =（交易性金融资产 + 衍生金融资产 + 可供出售金融资产 + 持有至到期投资 + 发放贷款及垫款净额 + 投资性房地产）/ 总资产。

本的逐利避险性，我国大量实体企业存在金融化行为。众多学者指出，现阶段中国企业金融化的主要目的是投机套利（王红建等，2017；戚聿东和张任之，2018；杜勇等，2019），对实体经济投资产生了严重的挤出效应，如企业金融化会挤出企业的固定资产投资（张成思和张步昙，2016）、阻碍企业创新开支（王红建等，2017）、抑制企业全要素生产率（盛明泉等，2018）、降低企业价值（戚聿东和张任之，2018），并加大我国资本市场金融风险等恶性问题。为此，党的十九大报告专门提出要"健全金融监管体系，守住不发生系统性金融风险的底线"。与此同时，我国提出调整经济结构和经济转型的任务，一方面要求企业运用价值链、价值工程、作业管理等工具，从原来粗放式管理的低成本往精益式管理的低成本转型；另一方面则是大力投入品牌建设、技术研发等，从总成本领先策略往差异化策略转型。这些举措上升到国家层面就成为了国家创新驱动战略中的重要组成部分。

### 4.3.2 国家创新驱动战略下企业创新行为决策选择

正如前文所述，国家创新体系是一个由企业、政府、高校、科研机构、中介等组成的开放式体系。在这一体系中，企业作为科技和经济的紧密结合体，具有天然的市场敏锐性，创新动机强烈，也具有将科技成果迅速转化为生产力的平台优势。因而，习近平指出，要"使企业真正成为技术创新决策、研发投入、科研组织、成果转化的主体"，积极培育具有强大科技创新能力、国际影响力的创新型领军企业。为配合创新驱动发展战略的实施，我国采取了一系列的鼓励扶持政策，包括高新技术认定管理办法、企业研发支出加计扣除办法、完善固定资产加速折旧政策的定向鼓励等。这些具体的激励政策一方面鼓励企业加大研发投入，另一方面也鼓励企业进一步加大企业固定资产投入。

从前者来看，我国创新驱动战略的实施，尤其是企业在提升核心竞争力的内在驱动下，以及我国目前实施的高新技术认定管理办法、企业研发支出加计扣除等办法的激励下，我国企业研发投入剧增。这一点可以从近10年我国企业的研发投入的变化中得到较好的验证。

**表4-6 2008~2017年实体企业R&D/营业收入占比趋势分析**

| 年份 | 2008 | 2009 | 2010 | 2011 | 2012 | 2013 | 2014 | 2015 | 2016 | 2017 |
|---|---|---|---|---|---|---|---|---|---|---|
| R&D/营业收入 | 0.008 | 0.013 | 0.019 | 0.023 | 0.032 | 0.034 | 0.034 | 0.036 | 0.039 | 0.040 |

从表4-6的数据可以很清晰地看出，近10年来实体企业的R&D/营业收入占比从2008年的0.8%上升到2017年的4%，增长了5倍。可以说，企业研发投入的增加既有实体企业竞争带来企业自主性的企业研发投入的增加，亦有国家出台利好政策的诱致性因素，这为后文研究提供了良好的制度背景。

从后者来看，为配合我国创新驱动战略的实践，我国对固定资产投资政策等进行了修订。其中，对传统行业来说，只有研发设备的投资才能加速折旧，鼓励传统行业加大研发投入来加快技术升级；对医药、TMT、高端制造等新兴行业的所有固定资产投资可以加速折旧。通过这个定向的鼓励政策，一方面通过鼓励制造业投资来稳定经济增长，另一方面对新兴产业的所有投资都鼓励，对传统产业只鼓励研发投资而不鼓励扩大产能，进而同时做到“稳经济”和“调结构”的政策调节效果。

因此，在上述系列政策下，企业不管是处于通过高新技术认定进而获得所得税减免也好，抑或为了实现研发支出的加计扣除、固定资产加速折旧等实现所得税降幅也好，企业将采取如下战略选择予以配合，即企业研发投入以其实现产品的更新换代以及进行固定资产投资更新满足产品更新换代需要；此外，企业研发投入的增加将在提高企业实体资产使用效率的同时，使得企业加大其固定资产等的转型升级，使其研发产出和固定资产投资相互配套。本书的第5章和第6章分别关注企业研发投资和固定资产投资对企业成本管理的影响就是基于企业这两类投资的配套考虑。

### 4.3.3 小结

国家创新驱动战略的提出和企业战略行为的实施，尤其是企业创新决策行为选择是一个相伴相随的过程，创新驱动战略的提出将会对企业战略行为选择，尤其是其创新性投资产生巨大的影响，而企业投资，尤其是研发投入将助力国家创新战略目标的达成。

# 第5章　费用粘性、技术创新与企业核心竞争力

## 5.1　研究背景和问题的提出

随着我国经济发展进入新常态阶段，市场竞争程度日益激烈，成本管理问题越发成为企业经营管理的重中之重，成本决策效率在企业经营效率、盈利前景以及核心竞争力培养等方面发挥着关键作用。成本管理行为逐渐成为实务界与学术界关注的重点问题，成本形态也成为管理会计领域研究的焦点话题。传统的成本形态理论将企业成本分为固定成本和变动成本两类，其中固定成本是指与企业业务量变动不相关的成本部分，而变动成本则是指随企业业务量变化而变化的成本部分。但随着成本管理会计的深入发展，大量学者从不同维度进行研究，研究发现，无论是发达资本市场还是新兴资本市场，企业费用的边际变化率与业务量的变化呈现出非对称性特征，Anderson 等（2003）首次将这种特征定义为“费用粘性”，并得到了学术界的普遍认同。由于成本粘性的存在违背了传统的成本

形态理论，大量研究从调整成本动因（Anderson et al.，2003；刘媛媛和刘斌，2014）、代理问题动因（Kama and Weiss，2013；梁上坤等，2015）以及管理层乐观预期动因（Banker et al.，2011；周兵等，2016）等角度进行了解释。基于这些研究，关于费用粘性价值效应分别形成了两种对立观点。一种观点认为，成本费用与业务量的非对称变化意味着在企业遭受业务量下滑的经营困境时，成本费用的小幅变化会加剧企业利润的下滑，从而造成企业价值加速贬损（Weiss，2010）。另一种观点则认为，企业在业务量下滑时保持冗余资源的决策虽然会加剧短期内的成本负担，但也规避了高额的向下调整资源的成本，长期内具有增强企业市场竞争力的战略效应（刘嫦等，2015）。但从已有文献来看，关于费用粘性经济后果的研究相对较少，且缺乏深入的经济机理分析和检验。但不论是何种动因，费用粘性存在的本质反映了企业在业务量下降时不愿向下调整资源，该行为客观上造成了企业冗余资源的存在，也可视作业务量下滑情境下的资源储备行为。

我国经济在工业化扩张过程中虽然取得了令人瞩目的成就，但亦产生了一系列结构性矛盾。从宏观层面来说，经济增速开始下滑并将长期处于中低速水平，技术创新效率不高、资源错配等问题仍然十分突出（黄群慧，2014；齐建国，2015）。从微观方面层面来说，企业面临的核心竞争力不强、产品技术含量低和生命周期短等问题依然不容乐观，这些问题已经严重束缚了我国经济的平稳健康发展。随着经济全球化的进一步深入和国际竞争程度的日益加剧，核心竞争力已经成为推动各国经济发展的重要基础。相较其他发达国家，我国经济结构调整缓慢、要素成本较高、自主创新能力较弱、资源环境紧张等众多问题严重制约了我国核心竞争力的提升，我国的国际竞争力仍然处于弱势地位。我国经济进入新常态后，核心竞争力的提升已经成为促进企业转型和宏观经济平稳运行的重要推动力。关于企业核心竞争力的形成，一部分文献认为技术创新能力是提升企业核心竞争力的关键，另一部分文献认为技术创新、商业能力以及管理能力共同促进了核心竞争力。此外，还有文献认为企业的核心竞争力不仅包括技术创新能力，还包括企业的文化观和价值观，以及员工的知识素养等。不难发现，虽然关于企业核心竞争力的论述有所分歧，但技术创新能力在核心竞争力的培养中依旧发挥着基础性作用。技术创新能力的提升意味着企业可以巩固并扩大市场份额，不断提升核心竞争力和企业价值。因此，努力提高创新能力，增强创新意识，树立创新发展战略，从而提升核心竞争力已经成为现代企业生存与发展的关键。

技术创新需要大量的资源投入和消耗，这意味着企业的资源禀赋在企业创新能力提升和核心竞争力培养中发挥着基础性作用。一般来说，在企业资源相对充裕不受约束时，企业可选择正式计划下的创新资源投入（人力、物力）来促进企业创新；在企业资源相对贫乏时，企业可通过非正式计划下内部资源检索方式寻求创新资源并组织其创新活动。然而已有大量文献从不同视角检验发现，信贷约束已经成为制约企业技术创新的重要因素。在我国“政府 + 市场”的特殊市场经济制度下，金融摩擦导致的资源配置不均问题已经严重制约了企业的技术创新和核心竞争力，这意味着内部资源储备在维持创新资源投入、提升企业竞争力方面具有重要战略意义。前文提到，费用粘性存在的本质反映了企业在业务量下降时不愿向下调整资源，该行为客观上造成了企业冗余资源的存在，也可视作业务量下滑情境下的资源储备行为。因此本章从技术创新面临的融资约束视角出发，拟探究费用粘性（业绩下滑时的内部资源储备）究竟是一种资源浪费，还是一种资源储备？这能否提升企业的核心竞争力，即费用粘性是否具有战略效应？如果有，是否通过强化技术创新能力这一中介路径提升核心竞争力？此外，政府干预下的资源配置偏差与金融发展中资源配置充分性对费用粘性战略效应及技术创新中介机制产生怎样的调节作用？

基于上述背景，本章从企业核心竞争力提升面临的资源约束视角出发，考察了费用粘性这类特殊冗余资源的战略效应及中介路径，以及微观产权性质与宏观金融发展对战略效应与中介机制的调节效果。本章的研究不仅有助于客观评价费用粘性的经济后果，还为提升企业核心竞争力提供了有益启示。

## 5.2 理论分析与假设提出

自从 Anderson 等（2003）首次提出费用粘性这一概念后，已有文献关于费用粘性经济后果的探讨争论不休，一派学者认为费用粘性抑制了企业价值，另一派学者则认为费用粘性具有价值提升效应。成本管理是制度环境和企业自身需求相机抉择共同作用的结果，费用粘性价值效应的探讨需要结合企业所处经济环境和制度背景进行研究。现有文献在探讨费用粘性价值效应时多忽略了我国制度环境下费用粘性具有战略效应。本章基于资源依赖理论和交易成本理论，结合经济环境不确定性和企业融资约束现状深入探讨费用粘性的战略效应，并进一步考察企业成本决策及其战略效应同外部环境的互动机制。

### 5.2.1 费用粘性的战略效应

费用粘性反映了企业成本费用在业务量下降时削减的幅度小于业务量上升时成本费用上升的幅度这一非对称现象，本质是管理层在考虑资源调整成本、机会成本以及未来业绩回暖时的机会成本后的决策行为，客观上产生了与当期业务量不相匹配的冗余资源。交易成本理论认为，企业在面临未来不确定性时，维持当期资源配置，延缓成本下调决策有助于规避下调承诺资源的违约成本、生产效率低下的无形成本以及相关的沉没成本和交易成本等。资源基础理论认为，资源配置的不对称性能够缓冲不确定性风险，避免事后租金和事前获取资源的竞争限制，从而维持决策实施的及时性与有效性。Cyert 和 March（1963）研究发现，冗余资源有利于解决组织内部冲突和维持组织存在。相较业绩稳定时期，冗余资源在企业业绩波动时期为组织适应环境压力、实施策略变革及战略调整的边际贡献更大，战略效应更显著（Bourgeois，1981）。Dimmick 和 Murray（1978）进一步指出，冗余资源可以起到缓冲经营风险、提高企业风险承担能力的作用，在一定条件下可以提升企业的竞争能力。

从微观层面来讲，业务量下降意味着企业面临的经营风险提升，在市场中的谈判能力下降，进而导致企业的交易成本提高。如果企业即时削减承诺资源，不仅会产生高额的向下调整资源的成本、违约成本，还会产生由于员工士气下降造成的生产效率损失的无形成本，以及未来业绩回暖时的重置成本。相反，如果企业维持当期的资源配置，不仅可以规避较高的交易成本，还可以帮助企业形成具有稀缺性、有价值、难以模仿及不可替代的资源基础。更为关键的是，费用粘性客观上产生的冗余资源可以为管理层的经营决策提供资源支撑，使其决策避免陷入资源约束的陷阱。此外，在我国资本市场信息不对称问题较为严重的背景下，保留冗余资源的决策可以向市场传递企业具有良好经营前景和盈利潜力的信号，帮助其获取更多的利益相关者支持。因此，费用粘性实质上可以理解为企业在业务量下降时积累冗余资源的一种战略表现。

从制度环境分析来看，费用粘性客观上产生了一系列包括人力与物力在内的沉淀性冗余资源。在我国“新兴 + 转轨”的制度背景下，产品市场、要素市场以及资本市场发展尚不健全，企业面临的不确定性风险较大。加之政府对资本市场的干预较多，资源错配问题较为严重。在人为因素与环境因素交互影响下，市场失灵大大增加了企业的交易成本（Williamson，1985），此种背景下市场交易的劣势被进一步放大，而其替代物——组织结构的优势将得到强化。因此，在市场遇冷和企业业务量下滑的特殊时期，费用粘性客观产生的非沉淀冗余资源能缓解交易成本过高问题，进而给企业带来竞争优势。由此本章提出假设 5-1：

H5-1：我国企业的费用粘性具有战略效应，即费用粘性对企业核心竞争力有着正向影响。

### 5.2.2 费用粘性战略效应中介机制分析

上文分析到，在我国制度环境下，费用粘性可能具有战略效应。下文将进一步分析费用粘性将通过何种途径产生战略效应。一般来说，在企业资源相对充裕不受约束时，企业可选择正式计划下的创新资源投入（人力、物力）来促进企业创新；在企业资源相对贫乏时，企业可通过非正式计划下内部资源检索方式寻求创新资源并组织其创新活动。但在目前我国资本市场尚不发达，信息不对称问题也较为严重的背景下，微观企业的技术创新活动面临着较为严重的融资约束问题。此种情况下，费用粘性客观产生的冗余资源显得尤为重要，这也可能是费用粘性发挥战略效应的机制路径。

一方面，冗余资源可以为管理层的决策提供资源支撑，并对冲企业经营风险，由此鼓励管理层大胆尝试风险较大的技术创新活动。王亚妮和程新生（2014）研究发现，冗余资源可以为企业的创新活动提供资源保障，对企业创新战略的实施具有重要影响。因此，费用粘性产生的冗余资源可能通过为企业的技术创新提供资源支持而发挥战略效应。同时，费用粘性的存在意味着在业绩下滑时管理层承担着更大的压力，管理层可能会积极利用冗余资源寻求市场机会与创新型投资项目，由此增强管理层的风险承担能力。简言之，费用粘性不仅能够为企业的技术创新活动提供资源支持，还能增强管理层的创新意识。

另一方面，我国的资本市场发展不够完善，资源配置受政府干预的影响较大（周黎安，2016），由此导致费用粘性可能还具有某种溢出效应促使企业技术创新从而发挥其战略效应。在市场遇"冷"、企业业务量下滑的时候，外部融资约束和内部现金流短缺致使企业的技术创新活动严重受阻。如果此时企业下调承诺资源，产生的高额调整成本将进一步加剧企业的融资约束，且会向资本市场传递经营不佳的消极信号，致使企业未来的外部融资面临更高的风险溢价，从而对技术创新的连续性和有效性产生不利影响。此外，在我国的制度背景下，地方政府在关键资源配置中发挥着重要作用，构建适当的政治关联对于企业未来的资源获取至为关键。费用粘性的存在往往受到经济周期的影响，且伴随着失业率增加等社会问题。企业延缓成本下调承担费用粘性的决策可以减轻地方政府促进就业的考核压力，从而帮助企业与政府打好关系，以此获取更多的政府补贴和税收优惠等资源支持（于蔚等，2012；薛云奎和白云霞，2008）。因此，在业务量下降时企业承担费用粘性的决策可能是一种寻补贴行为，以减轻未来创新活动面临的资源约束瓶颈。

基于上述理论分析，本章认为费用粘性客观产生的冗余资源不仅能为企业技术创新提供直接的资源支持，还能通过构建政治关联为企业争取稀缺资金资源，促进企业技术创新，从而体现其战略效应（见图 5–1），因此提出假设 5–2：

H5–2：技术创新在费用粘性发挥市场竞争优势中具有中介效应。

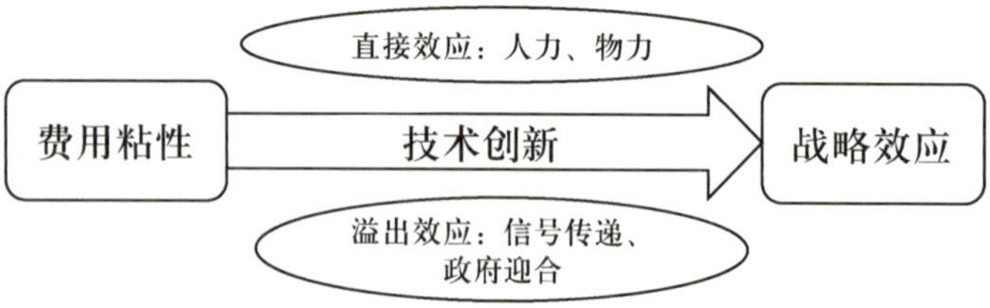


**图 5–1　费用粘性战略效应中介机制框架**

### 5.2.3　产权性质对费用粘性战略效应及其中介效应的影响

产权差异作为我国所有制企业的突出特征，不同产权性质的企业资源获取能力和决策行为存在较大差异，由此导致费用粘性的战略效应在不同所有制企业中可能存在区别。在市场遇冷和业绩下滑期，由于所有者缺位和地方政府压力，国有企业承担费用粘性的初衷可能仅是降低社会失业率以满足地方政府考核要求，并没有将冗余资源用于技术创新活动以提升其核心竞争力。但对于民营企业而言，业绩下滑的压力迫使管理层积极利用冗余资源开展寻求市场机会与创新型投资项目，其创新意愿较强。江伟和李斌（2006）指出，由于天然的政治联系，国有企业面临更宽松的信贷条件，获得的信贷资源更多，期限更长。刘津宇等（2014）研究发现，非国有企业的投资水平与其现金流显著正相关，此关系在国有企业并不明显，说明更多的信贷资金流入了国有企业，民营企业面临更强的融资约束。这就使得费用粘性的溢出效应在不同产权性质企业之间存在差异。在业绩下滑期，国有企业承担费用粘性降低社会失业率的行为可以使其获得更多的资源支持，如财政补贴和税收优惠等，从而导致冗余资源的溢出效应较明显。相反，对于民营企业来说，在同等条件下要想获取资源支持必须承担更多的社会责任，这可能导致费用粘性的溢出效应变为诅咒效应，进而阻碍其技术创新活动，因此提出假设 5-3：

H5-3：产权性质对费用粘性的战略效应具有调节作用，相比于民营企业，国有企业费用粘性的战略效应更显著，且“费用粘性—创新投入—核心竞争力”的作用路径更显著。

### 5.2.4　金融发展水平对费用粘性战略效应及其中介效应的影响

由上文分析可知，费用粘性的战略效应来自其在业绩下滑时的冗余资源储备与溢出效应，而这又源自契约不完全性下信息不对称。金融发展可以缓解信息不对称，因此金融发展水平可能会对费用粘性战略效应及其中介产生调节作用。首先，金融发展往往会促进产品市场与要素市场的协调发展，进而降低不同交易主体之间的信息不对称程度，资源搜寻成本及交易费用的降低会降低资源向下调整的成本，承担费用粘性的机会成本增加。同时，金融发展会加剧产品市场的竞争程度，技术创新对人力资源的需求更加多样化，固有的资源可能并不利于企业创新，费用粘性产生的冗余资源对技术创新的支持作用减弱，费用粘性的战略效应受到抑制。其次，金融发展会促进资本市场的进一步完善，银行业的竞争加剧使得信贷资源配置效率提高，非正式制度对信贷资源配置的影响弱化，政府部门对信贷市场的干预程度也会降低（余明桂和潘红波，2008）。李增泉等（2008）研究发现，金融发展会降低企业与资本市场之间的信息不对称，并抑制企业的代理冲突，从而缓解企业的融资约束，提高资本配置效率。由此可以看出，金融发展将通过缓解企业的融资约束而弱化费用粘性中冗余资源可能产生的溢出效应。因此，本章认为金融发展水平的提高弱化了费用粘性的资源优势及其溢出效应（见图 5-2）。由此提出假设 5-4：

H5-4：金融发展对费用粘性的战略效应具有调节作用，随着金融生态环境的不断优化，费用粘性的战略效应有所减弱，且“费用粘性—创新投入—核心竞争力”的作用路径有所弱化。

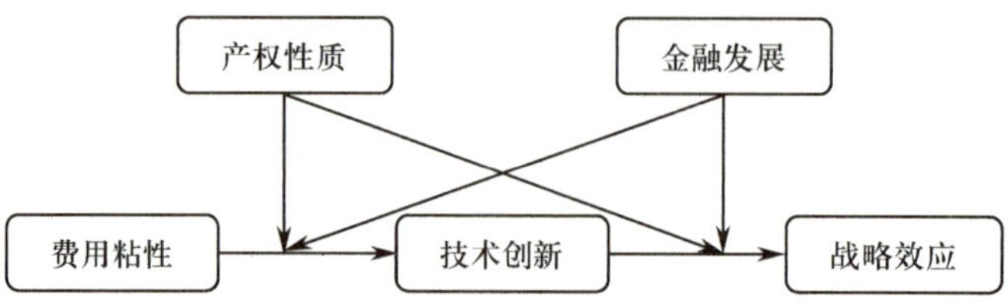


**图 5-2　费用粘性中介及其调节的逻辑框架**

# 5.3　研究设计

本章详细介绍了费用粘性战略效应的研究设计，首先对本章研究的样本选择与数据来源进行说明，其次进一步阐明本章实证研究的模型设定与变量定义，其中包括费用粘性战略效应中介效应模型设计以及产权性质（金融发展）对费用粘性的战略效应及其中介影响的模型设定。

## 5.3.1　样本选择与数据来源

由于本章中某些指标计算含有研发支出，而我国研发支出的强制披露于 2007 年《企业会计准则》规定，且前期存在明细科目混乱、披露监管力度小、信息披露随意等情况，因此本章选取 2009~2015 年我国沪深两市 A 股上市公司的数据为研究样本。为保证实证结果的可信性，对样本数据做了以下处理：①剔除金融、保险类上市公司；②剔除 ST、PT 的企业；③剔除当年上市的公司样本；④剔除资不抵债的公司样本；⑤剔除主要变量缺失的公司样本；⑥为避免极端值的影响，本章对所有连续变量在 1%~99% 分位上进行了缩尾处理。经过上述处理，本章共取得 5535 个样本观测值。本章研究相关公司财务数据来源于国泰安（CSMAR）和色诺芬（CCER）数据库，宏观金融数据来源于刘煜辉（2007）金融生态环境评价报告手工整理。数据处理软件为 Stata14.0。

### 5.3.2 研究模型和变量定义

（1）费用粘性战略效应中介效应模型设计。

本章借鉴 Baron 和 Kenny（1986）、温忠麟等（2004）关于中介效应检验方法，构建如下模型（5-1）至模型（5-3）来检验 H1 和 H2。

$$Com_{i,t}=\beta_0+\sum_{k=1}^{2}\beta_{1k}SD_{i,t-k}+\sum_{k=1}^{2}\beta_{2k}Cash_{i,t-k}+\sum_{k=1}^{2}\beta_{3k}Lev_{i,t-k}+\beta_4Size_{i,t-1}+\sum_{k=1}^{2}\beta_{5k}Se_{i,t-k}+\sum_{k=1}^{2}\beta_{6k}Com_{i,t-k}+\lambda_{1i}+\eta_{1t}+\varepsilon_{1i,t} \tag{5-1}$$

$$Innov_{i,t}=\alpha_0+\alpha_1SD_{i,t-1}+\alpha_2Size_{i,t}+\alpha_3Lev_{i,t}+\alpha_4Roa_{i,t}+\alpha_5Growth_{i,t}+\alpha_6Fixasset_{i,t}+\lambda_{2i}+\eta_{2t}+\varepsilon_{2i,t} \tag{5-2}$$

$$Com_{i,t}=\chi_0+\sum_{k=1}^{2}\chi_{1k}SD_{i,t-k}+\sum_{k=1}^{2}\chi_{2k}Innov_{i,t-k}+\sum_{k=1}^{2}\chi_{3k}Cash_{i,t-k}+\sum_{k=1}^{2}\chi_{4k}Lev_{i,t-k}+\chi_5Size_{i,t-1}+\sum_{k=1}^{2}\chi_{6k}Se_{i,t-k}+\sum_{k=1}^{2}\chi_{6k}Com_{i,t-k}+\lambda_{3i}+\eta_{3t}+\varepsilon_{3i,t} \tag{5-3}$$

鉴于核心竞争力提升及费用粘性战略效应体现于企业生产绩效提升与产品市场竞争力增强，因此本章参照 Fresard（2010）和杨兴全等（2015）的方法，采用营业收入增长率与行业均值的差额来度量企业战略效应，将该差额与行业标准差之比作为最终产品市场竞争优势（Com）衡量指标。

本章 $SD_{i,t}$ 表示 i 企业第 t 年的费用粘性水平，主要借鉴 Anderson 等（2007）、刘嫦等（2015）的做法，将销售管理费用差异率作为费用粘性的衡量指标。具体算法如模型（5-4）所示：

$$SD_{i,t}=\left(\frac{Expense_{i,t}}{Revenue_{i,t}}-\frac{Expense_{i,t-1}}{Revenue_{i,t-1}}\right)\times D_{i,t} \tag{5-4}$$

其中，$Expense_{i,t}$ 表示 i 企业第 t 年的销售费用与管理费用之和，$Revenue_{i,t}$ 表示营业收入，二者当期与前期比值之差即为当期收入费用的变化情况。该值为 0 说明当期收入费用同幅度变化，与传统的成本性态假定一致，没有粘性。若该值不为 0 则说明与传统的成本性态相悖。若其值大于 0 则说明费用比收入上升得快，抑或费用比收入下降得慢，即费用具有粘性，要素资源存有冗余；反之则说明费用具有反粘性，要素资源匮乏。$D_{i,t}$ 为虚拟变量，企业业绩上升时取 0、下降时取 1。销售管理费用差异率与虚拟变量的乘积表示收入下降时，公司当期的收入费用率较前期有所增加，即费用下降幅度小于收入下降的幅度（即费用粘性（$SD_{i,t}$）），其实质为企业业绩下滑时的资源冗余。

$Innov_{i,\ t}$ 为企业创新活动投入。部分文献多利用研发强度（R&D 与总资产之比）来衡量企业创新活动（袁建国等，2015；吴超鹏和唐药，2016）。但鞠晓生等（2013）、杨道广等（2017）认为研发支出仅仅是企业创新活动的一小部分，不能反映企业实物与人力资本的开发、管理者及员工的努力程度和创造性以及新技术引进、消化和吸收。加之企业创新活动具有较强的外部性，很多上市公司不愿意披露研发投入的相关信息，R&D 数据较隐蔽且不连续。而无形资产涵盖了专利权、非专利技术、商标权和著作权等方面内容，是企业创新活动的综合反映并与其密切相关，使用无形资产增量表示创新活动投入。鉴于此，本章采用研发投入与无形资产增值之和与总资产的比值衡量企业的创新投入（$Innov_{i,\ t}$）。

此外，与主流研究相一致，在模型（5-1）与模型（5-3）中控制了影响企业产品竞争优势的相关变量：现金持有水平（Cash）、资产负债率（Lev）、企业规模（Size）、销售费用率（Se）和滞后期产品竞争优势（Com），除企业规模滞后一期外，其余控制变量均滞后两期。上述模型还考虑到公司层面的固定效应（$\lambda_{1i}$ 和 $\lambda_{3i}$）和时间效应（$\eta_{1t}$ 和 $\eta_{3t}$）。在模型（5-2）中控制了资产负债率（Lev）、企业规模（Size）、资产报酬率（Roa）、企业成长性（Growth）以及固定资产投入（Fixasset），同样控制了公司层面的固定效应（$\lambda_{2i}$）和时间效应（$\eta_{2t}$）。

上述模型中，模型（5-1）主要检验市场竞争优势与费用粘性的关系。如果回归系数 $\beta_{11}$ 或 $\beta_{12}$ 显著为正，则说明费用粘性具有战略效应，如果不显著则中止中介效应检验。模型（5-2）主要检验技术创新与费用粘性的关系。如果回归系数 $\alpha_1$ 显著为正，则意味着费用粘性缓解资源约束，支持了企业技术创新。模型（5-3）主要关注回归系数 $\chi_{11}$（$\chi_{12}$）与 $\chi_{21}$（$\chi_{22}$）。如果系数 $\chi_{11}$（$\chi_{12}$）显著性下降或不显著，而系数 $\chi_{21}$（$\chi_{22}$）显著为正，则说明技术创新在费用粘性发挥市场竞争优势中具有部分或完全中介作用。如果系数 $\chi_{21}$（$\chi_{22}$）不显著则需要做进一步检验（如 Sobel）来证明中介效应是否显著。

（2）产权性质（金融发展）对费用粘性的战略效应及其中介影响的模型设定。

费用粘性能够有效促进企业技术创新进而提升其核心竞争力根源于我国制度背景下的资源约束，而微观产权性质与宏观金融发展在资源配置方面有着重大影响。因此本章进一步研究了产权性质与金融生态环境对费用粘性战略效应及技术创新对费用粘性与市场竞争优势中介效应的调节。为此，本章引入了温忠麟等（2004）研究中有调节的中介模型，探究技术创新对费用粘性与市场竞争优势的中介效应是否受到产权性质、金融生态环境调节。

首先，为检验费用粘性对市场竞争优势的直接效应是否受产权性质（金融生态环境）影响。本章在模型（5-1）的基础上加入调节变量（Moderator）及其与费用粘性（SD）的交乘项，其中

Moderator 分别表示为产权性质（Equity）和金融生态环境（Fe），我们主要关注检验系数 $\beta_{11}'$（或 $\beta_{12}'$）和 $\beta_{21}'$（或 $\beta_{22}'$）。若 $\beta_{21}'$（或 $\beta_{22}'$）显著则说明产权性质（金融生态环境）对费用粘性的直接效应有调节作用，在此需要说明的是，该系数是否显著不是本章关注重点，且仅作为后续有调节的中介模型设计。因此，即使该系数不显著，依然可以进行后续的分析（温忠麟等，2004）。

其次，本章需要验证技术创新对费用粘性与市场竞争优势的中介效应是否受产权性质（金融生态环境）调节，由此我们建立了模型（5-6）和（5-7）。其中，模型（5-6）在模型（5-2）的基础上加入了调节变量（Moderator）及其与费用粘性（SD）的交乘项。模型（5-7）在模型（5-3）的基础上加入了调节变量（Moderator）、调节变量（Moderator）与费用粘性（SD）交乘项以及调节变量（Moderator）与中介变量（Innov）交乘项。根据温忠麟、叶宝娟（2014）介绍，检验（$\alpha_1'+\alpha_2'$Moderator）（$\chi_{21}'+\chi_{31}'$Moderator）或（$\alpha_1'+\alpha_2'$Moderator）（$\chi_{22}'+\chi_{32}''$Moderator）是否与调节变量（Moderator）相关。

在此部分依次做检验，先检验模型（5-6）系数 $\alpha_1'$ 和 $\alpha_2'$ 是否显著，再检验模型（5-7）中 $\chi_{21}'$（$\chi_{22}'$）和 $\chi_{31}'$（$\chi_{32}'$）是否显著。若系数 $\alpha_1'$ 和 $\chi_{31}'$（$\chi_{32}'$）均显著不为零则说明产权性质（金融生态环境）调节了后半路径；若系数 $\alpha_2'$ 和 $\chi_{21}'$（$\chi_{22}'$）显著则证明调节了中介效应的前半路径；若系数 $\alpha_2'$ 和 $\chi_{31}'$（$\chi_{32}'$）显著则调节了中介效应的前后路径。上述三组系数中至少一组成立，则证明技术创新的中介效应受到产权性质（金融生态环境）调节。本章主要关注在产权性质（金融生态环境）不同情况下，费用粘性对技术创新水平影响是否存在差异，即较为关注 $\alpha_2'$ 和 $\chi_{21}'$（$\chi_{22}'$）是否显著。此外若上述三组系数均不显著，还需进一步使用非参数百分位

Bootstrap 方法或 MCMC 方法对系数区间做进一步区间检验。模型建立与检验步骤见图 5-3。

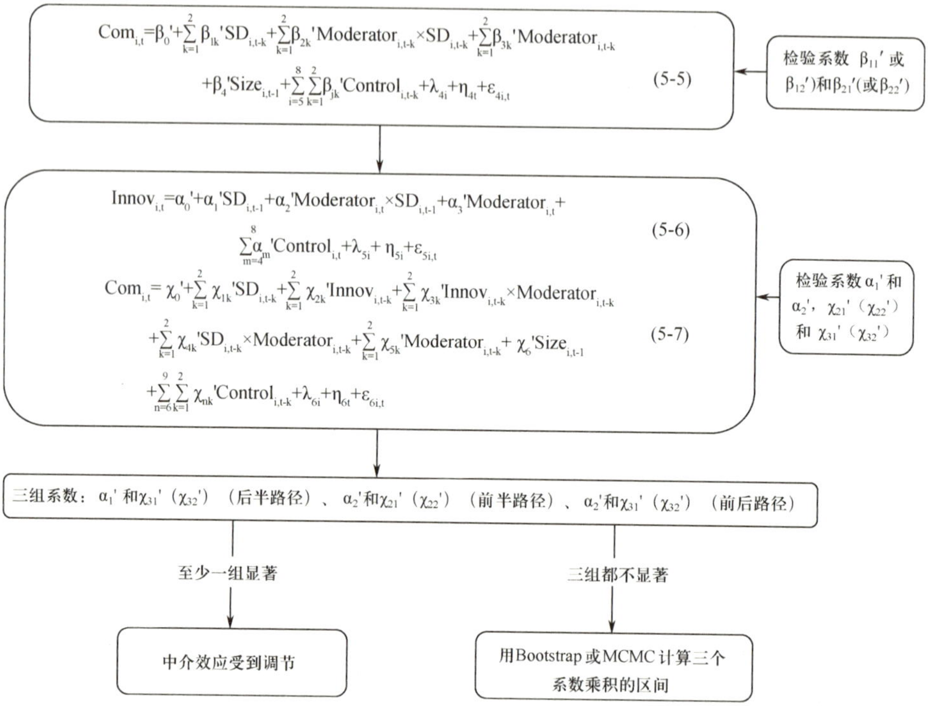


**图 5-3　有调节的中介模型层次检验流程**

本章涉及的核心研究变量及其控制变量的具体定义见表 5-1。

**表 5-1　相关变量定义**

| 变量类型 | 变量名称 | 变量符号 | 变量说明 |
| --- | --- | --- | --- |
| 因变量 | 市场竞争优势 | Com | （营业收入增长率 - 行业营业收入增长率均值）/ 行业标准差 |
| 核心变量 | 费用粘性 | SD | 由模型（5-4）计算得出 |
| | 创新活动投入 | Innov | （研发投入增值 + 无形资产增值）/ 总资产 |
| 调节变量 | 产权性质 | Equity | 国有企业取 1，民营企业取 0 |
| | 金融生态环境 | Fe | 刘煜辉（2007）及李扬、张涛（2009）金融生态环境评价报告手工整理 |

续表

| 变量类型 | 变量名称 | 变量符号 | 变量说明 |
|---|---|---|---|
| 控制变量 | 现金持有水平 | Cash | 现金及现金等价物除以总资产（经行业调整） |
| | 资产负债率 | Lev | 总负债除以总资产 |
| 控制变量 | 企业规模 | Size | 总资产自然对数 |
| | 销售费用率 | Se | 营业费用除以净资产 |
| | 资产报酬率 | Roa | 净利润除以总资产 |
| | 成长性 | Growth | 主营业务收入增长率 |
| | 固定资产投入 | Fixasset | 固定资产除以总资产 |

# 5.4　实证研究的结果与分析

首先，本章利用上述中介效应模型检验费用粘性对企业核心竞争力的影响，即验证费用粘性的战略效应，并且检验技术创新是否是费用粘性影响企业核心竞争力的中介机制；其次，运用有调节的中介模型检验金融生态环境和产权性质对上述影响的调节效应；最后，对本章的主要回归结论进行稳健性检验。

## 5.4.1　描述性统计分析与单变量检验

（1）总体描述性统计。

表 5–2 为本书的总体描述性统计结果。从表 5–2 中可以发现，被解释变量市场竞争优势（Com）的均值和中值分别为 –0.027

和 -0.107，说明所选取的样本中大部分公司的竞争优势普遍较低，标准差为 0.704，说明我国上市公司之间竞争优势差异较大，这与杨兴全等（2015）的发现相近。解释变量费用粘性（SD）均值为 0.009，说明我国企业普遍存在费用粘性，标准差为 0.029，说明企业之间费用粘性的差异较大。创新活动投入（Innov）均值和标准差分别为 0.006 和 0.016，仅占总资产的 0.6%，可以看出我国上市公司创新投入程度偏低。其余控制变量均值及标准差均在正常范围内，在此不再赘述。

**表 5-2　总体描述性统计**

| 变量 | 观测值个数 | 均值 | 标准差 | 最小值 | 中值 | 最大值 | 上四分位数 | 下四分位数 |
|---|---|---|---|---|---|---|---|---|
| Com | 5535 | -0.027 | 0.704 | -1.467 | -0.107 | 3.884 | -0.311 | 0.052 |
| SD | 5535 | 0.009 | 0.029 | -0.178 | 0.000 | 0.193 | 0.000 | 0.002 |
| Innov | 5535 | 0.006 | 0.016 | -0.009 | 0.000 | 0.075 | -0.001 | 0.007 |
| Cash | 5535 | -0.132 | 0.866 | -1.348 | -0.350 | 2.928 | -0.757 | 0.269 |
| Se | 5535 | 0.038 | 0.113 | -0.281 | 0.002 | 0.636 | -0.017 | 0.045 |
| Size | 5535 | 22.100 | 1.222 | 19.750 | 21.930 | 25.770 | 21.230 | 22.800 |
| Lev | 5535 | 0.472 | 0.205 | 0.059 | 0.475 | 0.899 | 0.315 | 0.631 |
| Roa | 5535 | 0.037 | 0.051 | -0.148 | 0.032 | 0.195 | 0.012 | 0.061 |
| Growth | 5535 | 0.134 | 0.278 | -0.510 | 0.101 | 0.828 | -0.039 | 0.257 |
| Fixasset | 5535 | 0.248 | 0.168 | 0.003 | 0.218 | 0.676 | 0.117 | 0.352 |

（2）单变量检验。

表 5-3 为单变量检验结果。按照费用粘性（SD）的中值将样本分为费用粘性较低组（Low-SD）和费用粘性较高组（High-SD），主要检验在不同费用粘性水平下，市场竞争优势和技术创新的均值和中值是否存在差异。

从表 5-3 可以看出，费用粘性较高组中 Com 和 Innov 的均值分

别为 -0.015 和 0.002，中值分别为 -0.014 和 -0.001，均大于费用粘性较低组中的对应值。这初步说明费用粘性具有战略效应，费用粘性越高，市场竞争优势及技术创新水平显著较高。

表 5-3　均值和中值差异性检验结果

| 变量 | Low_SD | Mean1 | High_SD | Mean2 | MeanDiff |
|---|---|---|---|---|---|
| Com | 1493 | -0.043 | 1496 | -0.015 | -0.028*** |
| Innov | 1493 | 0.001 | 1496 | 0.002 | -0.001** |
| 变量 | Low_SD | Median1 | High_SD | Median2 | Chi2 |
| Com | 1493 | -0.072 | 1496 | -0.014 | 60.43*** |
| Innov | 1493 | -0.002 | 1496 | -0.001 | 2.65 |

注：***、**、* 分别表示 1%、5%、10% 显著性水平通过检验。

## 5.4.2　费用粘性战略效应及其中介机制回归分析

表 5-4 为运用模型（5-1）~（5-3）检验费用粘性战略效应及其中介机制的回归结果。其中，第（1）列、第（2）列为中介机制检验的第一个步骤，即检验费用粘性是否具有战略效应的回归结果，第（1）列使用普通最小二乘（OLS）检验发现，滞后一期（$SD_{t-1}$）和滞后两期（$SD_{t-2}$）的费用粘性回归系数分别为 2.602 和 5.638，在 5% 和 1% 的水平上显著为正；第（2）列使用双固定效应模型（FE）检验发现，滞后一期（$SD_{t-1}$）和滞后两期（$SD_{t-2}$）的费用粘性回归系数分别为 3.845 和 4.084，均在 1% 的水平上显著为正。这一回归结果说明费用粘性具有战略效应，费用粘性能够提升公司未来的市场竞争力。

第（3）列检验了费用粘性对企业技术创新的影响，为中介机制的第二个步骤。使用固定效应模型检验可以发现，滞后一期的费用粘性（$SD_{t-1}$）与企业创新活动投入的回归系数为 0.023，在 1% 的水平上显著为正，说明费用粘性为企业的技术创新活动提供了资源储备，有利于企业技术创新。第（4）列为中介机制检验的第三个步骤，在回归模型中同时加入市场竞争优势和技术创新两个变量，滞后一期、滞后两期的费用粘性回归系数大小和显著性与第（2）列相比均下降，而且滞后一期（$Innov_{t-1}$）和滞后两期（$Innov_{t-2}$）技术创新回归系数分别为 5.704 和 3.915，在 5% 和 10% 水平上显著为正，技术创新投入越多，越有利于提升企业市场竞争优势。上述回归结果说明，费用粘性通过为企业创新投入活动提供了资源支持，进而提升了企业市场竞争优势，费用粘性能够发挥战略效应，支持了本章假设 5-1 和假设 5-2 的推断。

**表 5-4 费用粘性战略效应及其中介机制的回归结果**

| 步骤一 | （1）混合回归 | （2）固定效应 | 步骤二 | （3）固定效应 | 步骤三 | （4）固定效应 |
|---|---|---|---|---|---|---|
| | Com | Com | | Innov | | Com |
| **$SD_{t-1}$** | **$2.602^{**}$**<br>**（2.214）** | **$3.845^{***}$**<br>**（2.693）** | **$SD_{t-1}$** | **$0.023^{***}$**<br>**（2.617）** | $SD_{t-1}$ | $3.738^{**}$<br>（2.507） |
| **$SD_{t-2}$** | **$5.638^{***}$**<br>**（4.858）** | **$4.084^{***}$**<br>**（2.973）** | Size | $0.006^{***}$<br>（7.993） | $SD_{t-2}$ | $4.010^{***}$<br>（2.787） |
| $Cash_{t-1}$ | 0.084<br>（1.486） | $0.187^{**}$<br>（2.453） | Lev | $-0.009^{***}$<br>（-2.838） | $Cash_{t-1}$ | $0.196^{***}$<br>（2.579） |
| $Cash_{t-2}$ | -0.067<br>（-1.185） | $-0.138^{*}$<br>（-1.839） | Roa | $0.021^{***}$<br>（2.914） | $Cash_{t-2}$ | $-0.140^{*}$<br>（-1.865） |
| $Lev_{t-1}$ | $1.295^{***}$<br>（3.232） | $1.910^{***}$<br>（3.630） | Growth | $-0.002^{**}$<br>（-2.339） | $Lev_{t-1}$ | $1.930^{***}$<br>（3.667） |
| $Lev_{t-2}$ | $-1.720^{***}$<br>（-4.322） | 0.0910<br>（0.175） | Fixasset | -0.002<br>（-0.555） | $Lev_{t-2}$ | 0.125<br>（0.240） |
| $Size_{t-1}$ | $-0.113^{***}$<br>（-4.034） | $-1.182^{***}$<br>（-8.366） | | | $Size_{t-1}$ | $-1.229^{***}$<br>（-8.632） |
| $Se_{t-1}$ | 0.126<br>（0.200） | -0.338<br>（-0.418） | | | $Se_{t-1}$ | -0.307<br>（-0.380） |

续表

| 步骤一 | （1）混合回归 | （2）固定效应 | 步骤二 | （3）固定效应 | 步骤三 | （4）固定效应 |
|---|---|---|---|---|---|---|
| | Com | Com | | Innov | | Com |
| $Se_{t-2}$ | -0.202<br>（-0.314） | -0.924<br>（-1.112） | | | $Se_{t-2}$ | -0.954<br>（-1.147） |
| $Com_{t-1}$ | $0.047^{***}$<br>（3.155） | $-0.192^{***}$<br>（-10.491） | | | $Com_{t-1}$ | $-0.197^{***}$<br>（-10.684） |
| $Com_{t-2}$ | 0.004<br>$2.602^{**}$ | $-0.099^{***}$<br>$3.845^{***}$ | | | $Com_{t-2}$ | $-0.103^{***}$<br>（-7.069） |
| | | | | | **$Innov_{t-1}$** | **$5.704^{**}$**<br>**（2.321）** |
| | | | | | **$Innov_{t-2}$** | **$3.915^{*}$**<br>**（1.664）** |
| Cons | $2.286^{***}$<br>（3.702） | $24.763^{***}$<br>（7.935） | | $-0.131^{***}$<br>（-7.524） | | $25.741^{***}$<br>（8.194） |
| Year/Ind | 控制 | 控制 | | 控制 | | 控制 |
| N | 5535 | 5535 | N | 5535 | N | 5535 |
| 调整后的 $R^2$ | 0.029 | 0.095 | 调整后的 $R^2$ | 0.033 | 调整后的 $R^2$ | 0.096 |
| F 值 | 5.019 | 26.76 | F 值 | 12.99 | F 值 | 23.96 |

注：括号内为 t 值，***、**、* 分别表示 1%、5%、10% 显著性水平通过检验，适用于全书表格。

### 5.4.3　产权性质的调节作用检验

费用粘性战略效应及其中介机制可能会视微观企业产权性质与宏观金融生态环境的不同而呈现差异性。因此，本章采用有调节的中介模型检验产权性质和金融生态环境对费用粘性战略效应及其中介机制的调节效应。表 5-5 是产权性质调节效应的回归结果。

**表 5-5 产权性质对技术创新中介效应的调节作用**

| 步骤一 | (1)<br>Com | 步骤二 | (2)<br>Innov | 步骤三 | (3)<br>Com |
|---|---|---|---|---|---|
| SD$_{t-1}$ | 0.683<br>(0.328) | SD$_{t-1}$ | −0.045$^{***}$<br>(−2.938) | SD$_{t-1}$ | 0.629<br>(0.302) |
| SD$_{t-2}$ | 0.576<br>(0.281) | Equity$_{t-1}$ | −0.002<br>(−0.413) | SD$_{t-2}$ | 0.371<br>(0.180) |
| **EquitySD**$_{t-1}$ | **6.050**$^{**}$<br>(**2.102**) | **EquitySD**$_{t-1}$ | **0.057**$^{***}$<br>(**2.618**) | EquitySD$_{t-1}$ | 5.884$^{**}$<br>(2.043) |
| **EquitySD**$_{t-2}$ | **7.638**$^{***}$<br>(**2.756**) | Size | 0.006$^{***}$<br>(4.584) | EquitySD$_{t-2}$ | 7.773$^{***}$<br>(2.802) |
| Equity$_{t-1}$ | −0.614<br>(−1.452) | Lev | −0.014$^{***}$<br>(−2.961) | Equity$_{t-1}$ | −0.655<br>(−1.543) |
| Equity$_{t-2}$ | 0.618<br>(1.588) | Roa$_{t-1}$ | 0.027$^{***}$<br>(2.601) | Equity$_{t-2}$ | 0.646$^{*}$<br>(1.656) |
| Cash$_{t-1}$ | 0.182$^{**}$<br>(2.396) | Growth$_{t-1}$ | 0.008$^{***}$<br>(8.170) | **EquityInnov**$_{t-1}$ | **6.407**$^{**}$<br>(**2.265**) |
| Cash$_{t-2}$ | −0.138$^{*}$<br>(−1.839) | Fixasset | 0.002<br>(0.334) | **EquityInnov**$_{t-2}$ | **1.803**<br>(**0.668**) |
| Se$_{t-1}$ | −0.322<br>(−0.400) | | | Cash$_{t-1}$ | 0.180$^{**}$<br>(2.353) |
| Se$_{t-2}$ | −0.982<br>(−1.185) | | | Cash$_{t-2}$ | −0.131$^{*}$<br>(−1.744) |
| Size$_{t-1}$ | −1.189$^{***}$<br>(−8.414) | | | Se$_{t-1}$ | −0.325<br>(−0.403) |
| Lev$_{t-1}$ | 1.878$^{***}$<br>(3.565) | | | Se$_{t-2}$ | −0.892<br>(−1.075) |
| Lev$_{t-2}$ | 0.130<br>(0.250) | | | Size$_{t-1}$ | −1.203$^{***}$<br>(−8.482) |
| Com$_{t-1}$ | −0.194$^{***}$<br>(−10.505) | | | Lev$_{t-1}$ | 1.901$^{***}$<br>(3.603) |
| Com$_{t-2}$ | −0.097$^{***}$<br>(−6.716) | | | Lev$_{t-2}$ | 0.102<br>(0.196) |
| | | | | Com$_{t-1}$ | −0.195$^{***}$<br>(−10.533) |

续表

| 步骤一 | (1) | 步骤二 | (2) | 步骤三 | (3) |
|---|---|---|---|---|---|
| | Com | | Innov | | Com |
| | | | | $Com_{t-2}$ | -0.098***<br>(-6.762) |
| | | | | $Innov_{t-1}$ | -2.133<br>(-1.035) |
| | | | | $Innov_{t-2}$ | -0.049<br>(-0.024) |
| Cons | 24.907***<br>(7.925) | | -0.120***<br>(-4.263) | | 25.217***<br>(7.999) |
| Year/Ind | 控制 | | 控制 | | 控制 |
| N | 5535 | N | 5535 | N | 5535 |
| 调整后的 $R^2$ | 0.098 | 调整后的 $R^2$ | 0.032 | 调整后的 $R^2$ | 0.100 |
| F 值 | 21.96 | F 值 | 14.01 | F 值 | 19.24 |

其中，第（1）列是对模型（5-5）进行回归的结果，主要验证产权性质对费用粘性与市场竞争优势的调节效应。$EquitySD_{t-1}$ 为滞后一期费用粘性与产权性质的交乘项，交乘项系数为 6.05，在 5% 的水平上显著为正，$EquitySD_{t-2}$ 为滞后两期费用粘性与产权性质的交乘项，回归系数为 7.638，在 1% 的水平上显著为正。这一回归结果说明与民营企业相比，在国有企业中更能体现费用粘性的战略效应。

第（2）列是对模型（5-6）进行回归的结果，主要验证在不同的产权性质下，费用粘性对企业技术创新是否存在差异性影响。交乘项的回归系数 $EquitySD_{t-1}$ 为 0.057（显著性水平为 1%），说明在国有企业中，费用粘性更加能促进企业的技术创新。

第（3）列重点关注在不同的产权性质企业中，费用粘性对企业创新投入的影响是否不同，进而导致对市场竞争优势的影响存在异质性。即检验前述研究设计中产权性质对中介机制前半路径的调节作用。

从第（3）列的回归结果可以看出，交乘项 $EquityInnov_{t-1}$ 的回归系数为 6.407，在 5% 的水平上显著为正，加之第（2）列 $EquitySD_{t-1}$ 回归结果，说明产权性质对中介机制前半路径具有调节作用，即在国企中，费用粘性更能通过技术创新提高企业的市场竞争优势，本章假设 5–3 得到验证，这也说明当企业收入下降时，相比于民企，国企的费用粘性更具有战略效应，能够为企业创新活动提供更多的资金支持。

### 5.4.4 金融生态环境的调节作用检验

表 5–6 为金融生态环境对费用粘性战略效应及其中介机制是否具有调节作用的回归结果。第（1）列中 FeSD 为费用粘性与金融生态环境的交乘项，$FeSD_{t-1}$ 交乘项系数为 –22.637，在 5% 的水平上显著为负，$FeSD_{t-2}$ 交乘项系数为 –48.273，在 1% 的水平上显著为负，这均说明在金融发展水平越高时，费用粘性对市场竞争优势的提升作用越小。第（2）列中交乘项 $FeSD_{t-1}$ 的系数为 –0.037，也在 1% 的水平上显著为负，说明金融生态环境的改善将削弱费用粘性对企业技术创新的正向影响。第（3）列 $FeInnov_{t-1}$ 的回归系数在 10% 的水平上显著为负，结合第（2）列的 $FeSD_{t-1}$ 回归结果，表明金融发展水平对中介机制的前后路径具有调节作用，当金融发展水平较高时，费用粘性并不能很好地发挥战略效应，并且通过技术创新提升市场竞争力的路径也不明显，本章假设 5–4 得到验证。这一结果也说明，当金融生态环境较好时，企业的资源配置效率更高，此时能有更多资金分配到企业技术创新活动中，缓解创新活动的资源约束。因此，费用粘性在企业技术创新活动中发挥的作用有限，对市场竞争优势的提升作用也更弱。

表 5-6　金融生态环境对技术创新中介效应的调节作用

| 步骤一 | (1) | 步骤二 | (2) | 步骤三 | (3) |
|---|---|---|---|---|---|
| | Com | | Innov | | Com |
| $SD_{t-1}$ | 15.831***<br>(2.789) | $SD_{t-1}$ | -0.036**<br>(-2.330) | $SD_{t-1}$ | 14.112**<br>(2.452) |
| $SD_{t-2}$ | 30.627***<br>(5.626) | $Eco_{t-1}$ | 0.137***<br>(4.805) | $SD_{t-2}$ | 26.060***<br>(4.762) |
| **$FeSD_{t-1}$** | **-22.637****<br>**(-2.163)** | **$FeSD_{t-1}$** | **-0.037*****<br>**(-2.777)** | $FeSD_{t-1}$ | -18.286*<br>(-1.808) |
| **$FeSD_{t-2}$** | **-48.273*****<br>**(-4.922)** | Size | 0.006***<br>(4.766) | $FeSD_{t-2}$ | -37.901***<br>(-4.046) |
| $Fe_{t-1}$ | -0.208<br>(-0.153) | Lev | -0.013***<br>(-2.837) | $Fe_{t-1}$ | -0.034<br>(-0.025) |
| $Fe_{t-2}$ | -5.074***<br>(-4.150) | $Roa_{t-1}$ | 0.028***<br>(2.684) | $Fe_{t-2}$ | -5.158***<br>(-4.201) |
| $Cash_{t-1}$ | 0.175**<br>(2.316) | $Growth_{t-1}$ | 0.008***<br>(8.828) | **$FeInnov_{t-1}$** | **-21.479***<br>**(-1.898)** |
| $Cash_{t-2}$ | -0.134*<br>(-1.789) | Fixasset | 0.002<br>(0.373) | **$FeInnov_{t-2}$** | **-9.194**<br>**(-0.858)** |
| $Se_{t-1}$ | -0.429<br>(-0.535) | | | $Cash_{t-1}$ | 0.177**<br>(2.326) |
| $Se_{t-2}$ | -0.457<br>(-0.552) | | | $Cash_{t-2}$ | -0.130*<br>(-1.731) |
| $Size_{t-1}$ | -1.133***<br>(-8.016) | | | $Se_{t-1}$ | -0.496<br>(-0.617) |
| $Lev_{t-1}$ | 1.869***<br>(3.568) | | | $Se_{t-2}$ | -0.388<br>(-0.468) |
| $Lev_{t-2}$ | -0.004<br>(-0.008) | | | $Size_{t-1}$ | -1.157***<br>(-8.132) |
| $Com_{t-1}$ | -0.197***<br>(-10.728) | | | $Lev_{t-1}$ | 1.966***<br>(3.741) |
| $Com_{t-2}$ | -0.095***<br>(-6.593) | | | $Lev_{t-2}$ | -0.057<br>(-0.109) |
| | | | | $Com_{t-1}$ | -0.198***<br>(-10.738) |
| | | | | $Com_{t-2}$ | -0.095***<br>(-6.572) |

续表

| 步骤一 | (1) | 步骤二 | (2) | 步骤三 | (3) |
|---|---|---|---|---|---|
| | Com | | Innov | | Com |
| | | | | $Innov_{t-1}$ | 12.133**<br>(2.043) |
| | | | | $Innov_{t-2}$ | -3.439<br>(-0.626) |
| Cons | 26.366***<br>(8.423) | | -0.109***<br>(-3.822) | | 26.655***<br>(8.476) |
| Year/Ind | 控制 | | 控制 | | 控制 |
| N | 5535 | N | 5535 | N | 5535 |
| 调整后的 $R^2$ | 0.108 | 调整后的 $R^2$ | 0.036 | 调整后的 $R^2$ | 0.109 |
| F 值 | 24.30 | F 值 | 15.83 | F 值 | 21.24 |

### 5.4.5 稳健性检验

（1）费用粘性与技术创新的内生性问题。

已有文献研究表明，企业的技术创新投资不确定性较高，具有高投入、高风险、周期长等特点，进而使企业出现费用粘性较高的现象。对此，本章在前文中已经阐述了我国企业技术创新现状，即面临着较为严重的外部资源约束，企业依赖外部资源投入很难实现持续性创新。而且，如果是企业技术创新增加了企业费用粘性，那么在金融发展水平较高时，企业能够获得更多的外部资源投入来进行技术创新活动，这将会导致其费用粘性也相应地增加，但这与文章前述结论恰恰相反。这说明是费用粘性促进了企业技术创新，并进而增强了企业市场竞争优势核心竞争力。为排除这一内生性问题的影响，本章在基础回归中均对费用粘性变量进行了滞后一期和滞后两期的处理。

为进一步解决这一内生性问题引起的争议，本章通过 2008 年开始实施的《劳动合同法》这一外生冲击事件加以检验。《劳动合同法》对劳动合同签订、试用期工资、终止合同时的经济补偿等进行了详细规定，有利于保护劳动者的权益。但对企业而言，《劳动合同法》颁布后，加大了企业解聘员工的难度，进而增加了企业的人工成本粘性（刘媛媛和刘斌，2014）。因此本章利用时间趋势图比较了《劳动合同法》实施前后，企业科研经费、科研人员以及专利授权的变化情况（见图 5–4）。

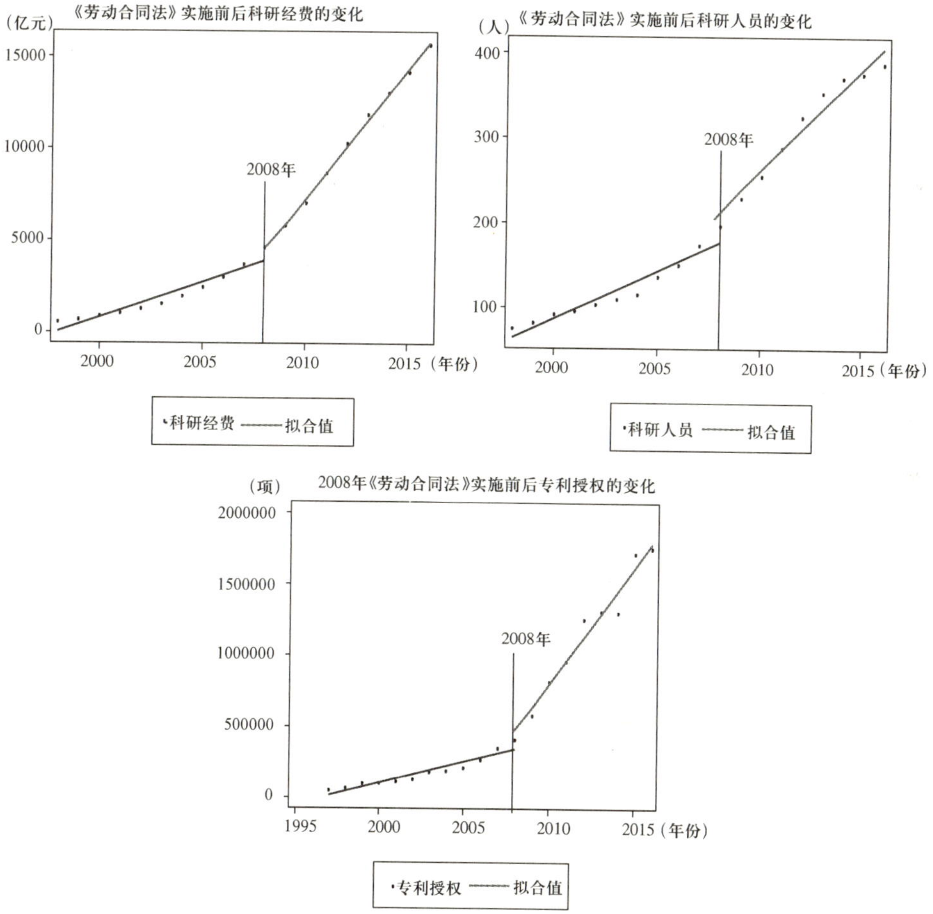


图 5–4 《劳动合同法》颁布前后技术创新变化示意图[①]

① 科研经费与科研人员数据均来自国家统计局网站（http://www.stats.gov.cn/）。

从图 5-4 中可以看出，与《劳动合同法》实施前相比，实施后企业科研经费、科研人员以及专利授权（来自国家统计局）均呈现显著增加，这验证了本章的主要结论。但是，这一变化也可能产生于《劳动合同法》颁布后，技术创新型企业费用粘性的增加。若这一逻辑成立，那么 2009 年由于较高调整成本的存在，企业将会减少创新投入。但图 5-4 结果表明科研经费、科研人员和专利授权情况在 2009 年并无明显下降趋势，这也证明本章结论具有稳健性。

（2）技术创新行业的费用粘性战略效应。

与其他行业相比，技术创新行业面临更高的投资风险和更严重的外部资源约束，进而更加依赖企业内部资源。因此，本章借鉴相关研究选取信息技术行业和制造业作为研究样本重新检验费用粘性的战略效应及其中介机制（李丹蒙和夏立军，2008），表 5-7 的回归结果依然显著为正，表明本章的结论是稳健的。

**表 5-7　高新技术行业费用粘性战略效应回归分析**

| 步骤一 | （1）OLS | （2）固定效应 | 步骤二 | （3） | 步骤三 | （4） |
|---|---|---|---|---|---|---|
| | Com | Com | | Innov | | Com |
| **$SD_{t-1}$** | **2.659***<br>**（1.753）** | **5.027*****<br>**（2.765）** | **$SD_{t-1}$** | **0.020***<br>**（1.712）** | $SD_{t-1}$ | 4.753***<br>（2.607） |
| **$SD_{t-2}$** | **5.672*****<br>**（3.791）** | **5.068*****<br>**（2.925）** | Size | 0.008***<br>（7.103） | $SD_{t-2}$ | 5.066***<br>（2.925） |
| $Cash_{t-1}$ | 0.050<br>（0.696） | 0.202**<br>（2.101） | Lev | −0.009**<br>（−2.506） | $Cash_{t-1}$ | 0.214**<br>（2.227） |
| $Cash_{t-2}$ | −0.040<br>（−0.557） | −0.067<br>（−0.701） | $Roa_{t-1}$ | 0.016*<br>（1.858） | $Cash_{t-2}$ | −0.074<br>（−0.774） |

续表

| 步骤一 | （1）OLS | （2）固定效应 | 步骤二 | （3） | 步骤三 | （4） |
|---|---|---|---|---|---|---|
| | Com | Com | | Innov | | Com |
| $Lev_{t-1}$ | 1.010**<br>（2.092） | 1.939***<br>（3.125） | $Growth_{t-1}$ | -0.004***<br>（-3.010） | $Lev_{t-1}$ | 1.955***<br>（3.146） |
| $Lev_{t-2}$ | -1.519***<br>（-3.168） | 0.751<br>（1.199） | Fixasset | -0.006<br>（-1.329） | $Lev_{t-2}$ | 0.795<br>（1.267） |
| $Size_{t-1}$ | -0.144***<br>（-4.267） | -1.332***<br>（-7.862） | | | $Size_{t-1}$ | -1.377***<br>（-8.048） |
| $Se_{t-1}$ | 0.969<br>（1.306） | -0.054<br>（-0.057） | | | $Se_{t-1}$ | 0.015<br>（0.016） |
| $Se_{t-2}$ | -0.590<br>（-0.786） | -0.715<br>（-0.762） | | | $Se_{t-2}$ | -0.790<br>（-0.840） |
| $Com_{t-1}$ | 0.116***<br>（5.931） | -0.131***<br>（-5.515） | | | $Com_{t-1}$ | -0.139***<br>（-5.766） |
| $Com_{t-2}$ | -0.004<br>（-0.245） | -0.092***<br>（-5.675） | | | $Com_{t-2}$ | -0.094***<br>（-5.748） |
| | | | | | **$Innov_{t-1}$** | **6.130****<br>**（2.102）** |
| | | | | | **$Innov_{t-2}$** | **2.560**<br>**（0.926）** |
| Cons | 2.877***<br>（4.029） | 27.731***<br>（7.441） | | -0.160***<br>（-6.674） | | 28.666***<br>（7.624） |
| Year/Ind | 控制 | 控制 | | 控制 | | 控制 |
| N | 3625 | 3625 | N | 3625 | N | 3625 |
| 调整后的 $R^2$ | 0.041 | 0.091 | 调整后的 $R^2$ | 0.038 | 调整后的 $R^2$ | 0.092 |
| F 值 | 8.044 | 16.54 | F 值 | 9.815 | F 值 | 14.88 |

# 5.5 拓展性研究

## 5.5.1 费用粘性直接效应的回归分析

表 5-8 利用差分模型检验费用粘性是否使得企业拥有更优化的生产要素结构，从而为费用粘性发挥战略效应提供了直接有利的人力、物力等内部资源支持。其中被解释变量为当年要素结构变化量，核心解释变量为当年费用粘性变化量（ΔSD），在回归时选取了产权性质（State）、资产报酬率（Roa）、企业规模（Size）、企业成长性（Growth）、资产负债率（Lev）、固定资产投入（Fixasset）以及年度和行业虚拟变量作为控制变量。在此，主要考虑了企业员工结构，以技术研发人员占员工总人数的比例（ΔSFP）作为代理变量。第（1）列和第（2）列分别利用混合回归和公司固定效应进行检验，由 $SD_{t-1}$ 的回归系数显著为正，可以看出费用粘性增加会显著优化企业生产要素结构，即在业绩下滑时，费用粘性较高的企业拥有更多的优质冗员。为剔除企业技术创新的影响，第（3）列和第（4）列在原回归模型的基础上加入了技术创新变量，结果依然稳健。

表 5-8　费用粘性与员工结构变动的回归结果

| | ΔSFP | | ΔSFP | |
|---|---|---|---|---|
| | （1）混合回归 | （2）固定效应 | （3）混合回归 | （4）固定效应 |
| **$\Delta SD_{t-1}$** | **0.043****<br>**（2.051）** | **0.047***<br>**（1.942）** | **0.044****<br>**（2.069）** | **0.048****<br>**（1.962）** |
| Innov | | | -0.045<br>（-1.508） | -0.039<br>（-1.022） |
| Cash | -0.001<br>（-1.143） | -0.005**<br>（-2.541） | -0.001<br>（-1.278） | -0.006***<br>（-2.693） |
| Size | 0.001<br>（0.835） | 0.007**<br>（2.549） | 0.001<br>（0.852） | 0.007***<br>（2.610） |
| Lev | -0.006<br>（-1.312） | -0.017<br>（-1.340） | -0.007<br>（-1.395） | -0.017<br>（-1.330） |
| Growth | -0.001***<br>（-3.961） | -0.001***<br>（-3.674） | -0.001***<br>（-3.792） | -0.001***<br>（-3.588） |
| State | 0<br>（-0.142） | -0.005<br>（-0.460） | 0<br>（-0.134） | -0.006<br>（-0.501） |
| Roa | 0.011<br>（0.958） | 0.024<br>（1.536） | 0.011<br>（0.981） | 0.024<br>（1.510） |
| Fixasset | 0.001<br>（0.109） | -0.032**<br>（-2.001） | -0.001<br>（-0.274） | -0.035**<br>（-2.156） |
| Cons | -0.014<br>（-0.821） | -0.141**<br>（-2.275） | -0.013<br>（-0.730） | -0.147**<br>（-2.312） |
| Year/Ind | 控制 | 控制 | 控制 | 控制 |
| N | 5535 | 5535 | 5535 | 5535 |
| 调整后的 $R^2$ | 0.004 | 0.007 | 0.004 | 0.007 |
| F 值 | 3.100 | 4.289 | 2.926 | 4.015 |

## 5.5.2　费用粘性溢出效应的单变量分析

在收入下降时，费用粘性较高的企业拥有更多直接有利的人力、物力等资源为企业创新活动提供资源支持。但其在业务量下降时，保留冗余资源能否使企业获取到更多的外部资源，为提升市场竞争优势提供外部资源支持，即费用粘性是否存在溢出效应还需要进行分析和检验。本章从税收优惠（Tax）、政府补助（Sub）和权益市场价值（Market_Value）三个方面探究费用粘性可能带来的资源溢出效应。表 5-9 为费用粘性溢出效应的单变量检验结果，均值和中值差异性检验均表明，费用粘性较高的企业能够得到更多的税收优惠和政府补助，而且相应的权益市场价值也更高。这初步说明费用粘性具有溢出效应，在收入下降时不仅能为企业创新活动提供直接资源支持，还能够使企业获取更多的外部资源支持。

**表 5-9　费用粘性溢出效应的单变量检验结果**

| 变量 | Low_sticky | Mean1 | High_sticky | Mean2 | MeanDiff |
|---|---|---|---|---|---|
| Tax | 1493 | -0.200 | 1496 | -0.130 | -0.07* |
| Sub | 1493 | 0.010 | 1496 | 0.030 | -0.02*** |
| Market_Value | 1493 | 1.880 | 1496 | 2.650 | -0.77*** |
| 变量 | Low_sticky | Median1 | High_sticky | Median2 | Chi2 |
| Tax | 1493 | -0.181 | 1496 | -0.150 | 40.75*** |
| Sub | 1493 | 0.004 | 1496 | 0.009 | 162.53*** |
| Market_Value | 1493 | 1.184 | 1496 | 1.749 | 112.94*** |

为避免企业费用粘性溢出效应存在因行业属性不同而产生差异，进一步选取高新技术企业作为研究样本从税收优惠、政府补助及权益市场价值三个方面检验费用粘性的溢出效应。表 5-10 的检验结果与全样本保持一致。

表 5-10 高新技术企业费用粘性溢出效应的差异性检验结果

| 变量 | Low_sticky | Mean1 | High_sticky | Mean2 | **MeanDiff** |
|---|---|---|---|---|---|
| Sub | 1010 | 0.010 | 989 | 0.030 | **-0.01*****|
| Tax | 1010 | -0.19 | 989 | -0.09 | **-0.10*** |
| Market_Value | 1010 | 1.730 | 989 | 2.770 | **-1.04***** |
| 变量 | Low_sticky | Median1 | High_sticky | Median2 | **Chi2** |
| Sub | 1010 | 0.005 | 989 | 0.010 | **105.400***** |
| Tax | 1010 | -0.168 | 989 | -0.142 | **26.694***** |
| Market_Value | 1010 | 1.271 | 989 | 1.873 | **76.483***** |

## 5.5.3 费用粘性溢出效应的多变量分析

表 5-11 为费用粘性溢出效应的多变量分析回归结果，即检验费用粘性是否能使企业获得更多税收优惠、政府补助以及提高企业权益市场价值。在回归时选取了产权性质（State）、资产报酬率（Roa）、企业规模（Size）、企业成长性（Growth）、资产负债率（Lev）、固定资产投入（Fixasset）以及年度和行业虚拟变量作为控制变量。第（1）列为费用粘性对税收优惠的回归结果，回归系数为 0.192，在 1% 的水平上显著为正，第（2）列为费用粘性对政府补助的回归结果，回归系数为 0.044，在 1% 的水平上显著为正，第（3）列为费用粘性对企业权益市场价值的回归结果，回归系数为 0.065，也在 1% 的水平上显著为正。上述结果表明，费用粘性具有溢出效应，能够使企业获取更多的税收优惠和政府补助，并且提升公司的权益市场价值。为排除企业技术创新对费用粘性的影响导致的伪回归问题。进一步在第（4）~（6）列中将技术创新变量

加以控制，控制技术创新后的回归结果仍均表明费用粘性具有溢出效应。

表 5-11　费用粘性溢出效应多变量回归分析

| 变量 | (1) | (2) | (3) | (4) | (5) | (6) |
|---|---|---|---|---|---|---|
| | Tax | Sub | Market_Value | Tax | Sub | Market_Value |
| **$SD_{t-1}$** | **0.192*****<br>**(2.802)** | **0.044*****<br>**(6.294)** | **0.065*****<br>**(3.252)** | **0.190*****<br>**(2.760)** | **0.045*****<br>**(6.513)** | **0.061*****<br>**(3.014)** |
| Innov | | | | -0.165<br>(-1.639) | 0.031***<br>(2.948) | -0.126***<br>(-4.170) |
| Size | -0.036***<br>(-5.505) | -0.002***<br>(-2.874) | -0.060***<br>(-30.087) | -0.037***<br>(-5.624) | -0.002***<br>(-2.660) | -0.060***<br>(-30.305) |
| State | 0.008<br>(0.390) | -0.003<br>(-1.279) | 0.007<br>(1.211) | 0.012<br>(0.652) | 0.001<br>(0.298) | 0.008<br>(1.385) |
| Lev | 0.137***<br>(6.387) | 0.007***<br>(3.011) | 0.047***<br>(6.836) | 0.139***<br>(6.448) | 0.007***<br>(3.128) | 0.045***<br>(6.609) |
| Roa | 0.128**<br>(2.412) | 0.033***<br>(6.334) | 0.104***<br>(6.807) | 0.138***<br>(2.580) | 0.034***<br>(6.473) | 0.103***<br>(6.763) |
| Growth | -0.031***<br>(-7.140) | -0.004***<br>(-9.536) | -0.019***<br>(-14.249) | -0.030***<br>(-6.874) | -0.005***<br>(-9.852) | -0.018***<br>(-13.592) |
| Fixasset | 0.147***<br>(5.563) | 0<br>(0.012) | 0.051***<br>(6.389) | 0.147***<br>(5.553) | 0<br>(0.022) | 0.051***<br>(6.340) |
| Cons | 0.566***<br>(3.881) | 0.054***<br>(3.581) | 1.366***<br>(31.003) | 0.585***<br>(3.985) | 0.049***<br>(3.228) | 1.378***<br>(31.156) |
| Year/Ind | 控制 | 控制 | 控制 | 控制 | 控制 | 控制 |
| N | 5535 | 5535 | 5535 | 5535 | 5535 | 5535 |
| 调整后的 $R^2$ | 0.028 | 0.029 | 0.248 | 0.028 | 0.031 | 0.251 |
| F 值 | 13.12 | 13.90 | 152.2 | 12.34 | 13.40 | 142.3 |

### 5.5.4　不同产权性质下费用粘性溢出效应差异性分析

前文检验了产权性质对费用粘性的战略效应及其中介机制的差异性影响，并认为在国有企业，费用粘性更具战略效应，对企业技术创新的促进作用也更加显著。因此，在此本章进一步检验产权性质对费用粘性溢出效应的差异性影响。按照产权性质将样本分为国有企业（SOE=1）和民营企业（SOE=0）两组进行分组回归，表 5-12 回归结果表明，费用粘性对税收优惠、政府补助和权益市场价值的回归系数均在国有企业的样本中更加显著。这一结果说明，我国资源配置存在歧视问题，在国有企业和民营企业中存在明显差异，相比于民营企业，国有企业的费用粘性溢出效应更加明显，能够获得更多的税收优惠和政府补助。这也进一步佐证了本章产权性质对费用粘性战略效应及其中介机制调节效应检验的结论。

**表 5-12　不同产权性质下费用粘性溢出效应回归分析**

| 变量 | SOE=1 | | | SOE=0 | | |
|---|---|---|---|---|---|---|
| | Tax | Sub | Market_Value | Tax | Sub | Market_Value |
| **$SD_{t-1}$** | **0.490**<br>（2.068）** | **0.095***<br>（8.384）** | **0.080***<br>（4.005）** | **0.150*<br>（1.935）** | **0.014<br>（1.484）** | **0.051<br>（1.376）** |
| Innov | −0.190<br>（−1.279） | 0.022<br>（1.442） | −0.055**<br>（−2.028） | −0.082<br>（−0.664） | 0.037**<br>（2.459） | −0.215***<br>（−3.532） |
| Size | −0.044***<br>（−3.946） | 0<br>（0.306） | −0.042***<br>（−21.700） | −0.027***<br>（−3.284） | −0.004***<br>（−3.916） | −0.079***<br>−20.362） |
| Lev | 0.242***<br>（6.741） | 0.007**<br>（1.962） | 0.023***<br>（3.769） | −0.017<br>（−0.625） | 0.007**<br>（2.014） | 0.068***<br>（4.950） |

续表

| 变量 | SOE=1 | | | SOE=0 | | |
|---|---|---|---|---|---|---|
| | Tax | Sub | Market_Value | Tax | Sub | Market_Value |
| Roa | 0.082<br>（0.931） | 0.038***<br>（4.788） | 0.072***<br>（5.151） | -0.679***<br>（-10.579） | 0.035***<br>（4.739） | 0.140***<br>（4.715） |
| Growth | -0.041***<br>（-5.412） | -0.004***<br>（-5.983） | -0.012***<br>（-9.354） | -0.00800<br>（-1.565） | -0.005***<br>（-7.777） | -0.023***<br>（-9.783） |
| Fixasset | 0.141***<br>（3.495） | 0.003<br>（0.740） | 0.036***<br>（5.178） | 0.150***<br>（4.043） | 0.00100<br>（0.123） | 0.041**<br>（2.339） |
| Cons | 0.684***<br>（2.736） | 0<br>（0.005） | 0.975***<br>（22.507） | 0.456***<br>（2.595） | 0.092***<br>（4.412） | 1.775***<br>（21.231） |
| Year/Ind | 控制 | 控制 | 控制 | 控制 | 控制 | 控制 |
| N | 2862 | 2862 | 2862 | 2673 | 2673 | 2673 |
| 调整后的 $R^2$ | 0.033 | 0.042 | 0.276 | 0.079 | 0.038 | 0.245 |
| F 值 | 8.721 | 11.21 | 97.61 | 16.74 | 7.649 | 63.73 |

### 5.5.5 不同金融生态环境中费用粘性溢出效应差异性分析

费用粘性为业绩下滑时的企业创新活动提供了资源支持，进而发挥战略效应，增强企业市场竞争优势。这一作用的发挥主要是因为我国企业技术创新面临严重的资源约束。而金融发展水平的提高，也提高了资源配置效率，使更多的资金被分配到创新活动中，缓解了企业技术创新面临的资源约束。因此，在金融生态环境较好时，费用粘性的资源优势及溢出效应会弱化。在上述分析基础上，本章按照金融发展水平的年度中值将样本分为金融发展水平较低组

（FENV_Low）和金融发展水平较高组（FENV_High）进行分组回归，表 5-13 的回归分析结果表明，费用粘性回归系数在金融发展水平较高的样本中并不显著，而在金融发展水平较低组中显著为正。这一结果也进一步佐证了本章中金融生态环境较好的地区，费用粘性对技术创新的促进作用，以及对市场竞争力的提升作用下降的结论。

**表 5-13　不同金融生态环境中费用粘性溢出效应的回归分析**

| 变量 | FENV_Low | | | FENV_High | | |
|---|---|---|---|---|---|---|
| | Tax | Sub | Market_Value | Tax | Sub | Market_Value |
| **$SD_{t-1}$** | **0.236***<br>**（1.819）** | **0.076*****<br>**（7.077）** | **0.095*****<br>**（3.605）** | **0.057**<br>**（0.654）** | **0.023**<br>**（1.570）** | **0.034**<br>**（1.159）** |
| Innov | -0.076<br>（-0.510） | 0.033**<br>（2.230） | -0.117***<br>（-3.208） | -0.164<br>（-1.319） | 0.054**<br>（2.264） | -0.109**<br>（-2.217） |
| Size | -0.023*<br>（-1.797） | -0.00100<br>（-0.871） | -0.052***<br>（-18.065） | -0.029***<br>（-3.766） | -0.003*<br>（-1.927） | -0.064***<br>（-20.831） |
| Lev | 0.049<br>（1.254） | 0.008**<br>（2.365） | 0.026***<br>（3.022） | 0.022<br>（0.878） | 0.011**<br>（2.194） | 0.070***<br>（6.568） |
| Roa | -0.821***<br>（-9.542） | 0.027***<br>（3.655） | 0.092***<br>（5.015） | -0.593***<br>（-8.968） | 0.063***<br>（5.250） | 0.096***<br>（3.883） |
| Growth | -0.013<br>（-1.575） | -0.004***<br>（-5.548） | -0.018***<br>（-9.456） | -0.015***<br>（-2.985） | -0.006***<br>（-6.862） | -0.018***<br>（-9.250） |
| Fixasset | 0.108**<br>（2.487） | -0.00100<br>（-0.211） | 0.050***<br>（5.007） | 0.096***<br>（2.874） | -0.001<br>（-0.174） | 0.058***<br>（4.427） |
| Cons | 0.347<br>（1.222） | 0.0320<br>（1.223） | 1.202***<br>（18.703） | 0.500***<br>（2.911） | 0.071**<br>（2.162） | 1.457***<br>（21.515） |
| Year/Ind | 控制 | 控制 | 控制 | 控制 | 控制 | 控制 |
| N | 2920 | 2920 | 2920 | 2615 | 2615 | 2615 |
| 调整后的 $R^2$ | 0.059 | 0.039 | 0.250 | 0.057 | 0.030 | 0.231 |
| F 值 | 13.31 | 8.659 | 71.44 | 14.00 | 7.157 | 69.86 |

## 5.6 研究结论与启示

### 5.6.1 研究结论

本章选取2009~2015年沪深A股非金融保险类上市公司，立足于我国宏观经济与微观企业长期发展中提升核心竞争力迫切需求与外部资源约束严峻现状，以费用粘性随业绩动态调整的成本管理行为为切入点，利用有调节的中介效应模型检验其可能战略效应及内在机制。研究结果表明：

①我国企业费用粘性具有战略效应，能够提升企业市场竞争优势。②中介机制检验发现，费用粘性通过促进企业技术创新提升市场竞争优势。③调节效应检验发现，产权性质与金融生态环境对费用粘性的战略效应具有调节作用。相比于民营企业，在国有企业中费用粘性更能发挥战略效应；而金融生态环境的改善会削弱费用粘性的战略效应。④进一步借鉴温忠麟（2004）有调节的中介模型发现，产权性质和金融生态环境之所以对费用粘性的战略效应产生调节效应，是因为在国有企业中费用粘性更能强化其技术创新能力，而在金融生态环境较好的企业费用粘性弱化了其技术创新能力。⑤进一步拓展研究还发现，费用粘性作为内部资源剩余，一方面通过优化生产要素结构，增加核心资源的冗余从而提高风险性因素容忍程度；另一方面为企业带来了更多外部资源支持。具体表现在费

用粘性使企业获得更多税收优惠、政府补贴和权益融资。且这一溢出效应同样受到产权性质和金融生态环境的影响，在国有企业和金融生态环境较差的企业，费用粘性的溢出效应更显著，这为本章主要结论提供了进一步证据支持，即费用粘性通过促进技术创新提升企业核心竞争力。

### 5.6.2　研究启示

基于本章研究结论，可得到如下研究启示：

（1）对于企业而言，不能仅以收支匹配作为成本决策的唯一标准，管理层需要根据企业自身特质与宏观金融发展水平，适当调整企业成本管理决策，保留适量的冗余资源，以便能够及时捕获市场先机，提升企业技术创新能力与核心竞争力。

（2）本章的研究结论表明，我国费用粘性之所以能够发挥战略效应增强市场竞争优势，主要是因为在我国特殊的制度背景下，资源配置效率低下，企业技术创新活动普遍面临严重外部资源约束。当企业金融生态环境得到改善时，资源配置效率相应地提高，费用粘性的战略效应将会降低。说明费用粘性仅仅是业绩下滑阶段企业在外部资源约束下的应激反应，总体而言其资源配置仍然是低效率的。另外，相比于民营企业，费用粘性溢出效应在国有企业更显著，在一定程度上也说明我国资源配置在国有企业和民营企业之间依旧存在严重的歧视。因此，对于政府而言，应该加快推进政府由“干预型”向“服务型”转变。减少对企业干预行为，下放包括投资在内的各种行政审批权利，加速建设和完善统一开放、竞争有序的市场体系，优化金融生态环境，将稀缺资源配置引入有效的市场机制，缓解我国的资源错配问题，保证资源配置的充分性与合理性。

### 5.6.3 研究不足

本章研究还存在如下不足：虽然本研究基于资源约束角度检验并发现技术创新是费用粘性提升企业竞争优势的作用路径，但其中可能存在其他路径，例如企业在业绩下滑时期减少裁员有利于提升员工士气，增加人工忠诚度、提高生产效率与创新水平，从而使企业获得竞争优势，由于员工士气、忠诚度无法度量，因此尚未对其进行检验。另外，尽管本书采用了 Anderson 等（2007）的广泛衡量费用粘性的方法，但费用粘性经济后果研究相对较少，因而尚未有更多可借鉴的合理方法对其进行衡量。

# 第 6 章 创新投入、固定资产投资（产能过剩）与费用粘性战略效应

## 6.1 研究问题的提出

固定资产投资是社会固定资产再生产的主要手段，自 1989 年 1 月起我国将固定资产投资额作为国家宏观经济的指标，并作为 8 项重要经济指标之一进行定期公布，目前该指标成为国家投资计划和控制投资规模的重要依据。鉴于固定资产投资在我国经济发展中的巨大拉动作用，以及我国经济发展存在的“脱实向虚”的问题，党的十九大报告强调，深化投融资体制改革，要发挥投资对优化供给结构的关键性作用。这需要企业通过投资最优的投资项目，不断将面临的发展机会转化为企业内部生产力，进而实现企业资源的有效配置，实现企业价值最大化的终极目标。作为投资核心内容的资产投资，资金耗用量大、期限长且不可逆，其投资可以直接决定企业未来的财务状况甚至是企业命运。从宏观层面来讲，单个企业的固定资产投资决策总和直接影响着国家的经济发展速度（华桂宏

等，2008），并影响着企业在国际市场上的核心竞争力。因此，固定资产投资决策行为一直倍受学术界、企业高管以及政府政策制定者的高度关注，是公司金融和财务研究的持续性重点话题。

与此同时，我国由于受发展阶段和经济体制等多种因素叠加的影响，固定资产投资及其诱发的产能过剩问题成为制约中国产业转型和经济发展的重大障碍（耿强等，2011；林毅夫等，2010）。2008 年全球金融危机爆发后，政府短暂的产能管控放松以及随后的四万亿元经济刺激计划，使得中国部分行业出现严重的产能过剩问题。2011 年以来，国际国内市场需求持续放缓，因企业持续的固定资产投资扩建引发的产能过剩问题越来越成为我国经济运行中的突出矛盾（杨其静和吴海军，2016）。目前国外学者研究表明，企业适度的固定资产投资及其产能过剩行为是企业应对经济周期波动的策略或者是一种对新进入者构成进入壁垒的竞争手段。但是这种解释没有考虑我国特殊体制下的固定资产投资问题及其诱发的产能过剩问题，国内学者研究表明我国产能过剩既有“投资潮涌”行为的推动（林毅夫，2007），也有来自财政分权体制和以 GDP 增长为核心的政治晋升考核体制的制度诱因（周黎安，2004；江飞涛等，2012；干春晖等，2015）。综观已有文献，学者们已经从宏微观两个视角对固定资产投资与产能过剩的影响因素进行了大量的研究，但对于固定资产投资与产能过剩引发的问题关注相对较少。

有鉴于此，本章从微观企业的视角出发研究固定资产及产能过剩对企业成本决策的影响。于企业而言，固定资产投资及其导致的产能过剩虽然为企业提供了资源储备，但是却显著提高企业的经营风险、财务风险和财务报告舞弊风险等。随着企业相关风险水平的上升，无疑企业管理层做出成本决策时易受制于已有的固定资产投资的影响。因此，厘清固定资产投资与费用粘性的关系，是一个重要而又有趣的学术问题。

虽然目前我国已经围绕着费用粘性进行了大量研究（详见第2章文献回顾），但是，企业的固定资产投资以及产能过剩如何影响费用粘性，目前还尚未有研究关注。企业盲目、过度的固定资产投资扩建行为，以及企业为确保后续新产品生产和推广的有效供给能力而提前预留适当的产能，都将会导致企业机器设备闲置、存货积压等问题。上述固定资产投资行为是否会导致企业费用粘性加大？在我国特殊的制度背景以及代理冲突、过度投资成为企业管理层代理行为突出表现的现实情况下，企业固定资产投资行为一旦过度，并遭遇经济下滑的宏观环境，企业产能过剩就成为一种常态。那么，企业固定资产投资及其过度投资导致的产能过剩是否会导致费用粘性的增加，固定资产投资（产能过剩）通过什么机制影响费用粘性，固定资产投资（产能过剩）对费用粘性的影响是否会对企业价值产生影响，具有战略效应①？进一步地，企业创新投入水平是否会加大固定资产投资（产能过剩）对费用粘性的影响程度，并扭转产能过剩可能导致的价值贬损效应？上述效应是否视产业政策鼓励以及企业所在地区的财政压力而呈现差异性？

本章以2009~2018年A股制造业上市公司为研究样本对上述问题进行探究。研究发现，企业固定资产投资不会增加企业费用粘性，但产能过剩会通过调整成本增加费用粘性。企业创新投入会强化产能过剩与费用粘性之间的正向关系。进一步考察产能过剩影响

① 如果不能增加企业价值，或者导致企业获利能力降低，则本章称之为价值损害效应。

费用粘性的经济后果发现，产能过剩通过增加费用粘性对当期企业价值产生负面效应，但在未来一期这种显著的负相关关系不再存在。拓展性检验的结果则表明，在产业政策扶持行业、财政压力较大的地区，产能过剩对费用粘性的强化作用更显著，而且在产业政策扶持行业、财政压力较大的地区的企业中，产能过剩引致的费用粘性价值损害效应更严重。

本章可能研究贡献在于：①当前学者对固定资产投资及产能过剩的探究主要从宏观层面和行业层面分析其形成机理。而企业作为产能投资行为的微观实施主体，本章从微观企业的角度出发研究固定资产投资及产能过剩问题对于进一步掌握固定资产投资的经济后果具有增量的理论价值和现实意义。②目前关于产能过剩经济后果的研究还相对较少，虽然夏飞龙（2018）研究认为，从微观上看产能过剩会导致企业亏损，从宏观上看产能过剩将造成经济资源的浪费，危害长期经济增长。但是，目前关于产能过剩对于企业微观影响的相对较少，其中对于产能过剩是否是导致我国企业成本费用粘性高企的一个因素，目前尚见研究。为此，本章基于企业微观视角，关注固定资产投资及其产能过剩对企业成本管理决策的影响，有助于从财务领域理解产能过剩的经济后果，有助于丰富对产能过剩形成机理、经济后果以及治理对策的研究，为当前去产能政策提供理论和经验证据支撑。③本章基于固定资产投资（产能过剩）视角并结合微观企业创新投入探究费用粘性的影响因素，丰富了费用粘性相关理论研究文献；同时本章进一步探究了费用粘性价值效应，有利于揭示企业成本管理这一“黑箱”。

## 6.2 文献回顾

鉴于固定资产投资资金耗用量大，期限长，且不可逆，其投资直接决定企业未来的财务状况甚至是企业长期发展态势，因此企业固定资产投资决策及其行为一直是公司金融和公司财务研究的重点。本节主要从宏观和微观视角两个角度对固定资产投资与产能过剩相关研究进行回顾。

### 6.2.1 基于宏观视角的文献回顾

从宏观角度来看，目前主要围绕着影响固定资产投资的影响因素和宏观经济后果视角展开：

（1）从影响固定资产投资的影响因素来看，固定资产投资受到经济环境不确定、经济波动以及国家货币政策等各种因素的影响。其中，韩国高、胡文明（2016）采用动态面板数据的 GMM 方法考察了近年来我国固定资产投资下滑的原因，其研究结果表明，我国宏观经济不确定性程度与固定资产投资规模呈负相关，企业家信心指数变动则与固定资产投资增速呈现大致相同的变化趋势，二者具有正相关关系，进一步提升企业家信心指数将会显著降低宏观经济不确定对固定资产投资的抑制作用。邢天才、张梦（2018）进一步对经济波动和固定资产投资之间的关系进行实证分析表明，在经济波动对固定资产投资的影响中，金融摩擦机制所起的作用有限，主要还是实物期权效应起作用。逯进、王晓飞（2019）研究表明，老龄化通过影响就业、减缓技术创新对经济活力产生了负向影响，而通过升级产业结构对经济活力产生了正向影响；固定资产投资则通过增加就业、促进技术创新和升级产业结构对经济活力产生了正向作用。黄久美等（2010）利用我国制造业上市公司的部分交易数据和财务数据研究结果表明，无论是企业承担的企业总体不确定性还是其市场不确定性，均会对公司固定资产投资具有显著的抑制效果，进而证明了当企业面临较大不确定问题时，企业会采取延迟投资决策来获取更多的项目信息，以确保投资的可靠性。刘贯春、段玉柱、刘媛媛（2019）研究结果进一步论证了企业所处行业的资产可逆性可以弱化“经济政策不确定性对企业固定资产投资的抑制作用”，且该效应在融资约束严重的企业更为明显。

（2）从固定资产投资的宏观经济后果来看，目前主流观点认为通过乘数效应，固定资产投资可以直接引致国家宏观经济的增长，如齐鹰飞、李东阳（2014）基于固定资产投资和产出的时间序列性质，对中国固定资产投资波动与经济周期波动的关联性进行了实证分析。研究发现，固定资产投资波动对经济周期具有显著的“放大效应”。但是，部分学者持相反观点，认为固定资产投资并不总是有利于国家宏观经济的发展，过多的固定资产投资会挤占人力资本的增长份额，进而抑制了经济的发展。如杨长汉（2017）研究发现，信贷投放、投资与经济增长间并非始终呈现同步变化的态势，在对信贷总量增长对经济增长的影响进行检验后发现，来自于信贷投放的刺激效应能够实现短期内的经济增长，但长期来看其作用力度呈现减弱态势。

### 6.2.2 基于微观视角的文献回顾

从微观层面来看，既包括宏观经济政策对微观企业固定资产投资的影响，也包括微观企业过度投资的诱因及其经济后果。

其前者来看，现有研究表明，不确定性的增加会影响公司投资水平。如许良超、王志强（2019）采用中介效应的检验方法，从企业固定资产投资的视角分析产品市场竞争影响股票收益的作用路径。结果显示：产品市场竞争与公司股票收益呈倒 U 形关系，垄断或过于激烈的竞争会降低股票收益；产品市场竞争与固定资产投资呈负相关；产品市场竞争通过影响企业固定资产投资策略进而影响股票收益。为加快“中国制造”向“中国智造”转变，提升制造业创新水平，我国自 2014 年起对高端制造业实施了固定资产加速折旧的税收优惠。为此，部分学者开始关注我国固定资产折旧的税收激励后果[①]。曹越、陈文瑞（2017）以 2009~2015 年沪深 A 股制造业上市公司为样本，运用双重差分模型和倾向得分匹配方法检验了固定资产加速折旧政策（财税〔2014〕75 号）的政策效应。研究结果表明：与非试点公司相比，固定资产加速折旧政策使得试点公司的创新投入显著增加，但对固定资产投资规模无显著影响。陈煜、方军雄（2018）以 2008 年国家税务总局颁布的企业固定资产加速折旧所得税新政策为出发点，其研究结果发现，新政策颁布后企业会显著增加企业的投资水平。进一步机理分析表明，其影响一方面源自新政策具有的直接节税效应，另一方面则是投资者对新规出台之后的固

① 部分学者对固定资产折旧方法（赵新贵、刘曜铭，2015；高允斌、吴明泉，2015；陈文铭、徐晨阳，2015）进行了技术上的探讨，与本章关联不大，在此不做叙述。

定资产投资的估值明显更低，二者相抵后，新政策产生的税负下降的益处无法弥补其带来投资效率的下降，进而使得新政策实施后公司价值出现了贬损。王宗军、周文斌、后青松（2019）以我国沪深A股上市公司2011~2017年的数据为研究样本，考察了固定资产加速折旧所得税政策对企业研发创新的影响。研究结果显示，固定资产加速折旧所得税政策提升了企业创新投入强度，专利产出量增加，对企业研发创新产生了激励效应。李昊洋、程小可、高升好（2017）采用双重差分法（DID）实证检验了2014年国务院颁布的固定资产加速折旧政策对企业创新投入的影响。研究发现，总体而言，固定资产加速折旧政策的颁布使企业创新投入显著增加，这种影响在高税率企业或市场化程度较低地区企业中更为明显。进一步检验发现，固定资产加速折旧政策通过降低企业税负提高了企业参与研发活动的积极性。伍红、郑家兴、王乔（2019）运用倾向得分匹配（PSM）选取了2014~2018年A股466家高端制造业上市公司，考察了该政策对企业创新投入带来的激励效果。研究表明，固定资产加速折旧的税收优惠对高端制造业企业的创新财力投入存在正向激励效应，但对其创新人力投入的激励效果不明显。

从后者来看，即微观企业过度投资的诱因及其经济后果，现有研究可谓硕果累累，既有从公司治理层面，如管理层权力（郭宏，2019）、股权激励（孙凤娥等，2019；吕峻，2019）、独立董事（赵昕等，2017）等各层面关注诱发过度投资的因素，也有从政府补贴（魏志华等，2015）、债务治理（周雪峰，2012；田利辉、李春霞，2014）、预算软约束（裘益政，2014）等视角对过度投资问题进行研究，鉴于上述研究与后续内容关联不大，本部分不做过细阐述，仅仅阐述固定资产的过度投资对企业产能过剩问题的影响。

从固定资产和产能过剩的关系来看，虽然国外学者的研究普遍认为产能过剩是市场经济的一种正常现象，并将其归因为企业经济波动的正常现象。如Long和Plosser（1983）、King和Plosser（1984）认为，产能过剩是由宏观经济运行状况呈周期性波动所引发的企业及投资者预期变化所导致的，即在经济由复苏走向繁荣阶段，经济增长动态预期的升温导致投资增量的快速形成，而当经济由繁荣进入衰退阶段时，社会总需求下降时生产能力不能得到及时退出进而导致生产能力过剩状况。Fay和Medoff（1983）、Pindyck（1986）则认为，企业出于平滑需求波动、降低生产成本或抵御潜在竞争对手的需要，会主动保留一定的过剩产能。为此，Fay和Medoff（1983）将这种产能调整独立于经济周期的现象称为“窖藏现象”。Spence（1977）以及Bulow（1985）、Ogawa和Nishimori（2004）等则从产业组织理论进行解释。其中，Spence（1977）认为企业会利用过剩产能形成可置信威胁和进入壁垒，以阻止潜在进入者从而减少竞争，获得超额利润。Bulow（1985）同样认为，企业主动保留一定的过剩产能是一种竞争策略，企业预留的过剩产能对新进入者构成进入壁垒。

虽然，我国部分学者也认可上述观点，但是，从我国具体的事件来看，我国学者研究则普遍认为，在我国政府和市场的双重引导下，企业固定资产的过度投资加剧了市场“供给过度”影响企业产能过剩程度。在我国的体制环境下，我国产能过剩不仅有市场经济产能过剩的普遍特征，而且在体制转轨与经济转型过程中形成自身的特征。既有“投资潮涌”行为的推动（林毅夫，2007），也有来自财政分权体制和以GDP增长为核心的政治晋升考核体制的制度诱因（周黎安，2004；江飞涛等，2012；干春晖等，2015），还存在地方政府为缓解财政压力（席鹏辉等，2017）、“推动城镇化与稳定就业”（刘航和孙早，2014）等政治利益而采取的政策手段干预微观企业的结果。如国务院发展研究中心（2015）认为中国产能过剩具有独特的体制机制因素，也即中国的财税体制以及地方政府的考核评价体系刺激了地方投资，其中不彻底的要素市场化为政府干预提供了便利。政府干预的扭曲通过政策性补贴进一步扭曲了企业的投资行为，导致企业过度的产能投资、行业重复建设和产能过剩（江飞涛和曹建海，2009；耿强等，2011；江飞涛等，2012）。徐业坤和马光源（2019）研究发现，考虑官员变更的情况下，与潮涌效应相比，企业产能过剩更可能是地方官员迫于政绩压力施加干预的结果；地方官员会通过税收、银行贷款、政府补贴等关键资源的配置推动企业产能扩张。上述研究结果表明，我国企业固定资产投资不仅仅是企业出于其战略目标考虑的结果，还有很大的诱因在于地方政府的政策引导。鉴于企业决策并非都是企业价值最大化的理性决策，这进一步使得目前中国制造业企业的过度投资会显著加剧企业产能过剩（吴春雅和吴照云，2015；肖怡清和陈宪，2018），并进一步损害企业竞争优势（张功富等，2013）、降低公司价值（李彬，2013）、加剧股价崩盘风险（江轩宇和许年行，2015；林川，2016）、增加公司的信用风险（徐朝辉和周宗放）、降低盈余质量（冯展斌等，2014）。

### 6.2.3 小结

从上述国内外相关研究可以看出，国内关于固定资产的相关研究已经较为丰富。但是，进一步结合我国的成本费用研究相关成果来看，在目前我国新的制度背景下，以下问题依然需要完善：

（1）虽然国外已经基于资源基础理论和组织行为理论的视角认为，企业适度的固定资产投资及其产能过剩行为是企业应对经济周期波动的策略或者是一种对新进入者构成进入壁垒的竞争手段，但是这种解释没有考虑我国特殊体制下的固定资产投资问题及其诱发的产能过剩问题。

（2）正如本书第 1 章所述，我国实施国家创新战略中鼓励企业大力研发的同时，也采取了定向的固定资产鼓励政策来支持企业研发固定资产投资的投入，与此同时，一旦企业无形资产研发成功，企业在既有固定资产基础上会结合企业的无形资产研发情况进行有针对性的固定资产改扩建，进而使得企业研发和固定资产配套投入呈现同步性。此时的固定资产投入及其投资产能过剩是否会影响企业费用粘性特征？目前关注尚少。

（3）虽然目前有部分研究表明，费用粘性具有战略效果。但是，费用粘性经济后果拓展性研究不足，目前关于产能过剩诱致的费用粘性经济后果更是少有人涉足，企业在产能过剩现状下坚持创新投入是否会缓和产能过剩诱致的费用粘性负面经济后果研究更是少之又少。

上述研究薄弱之处就是本章将要研究并试图解决的问题。

## 6.3　理论分析与假设提出

自 Anderson 等（2003）将成本在企业业务量上升时增加的度

大于业务量下降时减少的幅度这一现象称为费用粘性以来，国内外学者分别从调整成本、管理者乐观预期以及管理层代理冲突等角度阐述费用粘性的动因并取得部分实证证据（刘嫦等，2014）。下文将结合费用粘性动因的三种不同的动因来阐述企业固定资产投资及产能过剩对公司费用粘性的影响。

### 6.3.1　固定资产投资对企业成本调整能力的影响分析

（1）基于调整成本视角分析。

正如前文所述，费用粘性的调整成本观认为，企业向下调整承诺资源的成本要高于企业向上调整承诺资源的成本，进而使得企业业务量下降时企业成本费用的下降幅度要低于业务量上升时成本费用的增加幅度（刘嫦等，2014），简言之，成本费用粘性是管理者对各种资源投入承诺的结果。从企业产品成本的主要构成来看，导致企业费用粘性的成本项目主要是固定资产折旧成本。因此，下面主要从固定资产投资及其诱发的产能过剩问题来探究其对费用粘性的影响。

第一，从固定资产投资自身特征角度来看，固定资产投资具有资金耗用量大、期限长且不可逆等特点，其投资直接决定企业未来的财务状况甚至是企业命运。因此，一旦企业执行了固定资产投资计划并签订了固定资产购建契约，一般不会轻易取消，这使得固定资产相关契约的变更成本高昂。

第二，从固定资产投资的资产专用性来看，固定资产的资产专用性是导致企业费用粘性的主要原因。其中，资产专用性概念由美国耶鲁大学教授威廉姆斯提出，是指资产只能服务于特定产品和劳务生产的性质，一旦改作其他用途，其经济价值大为降低（Williamson，1985）。专用性资产具有价值性、稀缺性、不可模仿性和无法替代性等特征，是企业形成异质性能力、获取和维持竞争优势的来源。从这个角度来看，企业资产专业性程度越高，则意味着企业获取超额盈利能力越强，这一点获得了部分学者的支持，如李青原和王永海（2006）研究表明，公司盈利能力与资产专用性正相关。与此同时，资产专用性是企业契约组合的终极目标，以保障企业的效率，是构成组织垄断租金的主要来源，具有"锁定"作用。较之于在契约中明确设立违约赔偿条款或者违约行为发生后的谈判，专用性资产的投资方在传递履约的可置信承诺上更有优势（Chung，1998），且企业的专用性资产投资行为对外部投资者存在着传递履约承诺的作用（李杰，2006），并使得企业在生产产品和提供服务时形成差异性的特点并进一步在市场竞争中占据领先优势（程宏伟，2004）。为保障上述功能的实现，具有交易专用性的固定资产投资"锁定"效果在发挥其"超额租金""信号传递"等功能时，固定资产投资形成的沉没成本已构成了企业退出行业的产业壁垒，会将企业牢牢"套住"。因此，即使企业面临着外部市场环境恶化的情况，企业也不敢轻易中止固定资产投资规模，或者处置固定资产，进而使得高固定资产密集度企业的费用粘性程度更高。这一点在我国也得到了部分论证，如刘彦文、王玉刚（2009）研究也发现，资本密集度高的行业，费用很难削减，费用粘性也很强；万寿义、徐圣男（2012）研究发现，资本密集度的提高普遍增强了上市公司的费用粘性水平。

第三，从我国制度背景来看，我国固定资产投资引发的产能过剩处置难问题进一步加剧固定资产过度投资粘性程度。虽然部分学者认为，产能过剩是企业出于面临较高的资源调整成本或维持竞争优势的理性选择，进而导致生产资源与销售业务量的不对称分布，使得企业费用呈现粘性。但是，这种解释是处于完全的市场经济行为下的结果，并没有考虑我国体制性产能过剩，尤其是我国现行的财政分权制度对企业产能过剩问题的影响。

虽然我国在 2015 年 11 月就供给侧结构性改革进行部署，并将“促进过剩产能有效化解”作为改革的重中之重，但是我国产能过剩问题依然严重。其中，“市场机制论”的主要代表是林毅夫等（2007，2010）将产能过剩的原因归结于“潮涌”现象，认为社会对某类产业具有良好的前景，并且各企业在信息不完全的情况下投资设厂，最终导致了产能过剩问题。政府推动论的支持者如周业樑和盛文军（2007）认为转轨时期中国产能过剩的原因很大一部分来自于投资体制的不合理和政府参与产业投资的强烈冲动，地方政府的利益驱动是政府主导下的过度投资和重复建设问题的重要原因，而其重要的工具是土地和资金。席鹏辉等（2017）则更直接地认为，地市政府为应对增值税分成减少所形成的财政压力，会努力发展能够带来大量增值税的产能过剩行业的工业企业。这种行为导致了我国产能过剩问题难以得到根本性的解决，财政压力才是中国产能过剩形成和化解难问题的关键性因素。可以说，适度的产能过剩是市场经济法则下企业的理性选择，是企业冗余资源的合理储备。但是，在我国现行的财政分权制度下，尤其是在财政压力下为应对财政压力对地方财权的影响，地方政府积极引入具有高增值税税收收益属性的产能过剩行业企业，而且导致辖区的税收征管力度加强，这使得中央化解产能过剩政策难以被有效执行，这是当前产能过剩行业难以治理的根本原因。

于是，在地方政府并没有真正的内在动力治理产能过剩问题，甚至存在着引进具有高增值税税收收益属性的产能过剩行业企业时，一旦企业面临着外部行情下滑的危机，企业将很难对抗当地政府基于财政压力下的激励行为，企业在明知亏损却依然不得不维持企业既定生产规模时，成本调整难度不仅仅来源于契约方的违约成本，更是来自于地方政府对企业产能过剩问题的默许和鼓励。

基于上述分析，本章认为，固定资产投资自身特征及其资产转移性特征，尤其是基于我国特殊制度下的产能过剩处置难的问题都将导致我国固定资产投资下的费用粘性特征。

（2）基于管理者乐观预期视角分析。

费用粘性的管理者乐观预期观点认为，对企业未来发展持乐观预期的管理者通常在业务量下降时，不会立即缩小企业规模和产量，而会维持在一定的水平上等待经济回暖，进而使得维持日常运营的成本费用不会随着业务量成比例下降（刘嫦等，2014），从而形成费用粘性。固定资产投资本身就是管理者对未来的一种乐观预期。其中，传统的净现值理论认为，只有当投资项目的预期收益超过其成本时，企业才会进行投资。

从固定资产投资导致产能过剩来看，虽然部分学者认为，产能过剩是由宏观经济运行状况呈周期性波动所引发的企业及投资者预期变化导致的，即在经济由复苏走向繁荣阶段，经济增长动态预期的升温导致投资增量的快速形成，而当经济由繁荣进入衰退阶段时，社会总需求下降时生产能力不能得到及时退出进而导致的生产能力过剩状况（Long and Plosser，1983；King and Plosser，1984）。具体到微观企业来看，企业的固定资产投资及其形成的产能过剩在很大程度上是由管理层对未来经济形势的乐观判断而造成的。从管理者乐观预期的角度，若管理层对未来的市场预期持乐观态度，认为未来市场形势走高或经济好转，可能会在当期加大投入，进而增加产能，导致当期企业收入与费用变化幅度的不对称，增加费用粘性。而且乐观的管理者通常在短期的业务量下降时，更倾向于保留多余的承诺资源，避免执行削减决策，维持既有产能规模（Banker et al.，2011；梁上坤，2015），进而增强费用粘性。

由此可见，企业的投资行为本身就说明了企业对未来的一种良好预期。企业拥有资金进行研发并研发成功的行为将进一步强化企业管理层的乐观预期，并进一步强化其固定资产投资行为以及市场不景气时其对未来经济回暖的判断。因此，从这一点来看，管理者对未来经济发展的乐观预期也会强化企业的投资行为，而且也会降低过剩产能的处置力度，这将进一步加剧费用粘性程度。

（3）基于代理成本观视角分析。

费用粘性的代理成本观认为，鉴于管理者在进行各种承诺资源的调整决策时存在的自利行为也会导致企业成本费用粘性现象（Kama and Weiss，2013），其中最突出体现就是管理层存在的帝国构建行为和盈余管理行为会极大地影响企业的成本费用粘性（详见第 2 章文献综述部分）。依据该观点，我们认为，高管在追求个人利益最大化、进行固定资产决策时，考虑更多的不是外部经济环境的不确定、未来经济发展预期以及企业自身面临的资源约束问题，而是更多出于扩大企业规模能否实现管理层的机会主义行为。

综合以上分析，本章提出假设 6-1：

**H6-1**：固定资产投资及其诱发的产能过剩能够增强制造业上市公司的费用粘性。

### 6.3.2 创新投入、固定资产投资（产能过剩）与费用粘性

在产业结构不合理、产能过剩等问题的严峻考验下，国家实施创新驱动发展战略，推进供给侧结构性改革，积极助推产业结构的调整优化和产业转型升级，以化解过剩产能。为此，政府通过实施各种优惠政策并制约传统要素，鼓励和促使企业进行转型和创新来化解过剩产能。然而，理论界对于技术创新对产能过剩的研究并未得出一致结论，部分学者认为通过技术创新实现供给侧结构性改革，进而提高产能利用率是化解过剩产能的重要途径（王立国和高越青，2012；温湖炜，2017b）。也有部分学者认为技术创新面临着创新投入负担重、成果转化风险大等困境，通过研发创新实现去产能还存在很多挑战。Bansak 等（2007）认为企业技术进步使企业能够以更低成本承担剩余生产能力带来的损失；同时企业为了适应经济周期、阻碍潜在进入者进入市场等原因，具有维持一定生产过剩的强烈动机（李博等，2017），故而技术进步反而会加剧企业的产能过剩问题。还有研究认为研发支出在提升供给质量的同时，还有可能会因生产效率提升而导致产能进一步扩展，进而加剧产能过剩问题（张倩肖和董瀛飞，2014；白让让，2016）。并且中国技术进步存在明显的资本偏向特征，制造业技术进步的资本偏向使得资本效率得到极大提升，但也因此产生了“投资诱导效应”，进而加剧产能过剩（杨振兵，2016）。夏晓华等（2016）从细分创新类型的角度研究认为，目前相比于管理创新与营销创新，产品服务创新及工艺创新的去过剩产能效果有限。此外，在激烈市场竞争中，企业

生产技术的选择与产能决策往往早于产品生产，进行研发创新时，企业可能会为满足未来新产品投产而增加产能投资，从而加大产能过剩程度。

综合已有研究可见，企业创新投入可能并不会提高产能利用率，反而会加剧产能过剩，进而强化产能过剩对费用粘性的影响。而且企业创新活动具有耗时较长、需要大量人财物投入等特点，导致企业面临较高的调整成本（鞠晓生等，2013）。为了不影响研发质量，需提高研发成果转化率。短期内的业绩下降，并不会减少投资成本，从而导致企业创新投入本就会增加费用粘性（Venieris et al.，2015；韩岚岚，2018）。从这一角度，创新投入也会强化产能过剩对费用粘性的影响，即创新投入越多，产能过剩程度越严重，费用粘性越高。为此，提出假设 6-2：

H6-2：创新投入越多，产能过剩程度越严重，费用粘性越高。

### 6.3.3 固定资产投资（产能过剩）引致的费用粘性战略效应分析

刘嫦等（2014）阐述，短期内公司成本费用率会随着费用粘性的增长而增加，但是长期来看，成本费用粘性将增加企业未来的市场竞争力，使得公司取得更充裕的经营现金流。刘嫦等（2015）进一步认为，在外部环境恶化时，公司选择的削减费用开支（研发费用、员工培训费用等）等行为长期来看在增加企业短期盈余的同时，却大大减弱了企业的研究开发能力、降低了员工士气。相反，如果公司能够一如既往地维持工人就业、持续创新，员工忠诚度、研究能力将不断提升。于是，当市场回暖时，员工士气高涨，加之企业在产品技术方面先进，这些公司更容易得到成长的机遇。因此，成本费用粘性是企业的一种理性选择，其将增加企业的市场竞争力，使得公司经营业绩持续增长，进而实现公司战略效应。本书第 5 章研究也表明费用粘性对企业市场竞争优势具有正向影响，且技术创新在费用粘性强化市场竞争优势中具有中介效应。那么，产能过剩诱致的费用粘性会如何影响企业价值呢？

虽然部分学者基于资源窖藏理论和产业组织学理论认为，产能过剩是由宏观经济运行状况呈周期性波动所引发的一种常态，或者是企业形成可置信威胁和进入壁垒，以阻止潜在进入者从而减少竞争，获得超额利润的一种手段。按照这一解释，则产能过剩诱致的费用粘性将对企业长期的价值创造带来积极效应。然而，在我国，虽然固定资产的投资行为可能是创新投入的适应性行为，但是从我国目前固定资产投资，尤其是诱发固定资产投资过剩（表现为产能过剩）的影响因素来看，更多地体现为一种政府不当干预导致的非理性选择。这种体制性因素下的产能过剩是由于政府的不当干预导致过度投资而形成的，此时的产能过剩引致的费用粘性是资源无效配置的体现，会增加企业的消耗性成本，进而降低盈利能力，恶化现金流（周琎，2019）。基于上述分析，我们认为企业过度的固定资产投资诱发的产能过剩将使得费用粘性不再具有战略效应。

一旦企业遭遇产能过剩问题，企业一方面可能采取转型进而生产其他产品，另一方面则可能加大企业研发对产品进行更新换代，提升其市场竞争力。从后者来看，在企业面临产能过剩时，企业本身经济效益下滑，创新投入在短期内对企业来说是一种高成本的投入。因此，在面临严重的产能过剩时，企业的研发支出会进一步导致企业经济效益下滑。这就使得短期内费用粘性的价值损害效应会更加明显。但是，从长期来看，创新投入会增加企业长期的核心竞争力，为此，企业持续、有效的创新投入将会在较长时间提升企业的价值创造能力，进而使得长期来看，费用粘性的价值贬损效果不断降低，这就是企业创新投入长效机制的具体体现。

基于上述分析，本章提出以下假设：

H6-3a：产能过剩诱致的费用粘性不具有战略效应。

H6-3b：短期内企业创新投入会加大产能过剩费用粘性价值损害效应，长期内则可以缓解产能过剩诱致的费用粘性价值贬损性。

## 6.4 研究设计

### 6.4.1 样本选取与数据来源

本章选取 2009~2018 年沪深两市全部 A 股制造业上市公司为研究样本，财务会计数据取自 CSMAR 数据库；本章涉及探讨滞后期间固定资产投资及产能过剩对费用粘性的影响，故而本章实际的样本区间为 2008~2018 年。为了排除以下因素对本章结果的可能影响，本章对所选公司样本进行以下剔除：①剔除 ST 公司及所需变量数据缺失的股票；②剔除资产负债率大于 1 和小于 0 的值、员工人数小于 200 的观测值；③剔除 2009 年之后上市的公司；④剔除营业收入变化和费用变化低于 0.5% 以及高于 99.5% 的样本。由此，本章最终得到样本公司年度观测值为 10027 个。为了排除极端值对结果的影响，对所有连续变量在 1% 分位和 99% 分位上进行缩尾（Winsorize）处理；同时为了消除异方差等因素的影响，本章使用公司聚类效应（Cluster）对回归的标准误进行修正。采用 Stata15 软件进行统计分析。

### 6.4.2　固定资产投资（产能过剩）影响费用粘性的研究设计

结合理论分析，本章借鉴 Chen 等（2012）、梁上坤（2018）等做法构建模型（6-1），以检验固定资产投资（Finvest）与产能过剩（Cu1）对公司费用粘性的影响，即假设 6-1。模型（6-1）中，如果交乘项 $Dum_i \times LnSale \times Finvest$（或 Cu1）的 $\beta_3$ 系数显著小于 0，则表明固定资产投资或产能过剩增加了公司费用粘性程度。

$$LnCost_{i,t}=\beta_0+\beta_1 LnSale_{i,t}+\beta_2 Dum_{i,t}\times LnSale_{i,t}+\beta_3 Dum_{i,t}\times LnSale_{i,t}\times GT_{i,t}+\beta_4 GT_{i,t}+\Sigma control_{i,t}+\Sigma Industry+\Sigma Year+\varepsilon_{i,t} \quad (6-1)$$

其中，模型（6-1）中的 $Cost_{i,t}$ 代表第 i 家公司第 t 期的销售和管理费用（简称销管费用），$Sale_{i,t}$ 代表第 i 家公司第 t 期获得的销售收入，$Dum_{i,t}$ 是哑变量，当第 t 期销售收入低于第 t-1 期销售收入时取 1，当第 t 期销售收入高于第 t-1 期销售收入时取 0。系数 $\beta_2$ 越小，表明公司费用粘性水平越高。

GT 为本章的解释变量固定资产投资及产能过剩。首先，借鉴申广军等（2016）、曹越和陈文瑞（2017）和刘啟仁等（2019）的做法，采用（本期新增固定资产 / 上期固定资产 ×100%）来衡量企业固定资产投资（Finvest）。其次，借鉴修宗峰和黄健柏（2013）、肖怡清和陈宪（2018）微观企业产能过剩测度指标，使用固定资产营业收入比（Cu1）来衡量制造行业企业的产能过剩程度。该指标（Cu1）值越高，表明企业产能利用率越低，产能过剩程度越大。

$Control_{i,t}$ 为本章选取的对费用支出产生影响的控制变量。借鉴已有研究（梁上坤，2018）控制如下变量对费用粘性的影响：连续两年收入下降（S_Dum）、经济增长率（Gdpr）、人力资本密度（Eintensity）、资本密集度（Aint）及其与粘性的交乘项、资产负债率（Lev）、总资产收益率（Roa）、产权性质（State）、公司上市年限（Age）、第一大股东持股比例（Top1）、两职合一（Dual）、管理层持股比例（Mshare）、独董比例（Rinde）。除控制上述变量外，我们参考修宗峰和黄健柏（2013）进一步控制了影响微观企业产能过剩的变量：是否属于产能过剩行业 Dind，若上市公司属于产能过剩行业（包括黑色金属、有色金属、石化炼焦、化学原料、非金属矿物制品、化学纤维和造纸制品七大行业），赋值为 1，否则为 0。具体定义和度量见表 6–1。

**表 6–1　变量的定义与说明**

| 变量名称 | 变量符号 | 变量说明 |
|---|---|---|
| 费用变化率 | Lncost | 当期销管费用与上期销管费用之比的自然对数 |
| 营业收入变化率 | Lnsale | 当期营业收入与上期营业收入之比的自然对数 |
| 虚拟变量 | Dum | 当第 t 年销售收入低于第 t–1 年销售收入时取 1，否则取 0 |
| 固定资产投资 | Finvest | 本期新增固定资产投资 / 上期固定资产投资 ×100% |
| 产能过剩 | Cu1 | 当期固定资产与营业收入之比 |
| 费用粘性 | Sticky | 根据 Wiess（2010）模型计算，用于经济后果检验 |
| 企业价值 | Avp | Avp=（Roe+TobinQ）/2 |
| 经济增长率 | Gdpr | 地区 GDP 增长率 |
| 连续两年收入下降 | S_dum | 虚拟变量。若营业收入连续两年下降取 1，否则取 0 |

续表

| 变量名称 | 变量符号 | 变量说明 |
|---|---|---|
| 人力资本密度 | Eintensity | 用企业员工数量与营业收入（以百万元为单位）之间的比值来表示 |
| 固定资本密度 | Aint | 资产总额与营业收入之比 |
| 总资产收益率 | Roa | 年末净利润除以年平均净资产 |
| 资产负债率 | Lev | 期末负债除以期末总资产 |
| 企业年龄 | Age | 截至当年末公司的上市年限 |
| 产权性质 | State | 虚拟变量。国企为 1，非国企为 0 |
| 第一大股东持股比例 | Top1 | 公司年末第一大股东持股数与公司总股数的比值 |
| 两职合一 | Dual | 虚拟变量。若董事长、总经理两职合一取 1，否则取 0 |
| 独董比例 | Rinde | 公司年末独立董事人数占董事会总人数的比例 |
| 管理层持股 | Mshare | 公司年末管理层持股数占公司总股数的比例 |
| 是否为产能过剩行业 | Dind | 若上市公司属于产能过剩行业。赋值为 1，否则为 0 |
| 企业成长性 | Growth | 本期增加的营业收入 / 上期营业收入 ×100% |
| 行业 | Industry | 行业哑变量。按证监会的分类标准，其中制造业按两级分类，其他行业按一级分类 |
| 年度 | Year | 年度虚拟变量 |

注：表内所有经处理后的变量数据均为年度数据。

### 6.4.3 费用粘性经济后果检验研究设计

由于 Anderson 等（2003）模型无法计算特定企业费用粘性程度，而 Weiss（2010）模型则能利用企业季度财务数据计算每家上市公司各会计年度的费用粘性水平。因此，为便于检验费用粘性的经济后果，本章借鉴了 Weiss（2010）构建模型（6-2）计算费用粘性（Sticky）①。

① 为使结果更加直观，在 Wiess（2010）的基础上对 Sticky 做相反数处理，即 Sticky 越大，费用粘性越高。

$$Sticky_{i,t}=Ln\left(\frac{\Delta Cost}{\Delta Sale}\right)_{i,\tau_{up}}-Ln\left(\frac{\Delta Cost}{\Delta Sale}\right)_{i,\tau_{down}};\ \tau_{up},\tau_{down}\in\{t,...,t-3\} \tag{6-2}$$

其中，$\tau_{up}$ 表示一年中距离年末最近的一个营业收入上升的季度，$\tau_{down}$ 表示一年中距离年末最近的一个营业收入下降的季度。ΔSale 为后一季度与前一季度营业收入之差。ΔCost 为后一季度与前一季度销管费用之差。

企业价值（Avp）的测度：本章借鉴刘玉敏（2006）、曹裕等（2010）的做法，将公司会计收益率指标（Roe）和市场业绩指标（TobinQ）结合起来得出一个新的反映公司价值的综合指标（Avp）来衡量公司价值，其中：Avp=（Roe+TobinQ）/2①，这样做既考虑到公司当前的运营状况又兼顾投资者对公司市场前景的预期研究。

在变量定义基础上，构建模型（6-3）探究费用粘性对企业价值的影响：

$$Avp_{i,t}=\theta_0+\theta_1GT_{i,t}\times Sticky_{i,t}+\theta_2GT_{i,t}+\theta_3Sticky_{i,t}+control_{i,t}+\sum Industry+\sum Year+\varepsilon_{i,t} \tag{6-3}$$

其中，模型（6-3）中，主要关注交乘项 $GT_{i,t}\times Sticky_{i,t}$ 的系数 $\theta_1$，若 $\theta_1>0$，表明产能过剩增加企业费用粘性会提高企业价值；反之若 $\theta_1<0$，则表明会抑制企业价值。其他控制变量包括资产负债率（Lev）、净资产收益率（Roe）、产权性质（State）、公司上市年限（Listdt），以及公司治理变量第一大股东持股比例（top1）、两职合一（Dual）、管理层持股比例（Mshare）、独董比例（Rinde）、企业成长性（Growth）。具体定义和度量见表 6-1。

① 为统一量纲，在计算时将 Roe 和 TobinQ 进行标准化处理。

# 6.5 实证结果及分析

## 6.5.1 描述性统计

表 6-2 为描述性统计结果，我国上市公司收入（Lnsale）及费用（Lncost）保持持续增长状态，收入增长率（Lnsale）为 11.9% 小于费用增长率（Lncost）13.8%，初步显示出企业费用具有粘性特征。企业本期固定资产投资率（Finvest）的均值为 16.9%，产能过剩（Cu1）与修宗峰和黄健柏（2013）的发现接近，最小值（0.037）与最大值（2.044）的差距表明制造业企业产能利用率差异较大。此外，营业收入连续两年下降的上市公司占比为 10.1%，说明样本公司整体经营情况较好，营业收入持续下降的企业较少。其他变量的统计值均在合理范围之内，与已有研究（宋常，2016；梁上坤等，2018）的描述性统计结果类似。

表 6-2 描述性统计

| 变量名 | 观测值 | 均值 | 标准差 | 最小值 | 上四分位 | 中值 | 下四分位 | 最大值 |
|---|---|---|---|---|---|---|---|---|
| Lncost | 10027 | 0.138 | 0.203 | -0.366 | 0.121 | 0.900 | 0.019 | 0.231 |
| Lnsale | 10027 | 0.119 | 0.245 | -0.517 | 0.107 | 1.018 | -0.011 | 0.236 |
| Dum | 10027 | 0.268 | 0.443 | 0.000 | 0.000 | 1.000 | 0.000 | 1.000 |
| Finvest | 10027 | 0.169 | 0.445 | -0.442 | 0.043 | 2.937 | -0.040 | 0.209 |
| Cu1 | 10027 | 0.491 | 0.373 | 0.037 | 0.391 | 2.044 | 0.233 | 0.642 |

续表

| 变量名 | 观测值 | 均值 | 标准差 | 最小值 | 上四分位 | 中值 | 下四分位 | 最大值 |
|---|---|---|---|---|---|---|---|---|
| S_dum | 10027 | 0.101 | 0.302 | 0.000 | 0.000 | 1.000 | 0.000 | 0.000 |
| Eintensity | 10027 | 1.508 | 1.042 | 0.130 | 1.277 | 5.701 | 0.778 | 1.941 |
| Aint | 10027 | 2.047 | 1.299 | 0.415 | 1.718 | 8.374 | 1.224 | 2.460 |
| gdpgrowth | 10027 | 0.058 | 0.064 | −0.021 | 0.034 | 0.213 | 0.020 | 0.056 |
| Size | 10027 | 22.116 | 1.146 | 19.719 | 21.979 | 25.512 | 21.311 | 22.756 |
| Lev | 10027 | 0.429 | 0.192 | 0.059 | 0.425 | 0.870 | 0.279 | 0.574 |
| Roa | 10027 | 0.037 | 0.056 | −0.188 | 0.033 | 0.198 | 0.011 | 0.064 |
| Top1 | 10027 | 0.334 | 0.139 | 0.084 | 0.318 | 0.716 | 0.226 | 0.425 |
| Inde | 10027 | 0.372 | 0.053 | 0.333 | 0.333 | 0.571 | 0.333 | 0.429 |
| Mshare | 10027 | 0.106 | 0.173 | 0.000 | 0.001 | 0.642 | 0.000 | 0.163 |
| Dual | 10027 | 0.242 | 0.428 | 0.000 | 0.000 | 1.000 | 0.000 | 0.000 |
| Age | 10027 | 2.181 | 0.612 | 1.099 | 2.197 | 3.178 | 1.609 | 2.708 |
| State | 10027 | 0.385 | 0.487 | 0.000 | 0.000 | 1.000 | 0.000 | 1.000 |
| Dindcd | 10027 | 0.250 | 0.433 | 0.000 | 0.000 | 1.000 | 0.000 | 0.000 |

### 6.5.2 相关系数检验

限于篇幅，表 6–3 仅为主要变量系数相关性检验。费用变化率（Lncost）与营业收入变化率（Lnsale）以及收入下降虚拟变量（Dum）之间的相关性较高，费用会随着收入的变化而变化，这符合企业的实际情况，与以往相关学者研究结论类似。固定资产投资与费用粘性的相关系数显著为正，与理论预期不符，有待进一步检验。产能过剩与费用粘性的相关系数显著为负，初步证明产能过剩会增加企业费用粘性。其他控制变量之间的 Pearson 与 Spearman 检验系数均小于经验值 0.6，说明无明显多重共线性，在此不再赘述。

表 6-3 主要变量相关系数

| 变量 | Lncost | Lnsale | Dum | Finvest | Cu1 | S_dum | Eintensity | Aint | gdpgrowth |
|---|---|---|---|---|---|---|---|---|---|
| Lncost | 1 | 0.564*** | -0.397*** | 0.308*** | -0.094*** | -0.261*** | -0.034*** | -0.016 | 0.057*** |
| Lnsale | 0.586*** | 1 | -0.767*** | 0.248*** | -0.160*** | -0.435*** | -0.124*** | -0.093*** | 0.101*** |
| Dum | -0.357*** | -0.674*** | 1 | -0.189*** | 0.156*** | 0.556*** | 0.090*** | 0.128*** | -0.088*** |
| Finvest | 0.277*** | 0.233*** | -0.113*** | 1 | 0.070*** | -0.182*** | -0.004 | 0.034*** | 0.026*** |
| Cu1 | -0.075*** | -0.146*** | 0.157*** | 0.127*** | 1 | 0.120*** | 0.365*** | 0.572*** | -0.054*** |
| S_dum | -0.234*** | -0.397*** | 0.556*** | -0.102*** | 0.123*** | 1 | 0.087*** | 0.113*** | -0.100*** |
| Eintensity | -0.053*** | -0.137*** | 0.115*** | -0.003 | 0.315*** | 0.112*** | 1 | 0.412*** | 0.041*** |
| Aint | -0.001 | -0.096*** | 0.142*** | 0.098*** | 0.569*** | 0.138*** | 0.367*** | 1 | -0.181*** |
| gdpgrowth | 0.058*** | 0.108*** | -0.109*** | 0.006 | -0.043*** | -0.100*** | 0.071*** | -0.142*** | 1 |

注：下三角是 Pearson 相关系数，上三角是 Spearman 相关系数。

### 6.5.3 固定资产投资（产能过剩）与费用粘性回归结果及其分析

（1）固定资产投资与费用粘性回归结果及其分析。

我们首先检验企业固定资产投资对费用粘性的影响，表 6-4 的回归结果中，检验了当期（Dum × Lnsale × Finvest）和滞后一期（l.Dum × Lnsale × Finvest）的固定资产投资对费用粘性的影响。回归结果表明，当期和滞后一期的回归系数分别为 -0.009 和 -0.028，虽为负但都不显著。这一结果说明当期和滞后一期的固定资产投资并不会显著地增加费用粘性。

本章认为，虽然理论上企业固定资产投资规模的扩大会影响企业成本调整的难度及其能力，但是当期固定资产购建金额毕竟较小，其对公司成本的调整影响较小，难以对公司成本变动产生实质性影响，为此难以获得实证研究证据的支持。但是，当企业固定资产投资规模不断增加，固定资产累计规模很大并导致企业出现产能过剩（产能过剩可以视为企业固定资产产能过度投资的后果）时，一旦企业收入下滑，其固定成本的调整能力才会实质性影响企业的费用粘性程度①。为此，有必要进一步检验企业固定资产产能过剩对费用粘性程度的影响。

**表 6-4　固定资产投资与费用粘性**

| 变量 | 当期<br>Lncost（1） | 滞后一期<br>Lncost（2） |
|---|---|---|
| Lnsale | 0.543***<br>（32.966） | 0.567***<br>（35.303） |
| Dum × Lnsale | –0.249***<br>（–5.186） | –0.266***<br>（–5.551） |
| **Dum×Lnsale×Finvest** | **–0.009**<br>**（–0.165）** | |
| **l.Dum×Lnsale×Finvest** | | **–0.028**<br>**（–0.842）** |
| Finvest | 0.053***<br>（9.741） | |
| l.Finvest | | 0.019***<br>（5.189） |
| Dum×Lnsale×Eintensity | –0.028<br>（–1.578） | –0.030<br>（–1.642） |
| Eintensity | 0.003<br>（1.387） | 0.005*<br>（1.808） |
| Dum×Lnsale×Aint | –0.064***<br>（–4.130） | –0.062***<br>（–4.009） |
| Aint | –0.007***<br>（–3.564） | –0.006***<br>（–2.753） |
| Dum×Lnsale×Gdpgrowth | –0.127<br>（–0.297） | –0.159<br>（–0.367） |

① 另一种可能的解释是只有固定资产购建并投入使用后，固定资产才能真正影响企业的成本行为，鉴于企业固定资产投资到投入使用的周期一般在 1~2 年，为此，本章采取了滞后两期的固定资产投资进行基本回归检验，其结果显示滞后两期的固定资产投资额的系数在 5% 的水平上为负，进而在某种程度上印证了本章的设想。

续表

| 变量 | 当期<br>Lncost（1） | 滞后一期<br>Lncost（2） |
|---|---|---|
| Gdpgrowth | -0.009<br>（-0.117） | 0.013<br>（0.171） |
| Dum×Lnsale×S_dum | -0.020<br>（-0.401） | -0.014<br>（-0.289） |
| S_dum | -0.016**<br>（-2.052） | -0.016**<br>（-2.014） |
| Size | 0.019***<br>（10.075） | 0.021***<br>（10.567） |
| Lev | -0.053***<br>（-4.215） | -0.052***<br>（-4.041） |
| Roa | -0.178***<br>（-3.973） | -0.168***<br>（-3.720） |
| Top1 | -0.015<br>（-1.224） | -0.017<br>（-1.363） |
| Inde | -0.011<br>（-0.377） | -0.005<br>（-0.159） |
| Mshare | 0.028**<br>（2.573） | 0.030***<br>（2.715） |
| Dual | 0.007*<br>（1.869） | 0.007*<br>（1.815） |
| Age | -0.016***<br>（-4.525） | -0.018***<br>（-5.007） |
| State | -0.019***<br>（-4.580） | -0.019***<br>（-4.422） |
| Dindcd | -0.019***<br>（-3.505） | -0.020***<br>（-3.617） |
| 常数项 | -0.281***<br>（-6.796） | -0.311***<br>（-7.355） |
| Industry/Year | Yes | Yes |
| N | 10027 | 10027 |
| F | 99.817 | 93.429 |
| Adj.R-Square | 0.399 | 0.390 |

（2）产能过剩与费用粘性回归结果及其分析。

固定资产投资与费用粘性的回归结果表明，企业固定资产投资不会显著增加企业费用粘性。而已有研究表明，企业过度的固定资产投资是产生产能过剩的直接原因（韩国高等，2011；周琎，2019）。因此，我们进一步检验产能过剩对费用粘性的影响。

表 6–5 第（1）列交乘项（Dum × Lnsale × Cu1）的回归系数在 1% 的显著水平下为 –0.167，表明产能过剩强化了企业费用粘性。此外，考虑到以前年度的产能过剩也可能影响本期费用粘性，本章检验了滞后一期产能过剩对费用粘性的影响，见表 6–5 第（2）列，交乘项 l.Dum × Lnsale × Cu1 滞后一期的系数为 –0.260（在 1% 的水平上显著）。对滞后期间的检验结果说明，公司以前年度存在的产品滞销和闲置产能也会显著增加本期费用粘性。

**表 6–5　产能过剩与费用粘性**

| 变量 | 当期<br>Lncost（1） | 滞后一期<br>Lncost（2） |
|---|---|---|
| **Lnsale** | **0.573*****<br>**（35.881）** | **0.594*****<br>**（38.689）** |
| **Dum×Lnsale** | **–0.144*****<br>**（–2.626）** | **–0.148*****<br>**（–2.738）** |
| **Dum×Lnsale×Cu1** | **–0.167*****<br>**（–3.002）** | |
| **l.Dum×Lnsale×Cu1** | | **–0.260*****<br>**（–3.928）** |
| **Cu1** | **–0.023*****<br>**（–3.042）** | |
| **l.Cu1** | | **–0.070*****<br>**（–8.407）** |
| **Dum×Lnsale×Eintensity** | **0.022**<br>**（1.167）** | **0.026**<br>**（1.404）** |

续表

| 变量 | 当期<br>Lncost（1） | 滞后一期<br>Lncost（2） |
|---|---|---|
| **Eintensity** | **0.008*****<br>**（3.198）** | **0.011*****<br>**（4.326）** |
| Dum×Lnsale×Aint | −0.039**<br>（−2.135） | −0.033*<br>（−1.907） |
| Aint | −0.001<br>（−0.545） | 0.005**<br>（1.993） |
| Dum×Lnsale×Gdpgrowth | −0.489<br>（−1.108） | −0.487<br>（−1.102） |
| Gdpgrowth | 0.003<br>（0.038） | −0.006<br>（−0.073） |
| Dum×Lnsale×S_dum | 0.013<br>（0.267） | 0.008<br>（0.166） |
| S_dum | −0.013*<br>（−1.705） | −0.016**<br>（−2.022） |
| Size | 0.022***<br>（10.745） | 0.022***<br>（10.692） |
| Lev | −0.053***<br>（−4.093） | −0.051***<br>（−3.984） |
| Roa | −0.190***<br>（−4.084） | −0.229***<br>（−4.964） |
| Top1 | −0.017<br>（−1.320） | −0.019<br>（−1.511） |
| Inde | −0.004<br>（−0.128） | −0.005<br>（−0.161） |
| Mshare | 0.031***<br>（2.741） | 0.022**<br>（1.989） |
| Dual | 0.007**<br>（2.003） | 0.007*<br>（1.927） |
| Age | −0.020***<br>（−5.449） | −0.019***<br>（−5.280） |
| State | −0.019***<br>（−4.581） | −0.019***<br>（−4.564） |

续表

| 变量 | 当期<br>Lncost（1） | 滞后一期<br>Lncost（2） |
|---|---|---|
| Dindcd | $-0.018^{***}$<br>（-3.183） | $-0.011^{**}$<br>（-2.082） |
| 常数项 | $-0.319^{***}$<br>（-7.291） | $-0.307^{***}$<br>（-7.077） |
| Industry/Year | Yes | Yes |
| N | 10027 | 10027 |
| F | 88.563 | 95.122 |
| Adj.R-Square | 0.390 | 0.398 |

（3）稳健性检验。

第一，更换核心解释变量。为排除核心变量测量误差对回归结果的影响，本章借鉴刘啟仁等（2019）用"本期新增固定资产投资的自然对数"来作为固定资产投资的替代变量（Finvest1）；此外，借鉴修宗峰和黄健柏（2013）、肖怡清和陈宪（2018）分别用如下两个变量作为微观企业产能利用率的替代变量来进行稳健性测试。一个是存货营业收入比（Cu2），该指标值越高，表明企业产能利用率越低，产能过剩程度越高；另一个是企业产能过剩哑变量（Dcu1），根据制造业细分行业，分别采用所在行业固定资产收入比（Cu1）的 75% 分位数为临界点，若上市公司固定资产收入比大于其所在行业固定资产收入比的 75% 分位数，则 Dcu1 取值为 1，否则取值为 0。

表 6-6 第（1）列 Dum × Lnsale × Finvest1 的回归系数仍然不显著，说明"企业固定资产投资不会显著影响费用粘性"这一结论是稳健的。第（2）列为将解释变量替换为存货营业收入比（Cu2）的回归结果，Dum × Lnsale × Cu2 的系数在 10% 的水平上显著为负；

第（3）列为将解释变量替换为企业产能过剩哑变量（Dcu1）的回归结果[①]，Dum × Lnsale × DCu1 的系数在 1% 的水平上显著为负。说明产能过剩会显著地增加企业费用粘性。综合表 6-6 的回归结果可见，核心指标测度更换以后，基本研究结论不变。

**表 6-6　稳健性检验：更换核心解释变量**

| 变量 | （1）<br>Lncost | （2）<br>Lncost | （3）<br>Lncost |
|---|---|---|---|
| Lnsale | 0.563***<br>（35.151） | 0.576<br>（61.574） | 0.573<br>（61.488） |
| **Dum×Lnsale** | **−0.200*****<br>**（−3.612）** | **−0.181*****<br>**（−4.335）** | **−0.267*****<br>**（−6.900）** |
| **Dum×Lnsale×Finvest1** | **0.001**<br>**（0.393）** | | |
| **Dum×Lnsale×Cu2** | | **−0.103***<br>**（−1.946）** | |
| **Dum×Lnsale×DCu1** | | | **−0.125*****<br>**（−3.470）** |
| Finvest1 | 0.003***<br>（11.855） | | |
| Cu2 | | −0.036***<br>（−4.118） | |
| DCu1 | | | −0.017***<br>（−4.031） |
| Dum×Lnsale×Eintensity | 0.008<br>（0.420） | 0.013<br>（0.893） | −0.014<br>（−1.050） |
| Eintensity | 0.005**<br>（2.040） | 0.008***<br>（3.593） | 0.007***<br>（3.258） |
| Dum×Lnsale×Aint | −0.059***<br>（−3.904） | −0.053***<br>（−4.644） | −0.055***<br>（−5.071） |
| Aint | −0.005**<br>（−2.228） | −0.002<br>（−1.057） | −0.003*<br>（−1.654） |

① 第（5）列企业产能过剩哑变量（Dcu1）为被解释变量时采用 Logit 回归。

续表

| 变量 | (1)<br>Lncost | (2)<br>Lncost | (3)<br>Lncost |
|---|---|---|---|
| Dum×Lnsale×Gdpgrowth | −0.157<br>(−0.374) | −0.201<br>(−0.560) | −0.004<br>(−0.011) |
| Gdpgrowth | −0.068<br>(−1.169) | −0.071<br>(−1.139) | −0.066<br>(−1.059) |
| Dum×Lnsale×S_dum | 0.032<br>(0.649) | 0.023<br>(0.530) | −0.000<br>(−0.006) |
| S_dum | −0.005<br>(−0.608) | −0.013<br>(−1.527) | −0.016**<br>(−1.973) |
| Size | 0.015***<br>(7.615) | 0.021***<br>(11.210) | 0.022***<br>(12.044) |
| Lev | −0.058***<br>(−4.553) | −0.050***<br>(−4.411) | −0.054***<br>(−4.856) |
| Roa | −0.223***<br>(−4.849) | −0.192***<br>(−5.295) | −0.186***<br>(−5.180) |
| Top1 | −0.010<br>(−0.804) | −0.014<br>(−1.162) | −0.018<br>(−1.451) |
| Inde | 0.005<br>(0.172) | −0.004<br>(−0.136) | −0.001<br>(−0.035) |
| Mshare | 0.030***<br>(2.705) | 0.034***<br>(2.857) | 0.031***<br>(2.627) |
| Dual | 0.008**<br>(2.151) | 0.008**<br>(2.107) | 0.008**<br>(2.002) |
| Age | −0.013***<br>(−3.643) | −0.020***<br>(−5.580) | −0.021***<br>(−5.867) |
| State | −0.019***<br>(−4.593) | −0.018***<br>(−4.438) | −0.020***<br>(−4.720) |
| dindcd | −0.018***<br>(−3.396) | −0.021***<br>(−3.563) | −0.019***<br>(−3.181) |
| 常数项 | −0.216***<br>(−5.111) | −0.300***<br>(−7.235) | −0.337***<br>(−8.175) |
| Industry/Year | Yes | Yes | Yes |
| N | 10027 | 10027 | 10027 |
| F | 101.874 | 160.986 | 168.008 |
| Adj.R−Square | 0.400 | 0.390 | 0.388 |

第二，采用固定效应回归模型测试。公司固定效应模型可以缓解不随时间推移而变化的公司遗漏变量问题。加入公司固定效应重新进行回归，检验的结果如表 6–7 中第（1）、第（2）列所示，固定资产投资与费用粘性的回归结果仍然不显著；产能过剩与费用粘性的回归系数为 –0.212，在 1% 的水平上显著。与上述主回归结果基本一致。

第三，增加控制变量。已有研究表明盈余管理是影响企业费用粘性的重要因素（马永强和张泽南，2013；江伟等，2015）。因此，本章进一步在回归模型（6–1）中控制盈余管理。借鉴王红建等（2014）的做法，根据 Kothari 等（2005）模型计算出公司的操控性应计（DA），以衡量公司的盈余管理程度。并将操控性应计（DA）与粘性的交乘项 Dum × LnSale × DA 纳入模型（6–1）重新进行回归。表 6–7 第（3）、第（4）列回归结果表明，基本结论依旧成立。

**表 6–7　稳健性检验：固定效应模型与增加控制变量**

| 变量 | (1)<br>Lncost | (2)<br>Lncost | (3)<br>Lncost | (4)<br>Lncost |
|---|---|---|---|---|
| Lnsale | 0.527***<br>(29.671) | 0.549***<br>(31.476) | 0.546***<br>(33.103) | 0.572***<br>(35.519) |
| Dum×Lnsale | –0.183***<br>(–3.002) | –0.173***<br>(–2.852) | –0.154***<br>(–2.851) | –0.150***<br>(–2.756) |
| **Dum×Lnsale×Finvest** | **0.006**<br>**(0.104)** | | **0.024**<br>**(0.445)** | |
| **Dum×Lnsale×Cu1** | | **–0.210*****<br>**(–3.168)** | | **–0.166*****<br>**(–2.986)** |
| Finvest | 0.045***<br>(7.842) | | 0.055***<br>(10.024) | |
| Cu1 | | –0.025*<br>(–1.789) | | –0.023***<br>(–3.035) |
| Dum×Lnsale×DA | | | | 0.238<br>(0.837) |

续表

| 变量 | (1)<br>Lncost | (2)<br>Lncost | (3)<br>Lncost | (4)<br>Lncost |
|---|---|---|---|---|
| DA | | | | 0.036<br>(1.275) |
| Dum×Lnsale×Eintensity | 0.013<br>(0.575) | 0.025<br>(1.152) | 0.012<br>(0.616) | 0.021<br>(1.124) |
| Eintensity | 0.014**<br>(2.309) | 0.015**<br>(2.500) | 0.007***<br>(2.703) | 0.009***<br>(3.268) |
| Dum×Lnsale×Aint | −0.067***<br>(−3.783) | −0.035*<br>(−1.749) | −0.064***<br>(−4.130) | −0.040**<br>(−2.166) |
| Aint | −0.007*<br>(−1.665) | 0.000<br>(0.112) | −0.007***<br>(−3.564) | −0.002<br>(−0.650) |
| Dum×Lnsale×Gdpgrowth | 0.236<br>(0.528) | 0.122<br>(0.265) | −0.190<br>(−0.453) | −0.299<br>(−0.699) |
| Gdpgrowth | −0.051<br>(−0.826) | −0.049<br>(−0.788) | −0.073<br>(−1.274) | −0.074<br>(−1.274) |
| Dum×Lnsale×S_dum | 0.033<br>(0.622) | 0.034<br>(0.659) | 0.014<br>(0.291) | 0.023<br>(0.469) |
| S_dum | −0.001<br>(−0.124) | −0.002<br>(−0.286) | −0.011<br>(−1.384) | −0.012<br>(−1.537) |
| Size | 0.064***<br>(9.435) | 0.070***<br>(9.971) | 0.020***<br>(10.126) | 0.022***<br>(10.633) |
| Lev | −0.061**<br>(−2.388) | −0.061**<br>(−2.374) | −0.059***<br>(−4.672) | −0.054***<br>(−4.157) |
| Roa | −0.425***<br>(−6.900) | −0.415***<br>(−6.588) | −0.205***<br>(−4.497) | −0.190***<br>(−4.037) |
| Top1 | 0.049<br>(1.114) | 0.056<br>(1.246) | −0.019<br>(−1.513) | −0.016<br>(−1.235) |
| Inde | −0.044<br>(−0.792) | −0.033<br>(−0.576) | −0.008<br>(−0.297) | −0.003<br>(−0.095) |
| Mshare | 0.068**<br>(2.086) | 0.075**<br>(2.307) | 0.028**<br>(2.549) | 0.031***<br>(2.717) |
| Dual | 0.005<br>(0.820) | 0.005<br>(0.703) | 0.007**<br>(2.003) | 0.008**<br>(2.102) |

续表

| 变量 | （1）<br>Lncost | （2）<br>Lncost | （3）<br>Lncost | （4）<br>Lncost |
|---|---|---|---|---|
| Age | −0.022<br>（−1.527） | −0.033**<br>（−2.307） | −0.016***<br>（−4.381） | −0.020***<br>（−5.414） |
| State | −0.038*<br>（−1.861） | −0.039*<br>（−1.860） | −0.019***<br>（−4.707） | −0.019***<br>（−4.529） |
| dindcd | | | −0.018***<br>（−3.413） | −0.018***<br>（−3.189） |
| 常数项 | −1.228***<br>（−8.356） | −1.333***<br>（−8.821） | −0.274***<br>（−6.542） | −0.313***<br>（−7.120） |
| Industry/Year | Yes | Yes | Yes | Yes |
| N | 10027 | 10027 | 10027 | 9997 |
| F | 76.032 | 70.052 | 96.393 | 83.826 |
| Adj.R−Square | 0.348 | 0.340 | 0.401 | 0.389 |

### 6.5.4　固定资产投资（产能过剩）影响费用粘性的中介机制检验①

根据理论分析，产能过剩既可能通过调整成本影响费用粘性，也可能通过管理者乐观预期和代理问题影响费用粘性。因此，我们借鉴南晓莉和张敏（2018）的方法对产能过剩影响费用粘性的中介机制进行检验。

（1）调整成本检验的结果。

本章借鉴刘慧龙等（2017）、南晓莉和张敏（2018）的研究采用融资约束作为调整成本的代理变量，融资约束用 SA 指数衡量

① 鉴于前文基本检验表明，企业固定资产投资不会影响费用粘性程度，为此，后续的各类检验均不考虑固定资产投资的影响。

（鞠晓生等，2013），SA 指数越大，融资约束程度越小。按照 SA 指数的中位数对样本进行分组检验，以区分调整成本与管理层代理问题两种观点的替代解释。具体地，如果产能过剩通过增加向下的调整成本或者降低向上的调整成本而增加费用粘性，则产能过剩对费用粘性的增强影响在融资约束程度较高的企业中更显著。相反，如果产能过剩通过管理层代理问题而增加费用粘性，则产能过剩对费用粘性的增强影响在融资约束程度较低的企业中更显著。

表 6–8 列示了分组回归的结果。在融资约束较低的组中，交乘项 Dum × Lnsale × Cu1 的系数为 –0.173，在 10% 的水平上显著；在融资约束较高的组中，交乘项 Dum × Lnsale × Cu1 的系数为 –0.182，在 1% 的水平上显著。通过组间系数差异检验，P 值为 0.087，说明产能过剩对费用粘性的影响在融资约束不同的企业存在显著差异。上述结果说明，产能过剩对费用粘性的增强影响在融资约束较高的企业中更加显著，验证了产能过剩会通过调整成本增加费用粘性。

**表 6–8　调整成本的检验结果**

| 变量 | 融资约束较低组<br>Lncost（1） | 融资约束较高组<br>Lncost（2） |
|---|---|---|
| Lnsale | $0.616^{***}$<br>（26.372） | 0.530<br>（40.221） |
| Dum×Lnsale | $-0.184^{**}$<br>（–2.081） | $-0.103^{*}$<br>（–1.860） |
| **Dum×Lnsale×Cu1** | $\mathbf{-0.173}^{*}$<br>（**–1.910**） | $\mathbf{-0.182}^{***}$<br>（**–3.214**） |
| Cu1 | $-0.030^{***}$<br>（–2.794） | $-0.020^{**}$<br>（–2.238） |
| Dum×Lnsale×Eintensity | 0.047<br>（1.402） | 0.022<br>（1.197） |

续表

| 变量 | 融资约束较低组<br>Lncost（1） | 融资约束较高组<br>Lncost（2） |
|---|---|---|
| Eintensity | 0.015***<br>（3.140） | 0.006**<br>（2.234） |
| Dum×Lnsale×Aint | -0.046*<br>（-1.692） | -0.038**<br>（-2.496） |
| Aint | 0.004<br>（1.082） | -0.006**<br>（-2.224） |
| Dum×Lnsale×Gdpgrowth | -0.039<br>（-0.050） | -0.787*<br>（-1.700） |
| Gdpgrowth | 0.129<br>（1.225） | -0.093<br>（-0.872） |
| Dum×Lnsale×S_dum | -0.061<br>（-0.732） | 0.049<br>（0.910） |
| S_dum | -0.023*<br>（-1.832） | -0.006<br>（-0.604） |
| Size | 0.013***<br>（3.871） | 0.033***<br>（7.845） |
| Lev | -0.058**<br>（-2.455） | -0.048***<br>（-3.367） |
| Roa | -0.168**<br>（-2.235） | -0.224***<br>（-4.829） |
| Top1 | -0.029*<br>（-1.663） | 0.012<br>（0.674） |
| Inde | -0.021<br>（-0.491） | 0.038<br>（0.880） |
| Mshare | 0.042*<br>（1.847） | 0.032**<br>（2.224） |
| Dual | 0.006<br>（1.050） | 0.009*<br>（1.862） |
| Age | -0.010*<br>（-1.769） | -0.026***<br>（-5.616） |
| State | -0.025***<br>（-4.511） | -0.010*<br>（-1.740） |

续表

| 变量 | 融资约束较低组<br>Lncost（1） | 融资约束较高组<br>Lncost（2） |
|---|---|---|
| Dindcd | −0.020**<br>（−2.104） | −0.016**<br>（−2.169） |
| 常数项 | −0.151**<br>（−2.086） | −0.615***<br>（−6.517） |
| 组间系数差异 P 值 | 0.087 | |
| Industry/Year | Yes | Yes |
| N | 4437 | 5600 |
| F | 48.593 | 76.440 |
| Adj.R-Square | 0.444 | 0.350 |

（2）管理层代理问题的检验结果。

前文验证了产能过剩通过调整成本增加费用粘性，但并没有证据表明产能过剩通过代理问题影响费用粘性。在此，本章用管理费用率（Ad）衡量代理问题（Ang et al.，2000）进一步检验管理层代理问题是否是产能过剩影响费用粘性的中介机制。在回归模型中加入管理费用率（Ad），主要关注交乘项 Dum × Lnsale × Cu1 × Ad 的系数。如果代理问题是产能过剩增加费用粘性的中介机制，则产能过剩对费用粘性的显著影响在管理费用率更高时更加明显。回归结果如表 6-9 中第（1）列所示，交乘项 Dum × Lnsale × Cu1 × Ad 的系数为 −0.218，但不显著。这一结果进一步说明了产能过剩影响费用粘性的代理成本观点不成立。

（3）管理层乐观预期检验的结果。

为检验管理层乐观预期是否是产能过剩增加费用粘性的中介机制，本章在回归模型中加入营业收入连续下降与主要变量的交乘项（Dum × Lnsale × Cu1 × S_dum）。如果管理层乐观预期是产能过剩增强费用粘性的中介机制，则产能过剩对费用粘性的显著影响在营业收入连续下降时更明显。回归结果如表 6-9 中第（2）列所示。结果显示，Dum × Lnsale × Cu1 × S_dum 的系数为 -0.040，但不显著。因此，产能过剩影响费用粘性的管理层乐观预期观点不成立。

上述中介机制检验的结果表明，产能过剩是通过影响企业的资源调整能力进而增强了费用粘性，而非通过管理层代理问题和乐观预期影响费用粘性。

**表 6-9　管理层代理问题与乐观预期的检验结果**

| 变量 | 管理层代理问题<br>Lncost（1） | 管理层乐观预期<br>Lncost（1） |
|---|---|---|
| Lnsale | 0.574***<br>（35.754） | 0.574***<br>（35.866） |
| Dum×Lnsale | -0.204***<br>（-3.458） | -0.159**<br>（-2.426） |
| Dum×Lnsale×Cu1 | -0.119*<br>（-1.940） | -0.147**<br>（-2.186） |
| Cu1 | -0.021***<br>（-2.770） | -0.023***<br>（-3.027） |
| **Dum×Lnsale×Cu1×Ad** | **-0.218**<br>（**-1.321**） | |
| **Dum×Lnsale×Cu1×S_dum** | | **-0.040**<br>（**-0.509**） |
| Ad | 0.109<br>（1.049） | |
| Dum×Lnsale×Eintensity | 0.032<br>（1.641） | 0.022<br>（1.187） |
| Eintensity | 0.007**<br>（2.421） | 0.008***<br>（3.198） |
| Dum×Lnsale×Aint | -0.029<br>（-1.566） | -0.039**<br>（-2.121） |
| Aint | -0.005<br>（-1.388） | -0.001<br>（-0.546） |
| Dum×Lnsale×Gdpgrowth | -0.405<br>（-0.896） | -0.479<br>（-1.083） |

续表

| 变量 | 管理层代理问题<br>Lncost（1） | 管理层乐观预期<br>Lncost（1） |
|---|---|---|
| Gdpgrowth | 0.008<br>（0.102） | 0.003<br>（0.036） |
| Dum×Lnsale×S_dum | 0.019<br>（0.400） | 0.043<br>（0.608） |
| S_dum | -0.014*<br>（-1.760） | -0.013*<br>（-1.649） |
| Size | 0.023***<br>（10.417） | 0.022***<br>（10.724） |
| Lev | -0.053***<br>（-3.931） | -0.053***<br>（-4.083） |
| Roa | -0.182***<br>（-3.938） | -0.190***<br>（-4.067） |
| Top1 | -0.016<br>（-1.258） | -0.017<br>（-1.326） |
| Inde | -0.005<br>（-0.163） | -0.004<br>（-0.122） |
| Mshare | 0.029**<br>（2.560） | 0.031***<br>（2.737） |
| Dual | 0.007*<br>（1.883） | 0.007**<br>（1.992） |
| Age | -0.021***<br>（-5.608） | -0.020***<br>（-5.442） |
| State | -0.020***<br>（-4.624） | -0.019***<br>（-4.573） |
| Dindcd | -0.017***<br>（-3.147） | -0.018***<br>（-3.181） |
| 常数项 | -0.351***<br>（-7.178） | -0.319***<br>（-7.282） |
| Industry/Year | Yes | Yes |
| N | 10027 | 10027 |
| F | 85.223 | 86.439 |
| Adj.R-Square | 0.392 | 0.390 |

## 6.5.5　创新投入、固定资产投资（产能过剩）与费用粘性

为检验 H2“创新投入越多，产能过剩程度越严重，费用粘性越高”这一观点，本章遵循已有研究中广泛使用的指标设计（Lin et al.，2011；李维安等，2016），选择创新投入强度作为企业创新投入水平的测度指标，用企业研发支出与营业收入之比（Rd）来衡量。进一步按行业年度中位数将样本分为创新投入高组（H-Rd）和创新投入低组（L-Rd），分组回归结果见表 6-10。

在创新投入较低组，交乘项 Dum × Lnsale × Cu1 的系数为 -0.149，在 10% 的水平上显著；在创新投入较高组，交乘项 Dum × Lnsale × Cu1 的系数为 -0.224，在 1% 的水平上显著。且组间系数差异的结果表明，两组回归系数存在显著差异。这一结果表明，在创新投入高的企业中，产能过剩对费用粘性的影响更加显著，即创新投入会强化产能过剩对费用粘性的增强影响，H2 得到验证。

**表 6-10　创新投入的调节效应检验**

| 变量 | 创新投入较低组（L-Rd）<br>Lncost（1） | 创新投入较高组（H-Rd）<br>Lncost（2） |
|---|---|---|
| Lnsale | 0.562***<br>（23.151） | 0.583***<br>（28.654） |
| Dum×Lnsale | -0.188*<br>（-1.764） | -0.143**<br>（-2.259） |
| **Dum×Lnsale×Cu1** | **-0.149***<br>**（-2.055）** | **-0.224*****<br>**（-3.902）** |
| Cu1 | -0.051***<br>（-4.088） | -0.016**<br>（-2.063） |

续表

| 变量 | 创新投入较低组（L-Rd）<br>Lncost（1） | 创新投入较高组（H-Rd）<br>Lncost（2） |
|---|---|---|
| Dum×Lnsale×Eintensity | 0.029<br>（0.869） | -0.006<br>（-0.254） |
| Eintensity | 0.013***<br>（3.337） | 0.003<br>（1.024） |
| Dum×Lnsale×Aint | -0.021<br>（-0.446） | -0.0492<br>（ -2.470） |
| Aint | 0.001<br>（0.253） | -0.004<br>（-1.240） |
| Dum×Lnsale×Gdpgrowth | -1.553<br>（-0.986） | -0.299<br>（-0.644） |
| Gdpgrowth | 0.010<br>（0.097） | -0.019<br>（-0.182） |
| Dum×Lnsale×S_dum | 0.059<br>（0.703） | -0.031<br>（-0.505） |
| S_dum | -0.014<br>（-1.108） | -0.016<br>（-1.628） |
| Size | 0.025***<br>（7.172） | 0.021***<br>（8.321） |
| Lev | -0.054**<br>（-2.529） | -0.037**<br>（-2.266） |
| Roa | -0.196**<br>（-2.484） | -0.189***<br>（-3.220） |
| Top1 | -0.028<br>（-1.393） | -0.009<br>（-0.585） |
| Inde | 0.064<br>（1.368） | -0.070*<br>（-1.858） |
| Mshare | 0.031<br>（1.577） | 0.026**<br>（1.973） |
| Dual | 0.009<br>（1.426） | 0.007<br>（1.456） |

续表

| 变量 | 创新投入较低组（L-Rd）<br>Lncost（1） | 创新投入较高组（H-Rd）<br>Lncost（2） |
|---|---|---|
| Age | $-0.013^{**}$<br>（-2.183） | $-0.025^{***}$<br>（-5.405） |
| State | $-0.018^{***}$<br>（-2.637） | $-0.023^{***}$<br>（-4.310） |
| Dindcd | -0.010<br>（-1.016） | $-0.022^{***}$<br>（-3.196） |
| 常数项 | $-0.425^{***}$<br>（-5.591） | $-0.265^{***}$<br>（-5.022） |
| 组间系数差异 P 值 | 0.095 | |
| Industry/Year | Yes | Yes |
| N | 4068 | 5959 |
| F | 42.802 | 57.334 |
| Adj.R-Square | 0.412 | 0.377 |

### 6.5.6 费用粘性经济后果检验结果及其分析

首先，表 6-11 为产能过剩对费用粘性影响的价值效应检验，我们同时检验了由产能过剩产生的费用粘性对当期价值（Avp）与未来一期企业价值（f.Avp）的影响。第（1）列交乘项 Sticky × Cu1 的系数 $\theta_1$ 为 -0.014（显著性水平为 5%），说明随着产能过剩程度增加，费用粘性损害了当期企业价值。第（2）列未来一期回归结果显示 $\theta_1$ 为 -0.009，但未通过显著性检验，说明产能过剩增加费用粘性对企业价值的损害效应会随时间推移而逐渐降低，H3a 得到验证。

表 6-11　费用粘性经济后果检验回归结果

| 变量 | Avp（1） | f.Avp（2） |
|---|---|---|
| **Sticky×Cu1** | **−0.014****<br>**（−1.964）** | **−0.009**<br>**（−1.116）** |
| Cu1 | −0.243***<br>（−15.394） | −0.213***<br>（−11.984） |
| Sticky | −0.005<br>（−1.108） | 0.001<br>（0.164） |
| Size | 0.160***<br>（26.712） | 0.112***<br>（16.443） |
| Lev | 1.341<br>（39.364） | 1.542***<br>（39.555） |
| Growth2 | 0.350***<br>（23.262） | 0.217***<br>（13.213） |
| Top1 | 0.396***<br>（9.348） | 0.382***<br>（8.019） |
| Inde | −0.427***<br>（−4.092） | −0.366***<br>（−3.083） |
| Mshare | 1.100***<br>（27.888） | 1.054***<br>（23.701） |
| Dual | 0.001<br>（0.084） | 0.013<br>（0.872） |
| State | −0.079***<br>（−5.612） | −0.099***<br>（−6.251） |
| Age | −0.002<br>（−0.189） | 0.017<br>（1.188） |
| Dindcd | −0.032<br>（−1.629） | −0.016<br>（−0.716） |
| 常数项 | −3.741***<br>（−28.881） | −2.841***<br>（−19.309） |
| Industry/Year | Yes | Yes |
| N | 8330 | 6903 |
| F | 203.031 | 144.334 |
| Adj.R−Square | 0.429 | 0.384 |

其次，我们检验了在企业不同的创新投入下产能过剩引致的费用粘性对企业价值的影响。表 6-12 的回归结果表明，Sticky × Cu1 的系数在创新投入高的组中更加显著，说明在创新投入更多的企业，且当期产能过剩更加严重时，费用粘性的价值损害效应会更加明显，但是长期来看，这个效果不断降低，H3b 得到验证。

**表 6-12 基于创新投入的经济后果检验**

| 变量 | 创新投入低（L-Rd） | | 创新投入高（H-Rd） | |
|---|---|---|---|---|
| | Avp（1） | f.Avp（2） | Avp（3） | f.Avp（4） |
| **Sticky×Cu1** | **-0.000**<br>**（-0.015）** | **-0.010**<br>**（-0.719）** | **-0.022****<br>**（-2.484）** | **-0.008**<br>**（-0.821）** |
| Cu1 | -0.234***<br>（-8.699） | -0.219***<br>（-6.785） | -0.240***<br>（-12.150） | -0.213***<br>（-9.944） |
| Sticky | -0.013**<br>（-2.086） | 0.000<br>（0.001） | 0.002<br>（0.355） | 0.001<br>（0.226） |
| Size | 0.147***<br>（15.322） | 0.095***<br>（8.211） | 0.167***<br>（21.532） | 0.124***<br>（14.570） |
| Lev | 1.433***<br>（26.360） | 1.637***<br>（25.058） | 1.280***<br>（28.614） | 1.507***<br>（30.308） |
| Growth2 | 0.282***<br>（12.974） | 0.172***<br>（6.951） | 0.407***<br>（19.363） | 0.262***<br>（11.707） |
| Top1 | 0.323***<br>（4.844） | 0.389***<br>（4.896） | 0.439***<br>（7.989） | 0.379***<br>（6.361） |
| Inde | -0.504***<br>（-3.107） | -0.380*<br>（-1.920） | -0.349**<br>（-2.549） | -0.327**<br>（-2.198） |
| Mshare | 1.020***<br>（15.857） | 0.935***<br>（12.269） | 1.149***<br>（22.873） | 1.113***<br>（20.262） |
| Dual | 0.011<br>（0.512） | 0.019<br>（0.772） | -0.004<br>（-0.214） | 0.006<br>（0.337） |
| State | -0.083***<br>（-3.689） | -0.112***<br>（-4.169） | -0.079***<br>（-4.312） | -0.093***<br>（-4.706） |

续表

| 变量 | 创新投入低（L-Rd） | | 创新投入高（H-Rd） | |
|---|---|---|---|---|
| | Avp（1） | f.Avp（2） | Avp（3） | f.Avp（4） |
| Age | -0.007<br>（-0.352） | 0.016<br>（0.667） | -0.001<br>（-0.042） | 0.018<br>（0.997） |
| Dindcd | $-0.053^{*}$<br>（-1.688） | -0.034<br>（-0.921） | -0.023<br>（-0.891） | -0.002<br>（-0.084） |
| 常数项 | $-3.471^{***}$<br>（-16.058） | $-2.443^{***}$<br>（-9.428） | $-3.893^{***}$<br>（-23.203） | $-3.082^{***}$<br>（-16.880） |
| Industry/Year | Yes | Yes | Yes | Yes |
| N | 3395 | 2723 | 4935 | 4180 |
| F | 77.085 | 51.093 | 125.827 | 94.179 |
| Adj.R-Square | 0.410 | 0.356 | 0.440 | 0.401 |

## 6.6 拓展性分析 1：基于产业政策的调节效应及其经济后果分析

### 6.6.1 基于产业政策的调节效应分析

产业政策是为实现特定的经济和社会发展目标，完善产业结构，促进产业发展，由政府部门制定的一系列引导性政策和相关配套措施。产业政策的实施会对企业融资活动（祝继高等，2015a；Chenet al.，2017）、投资活动（黎文靖和李耀淘，2014）、创新活动（黎文靖和郑曼妮，2016；余明桂等，2016）等具有显著影响。而且产业政策实施也可能会引发董事监督失利（祝继高等，2015b）、管理者过度自信（毕晓方等，2015）等问题，进而影响企业的日常经营活动。赵卿和曾海舰（2017）认为，激励类产业政策会显著提高产能过剩发生的可能性；而抑制类产业政策仅在短期内具有化解产能过剩的作用。汪新峰和张敦力（2018）研究发现，官员激励下对产业政策的不当执行是产能过剩的重要原因。企业通过投资国家重点支持项目会获得超额利润，因此在企业家共识与产业政策引导的双重作用下，企业投资会表现出“羊群效应”和“潮涌现象”（潘亮，2012）。此外，我国产业政策只扶持部分行业，而且具有政府直接干预市场、政府代替市场机制以及限制市场竞争等管制性特征（江飞涛和李晓萍，2010）。因此，在受到产业政策扶持行业中，企业管理者更容易对行业发展前景产生乐观预期。基于此，本章探究产业政策扶持行业中的企业，其产能过剩对费用粘性的影响是否更严重，并进一步探索产业政策扶持与否对产能过剩与费用粘性之间关系的影响。

为检验上述推论，我们借鉴陈冬华和姚振晔（2018）的研究，通过筛选五年计划文件，将制造业10个细分行业中存在“鼓励”“支持”等字眼的行业为支持性行业（IP），赋值为1，否则为0。然后按产业政策进行分组回归，结果见表6-13。交乘项Dum × Lnsale × Cu1的系数在非产业政策扶持行业为负但不显著；而在产业政策扶持行业，在1%的水平上显著为负。这一结果表明，在产业政策扶持行业，产能过剩对费用粘性的强化作用更显著。

表 6-13 基于产业政策的调节效应检验

| 变量 | 非产业政策扶持行业（L-Ip） | 产业政策扶持行业（H-Ip） |
|---|---|---|
| | Lncost（1） | Lncost（2） |
| Lnsale | 0.546***<br>（20.898） | 0.593***<br>（30.200） |
| Dum×Lnsale | -0.135<br>（-1.497） | -0.191***<br>（-2.958） |
| **Dum×Lnsale×Cu1** | **-0.111**<br>**（-1.440）** | **-0.201*****<br>**（-2.622）** |
| Cu1 | -0.033***<br>（-3.040） | -0.018<br>（-1.590） |
| Dum×Lnsale×Eintensity | 0.030<br>（0.940） | 0.012<br>（0.540） |
| Eintensity | 0.008**<br>（2.218） | 0.008**<br>（2.109） |
| Dum×Lnsale×Aint | -0.067**<br>（-2.083） | -0.027<br>（-1.306） |
| Aint | 0.005<br>（0.991） | -0.005<br>（-1.533） |
| Dum×Lnsale×Gdpgrowth | 0.358<br>（0.635） | 0.240<br>（0.534） |
| Gdpgrowth | -0.025<br>（-0.270） | -0.016<br>（-0.278） |
| Dum×Lnsale×S_dum | -0.044<br>（-0.588） | 0.059<br>（0.935） |
| S_dum | -0.007<br>（-0.639） | -0.018<br>（-1.574） |
| Size | 0.022***<br>（6.878） | 0.023***<br>（8.457） |
| Lev | -0.035*<br>（-1.864） | -0.070***<br>（-4.035） |
| Roa | -0.103<br>（-1.516） | -0.280***<br>（-4.298） |
| Top1 | -0.018<br>（-0.924） | -0.011<br>（-0.658） |

续表

| 变量 | 非产业政策扶持行业（L-Ip） | 产业政策扶持行业（H-Ip） |
|---|---|---|
| | Lncost（1） | Lncost（2） |
| Inde | 0.024<br>（0.543） | -0.025<br>（-0.623） |
| Mshare | 0.034**<br>（2.130） | 0.027*<br>（1.724） |
| Dual | 0.008<br>（1.338） | 0.009*<br>（1.683） |
| Age | -0.024***<br>（-4.573） | -0.016***<br>（-3.129） |
| State | -0.014**<br>（-2.136） | -0.023***<br>（-4.199） |
| Dindcd | -0.008<br>（-1.330） | -0.046***<br>（-3.504） |
| 常数项 | -0.321***<br>（-4.781） | -0.345***<br>（-5.787） |
| 组间系数差异 P 值 | 0.076 | |
| Industry/Year | Yes | Yes |
| N | 4592 | 5435 |
| F | 38.516 | |
| Adj.R-Square | 0.351 | 0.425 |

## 6.6.2　基于产业政策的费用粘性价值效应分析

本节我们利用基本模型（6-3）检验了产业政策扶持与否对产能过剩引致费用粘性的价值效应的影响。

表 6-14 的回归结果中，在非产业政策扶持行业，Sticky × Cu1 的系数在当期和未来一期均不显著；在产业政策扶持行业中，Sticky × Cu1 的系数在当期显著为负（显著性水平为 5%），在未来一期并不显著。这一结果说明，产业政策扶持行业，产能过剩引致的

费用粘性价值损害效应更严重。分析其可能的原因为，在产业政策的激励下，企业会更加趋向于向产业政策扶持行业过度投资，进而产能过剩程度也更严重，相应地，企业费用粘性也更高，对企业价值的损害效应也更加明显。从长期来看，产能过剩会使企业陷入经营困境，管理层基于外部市场压力和管理者自我声誉考虑，将采取综合措施化解产能过剩风险，提高企业资源配置效率，进而使得产能过剩引致的费用粘性对企业价值的损害效应也相应地降低。

**表 6-14　基于产业政策的经济后果检验**

| 变量 | 非产业政策扶持行业（IP=0） | | 产业政策扶持行业（IP=1） | |
|---|---|---|---|---|
| | Avp（1） | f.Avp（2） | Avp（3） | f.Avp（4） |
| **Sticky×Cu1** | **−0.018**<br>**（−1.552）** | **−0.010**<br>**（−0.854）** | **−0.014**$^{**}$<br>**（−2.328）** | **−0.009**<br>**（−1.455）** |
| Cu1 | −0.213$^{***}$<br>（−6.213） | −0.162$^{***}$<br>（−4.623） | −0.334$^{***}$<br>（−15.763） | −0.294$^{***}$<br>（−12.294） |
| Sticky | −0.008<br>（−1.016） | 0.003<br>（0.397） | −0.010$^{*}$<br>（−1.933） | −0.001<br>（−0.181） |
| Size | 0.194$^{***}$<br>（12.250） | 0.130$^{***}$<br>（9.062） | 0.149$^{***}$<br>（19.459） | 0.104$^{***}$<br>（12.014） |
| Lev | 1.198$^{***}$<br>（12.331） | 1.458$^{***}$<br>（16.804） | 1.452$^{***}$<br>（33.212） | 1.613$^{***}$<br>（32.407） |
| Growth2 | 0.368$^{***}$<br>（9.968） | 0.236$^{***}$<br>（5.763） | 0.323$^{***}$<br>（17.094） | 0.186$^{***}$<br>（8.966） |
| Top1 | 0.473$^{***}$<br>（4.293） | 0.468$^{***}$<br>（4.174） | 0.358$^{***}$<br>（6.579） | 0.346$^{***}$<br>（5.690） |
| Inde | −0.221<br>（−1.013） | 0.053<br>（0.238） | −0.609$^{***}$<br>（−4.512） | −0.638$^{***}$<br>（−4.183） |
| Mshare | 1.022$^{***}$<br>（12.931） | 1.011$^{***}$<br>（12.145） | 1.147$^{***}$<br>（22.264） | 1.063$^{***}$<br>（18.572） |
| Dual | −0.023<br>（−0.806） | −0.016<br>（−0.524） | 0.022<br>（1.321） | 0.028<br>（1.506） |
| State | −0.110$^{***}$<br>（−3.084） | −0.117$^{***}$<br>（−3.213） | −0.060$^{***}$<br>（−3.262） | −0.082$^{***}$<br>（−3.969） |

续表

| 变量 | 非产业政策扶持行业（IP=0） | | 产业政策扶持行业（IP=1） | |
|---|---|---|---|---|
| | Avp（1） | f.Avp（2） | Avp（3） | f.Avp（4） |
| Age | −0.019<br>（−0.690） | 0.010<br>（0.346） | −0.011<br>（−0.650） | 0.005<br>（0.259） |
| Dindcd | −0.024<br>（−0.654） | −0.003<br>（−0.076） | −0.152***<br>（−3.742） | −0.206***<br>（−4.636） |
| 常数项 | −4.442***<br>（−13.738） | −3.377***<br>（−11.222） | −3.521***<br>（−19.532） | −2.587***<br>（−12.746） |
| Industry/Year | Yes | Yes | Yes | Yes |
| N | 3760 | 2930 | 4570 | 3973 |
| F | 42.989 | 38.321 | 138.670 | 98.084 |
| Adj.R-Square | 0.401 | 0.373 | 0.475 | 0.415 |

## 6.7　拓展性分析 2：基于地区财政压力的调节效应及经济后果分析

### 6.7.1　基于地区财政压力的调节效应分析

如前所述，体制性产能过剩是我国产能过剩的重要原因，地方政府会通过各种扶持手段与政策工具干预企业投资，进而导致产能过剩。但究其根本，地方政府干预企业投资这一行为背后的内在动机是地方政府面临巨大的财政压力，即财政压力是政府干预的内在激励机制。虽然我国分税制改革的实施改变了以往中央财政收入在财政总收入中的比重过于偏低、难以保障国家宏观经济调控能力等状况，但是也导致财权与事权的不匹配，形成地方财政收入和支出间的巨大缺口，财政压力不断凸显。

当地方政府面临较大的财政收支压力时，由于地方政府在GDP、税收与就业等方面依赖于企业，会使其倾向于继续支持产能过剩企业的发展。席鹏辉等（2017）研究也发现，为应对增值税分成减少所形成的财政压力，地方政府会大力支持和发展能够带来大量增值税的产能过剩行业工业企业。在市场需求下降时，企业的理性决策是降低生产，但一旦停止生产，则企业将无法为当地税收做出贡献。从政府税收角度来看，虽然企业难以对所得税的增加做出贡献，但是却能增加地方GDP，尤其是可以为地方增值税的增加做出巨大贡献。因此，在地方政府面临巨大财政压力时，可能会采取消极的态度应对过剩产能化解问题。地方政府会通过其“干预之手”使企业继续维持原有生产规模，以保证税源稳定。如：通过各类政策工具，如低价出让土地、降低环境规制及拓宽信贷渠道等支持企业发展（江飞涛等，2012），这将进一步加大企业产能过剩程度，进而增加费用粘性。在这种情况下，企业为增加销量可能会采取降价销售措施，于是在企业费用支出保持不变的情况下，企业收入出现相对下降，也会使得费用粘性程度提高。基于此，本章检验地区财政压力对产能过剩与费用粘性关系的影响。

本章借鉴胡丹等（2019）的研究，用企业所在省份的年度财政预算支出与预算收入之比（Fp）衡量财政压力，这一指标越大表明财政压力越大。按行业年度中位数将样本分为财政压力较高组（H-Fp）和财政压力较低组（L-Fp），表6-15回归结果表明，在财政压力较低的地区，产能过剩对费用粘性的影响并不显著；而只有在财政压力较大的地区，产能过剩对费用粘性的增强影响才显著。验证上述推论。

表 6-15　基于地区财政压力的调节效应检验

| 变量 | 财政压力较低组（L-Fp）<br>Lncost（1） | 财政压力较高组（H-Fp）<br>Lncost（2） |
|---|---|---|
| Lnsale | 0.575***<br>（28.520） | 0.571***<br>（22.731） |
| Dum×Lnsale | -0.198***<br>（-2.747） | -0.100<br>（-1.222） |
| **Dum×Lnsale×Cu1** | **-0.076**<br>**（-0.924）** | **-0.216*****<br>**（-2.867）** |
| Cu1 | -0.023**<br>（-2.244） | -0.021**<br>（-1.990） |
| Dum×Lnsale×Eintensity | 0.029<br>（0.898） | 0.015<br>（0.607） |
| Eintensity | 0.018***<br>（4.830） | -0.001<br>（-0.311） |
| Dum×Lnsale×Aint | -0.044*<br>（-1.722） | -0.038<br>（-1.530） |
| Aint | -0.002<br>（-0.550） | 0.000<br>（0.046） |
| Dum×Lnsale×Gdpgrowth | -0.488<br>（-0.735） | -0.544<br>（-0.911） |
| Gdpgrowth | -0.082<br>（-0.743） | 0.075<br>（0.732） |
| Dum×Lnsale×S_dum | 0.046<br>（0.676） | 0.001<br>（0.021） |
| S_dum | -0.018<br>（-1.618） | -0.005<br>（-0.417） |
| Size | 0.025***<br>（8.763） | 0.018***<br>（6.185） |
| Lev | -0.048***<br>（-2.696） | -0.063***<br>（-3.334） |
| Roa | -0.193***<br>（-3.084） | -0.195***<br>（-2.846） |
| Top1 | 0.008<br>（0.460） | -0.048**<br>（-2.395） |

续表

| 变量 | 财政压力较低组（L-Fp）<br>Lncost（1） | 财政压力较高组（H-Fp）<br>Lncost（2） |
|---|---|---|
| Inde | -0.041<br>（-1.041） | 0.020<br>（0.433） |
| Mshare | 0.031**<br>（2.189） | 0.032<br>（1.646） |
| Dual | 0.007<br>（1.420） | 0.006<br>（0.924） |
| Age | -0.019***<br>（-3.988） | -0.019***<br>（-3.453） |
| State | -0.016***<br>（-2.615） | -0.018***<br>（-2.859） |
| Dindcd | -0.017**<br>（-2.422） | -0.014<br>（-1.644） |
| 常数项 | -0.410***<br>（-6.803） | -0.214***<br>（-3.319） |
| 组间系数差异 P 值 | 0.064 | |
| Industry/Year | Yes | Yes |
| N | 5135 | 4892 |
| F | 56.709 | 39.669 |
| Adj.R-Square | 0.411 | 0.371 |

### 6.7.2 基于地区财政压力的费用粘性价值效应分析

我们进一步检验了在不同的地区财政压力下，由产能过剩产生的费用粘性对企业价值的影响。表 6-16 的回归结果表明，第（1）、第（2）列在财政压力较低组系数 θ1 分别为 0.021（显著性水平为 5%）和 0.006（未通过显著性检验）；第（3）、第（4）列为地区财政压力较高组的回归结果，系数 $\theta_1$ 分别为 -0.040（显著性水平为

1%）和 -0.019（显著性水平为 10%）。这一结果表明，财政压力越大的地区，为缓解地区财政压力，地方政府缺失化解产能过剩的积极性，致使企业产能过剩问题越发严重，费用粘性的价值损害效应更大。同时，地方政府“杀鸡取卵”税费征缴行为在缓解地方财政压力短期性财政压力的同时，却损害了企业短期和长远利益。

**表 6-16 基于地区财政压力下的经济后果检验**

| 变量 | 财政压力低组（L-Fp） | | 财政压力高组（H-Fp） | |
|---|---|---|---|---|
| | Avp（3） | f.Avp（4） | Avp（5） | f.Avp（6） |
| **Sticky×Cu1** | **0.021****<br>**（2.037）** | **0.006**<br>**（0.524）** | **-0.040*****<br>**（-4.164）** | **-0.019***<br>**（-1.759）** |
| Cu1 | -0.258***<br>（-11.329） | -0.270***<br>（-10.565） | -0.235***<br>（-10.523） | -0.162***<br>（-6.417） |
| Sticky | -0.019***<br>（-3.374） | -0.004<br>（-0.583） | 0.009<br>（1.385） | 0.004<br>（0.549） |
| Size | 0.167***<br>（19.916） | 0.113***<br>（11.835） | 0.156***<br>（17.888） | 0.116***<br>（11.614） |
| Lev | 1.343***<br>（29.156） | 1.583***<br>（29.877） | 1.325***<br>（26.006） | 1.505***<br>（25.888） |
| Growth2 | 0.381***<br>（17.484） | 0.247***<br>（10.341） | 0.319***<br>（15.178） | 0.188***<br>（8.245） |
| Top1 | 0.404***<br>（7.256） | 0.412***<br>（6.508） | 0.371***<br>（5.692） | 0.320***<br>（4.391） |
| Inde | -0.345**<br>（-2.400） | -0.289*<br>（-1.761） | -0.519***<br>（-3.383） | -0.479***<br>（-2.753） |
| Mshare | 1.117***<br>（23.213） | 1.066***<br>（19.441） | 1.070***<br>（15.827） | 1.037***<br>（13.714） |
| Dual | 0.017<br>（1.067） | 0.027<br>（1.470） | -0.023<br>（-1.094） | -0.006<br>（-0.242） |
| State | -0.030<br>（-1.398） | -0.051**<br>（-2.148） | -0.114***<br>（-5.708） | -0.125***<br>（-5.575） |

续表

| 变量 | 财政压力低组（L-Fp） | | 财政压力高组（H-Fp） | |
|---|---|---|---|---|
| | Avp（3） | f.Avp（4） | Avp（5） | f.Avp（6） |
| Age | -0.040** <br>（-2.365） | -0.007<br>（-0.359） | 0.026<br>（1.384） | 0.030<br>（1.411） |
| Dindcd | -0.037<br>（-1.403） | -0.009<br>（-0.284） | -0.025<br>（-0.843） | -0.019<br>（-0.565） |
| 常数项 | -3.860***<br>（-20.732） | -2.887***<br>（-13.631） | -3.668***<br>（-19.958） | -2.875***<br>（-13.749） |
| Industry/Year | Yes | Yes | Yes | Yes |
| N | 4295 | 3591 | 4035 | 3312 |
| F | 118.101 | 85.663 | 89.998 | 62.447 |
| Adj.R-Square | 0.458 | 0.414 | 0.406 | 0.358 |

# 6.8 研究结论与启示

## 6.8.1 研究结论

企业适度的固定资产投资及其产能过剩行为是企业应对经济周期波动的策略或者是一种对新进入者构成进入壁垒的竞争手段。但是，在我国特殊的制度背景以及代理冲突、过度投资成为企业管理层代理行为突出表现的现实情况下，企业固定资产投资行为一旦过度，并遭遇经济下滑的宏观环境，企业产能过剩成为一种常态。在此背景下，本章以 2009~2018 年沪深两市 A 股制造业上市公司为研究样本，深入探究固定资产投资及产能过剩对公司费用粘性的影响，实证研究结果表明：

（1）企业固定资产投资不能增加企业费用粘性，但是其产能过剩会通过增加企业调整成本进而增强费用粘性。导致固定资产投资额与费用粘性不相关的可能原因在于：单期固定资产购建金额较小难以对公司成本调整产生实质性影响，以及只有固定资产构建并投入使用后固定资产才能真正影响企业的成本行为。

（2）企业创新投入会强化产能过剩与费用粘性之间的正相关关系。进一步考察产能过剩影响费用粘性的经济后果后发现，产能过剩通过增加费用粘性对当期企业价值产生负面效应，但在未来一期这种显著的负相关关系不再存在，继而表明企业创新投入在长期内有助于提升企业竞争力，缓解产能过剩诱致的费用粘性的负面经济后果，进而在一定程度上说明企业创新投入是一种长效机制。

（3）在产业政策扶持行业、财政压力较大的地区，产能过剩对费用粘性的强化作用更显著，而且在产业政策扶持行业、财政压力较大的地区企业中，产能过剩引致的费用粘性价值损害效应更严重。

### 6.8.2　研究启示

本章研究具有如下启示意义：

（1）企业固定资产过度投资引致的产能过剩会增加费用粘性，导致企业资源配置效率低下，企业价值减损。为此，需要坚定执行我国的“三去一补一降”政策，完善和优化去产能政策，建立并健全市场化、法制化的去产能机制，以市场化的方式倒逼企业自行去产能，以提升资源配置效率，推进传统产业转型升级。

（2）前文已经述及，企业固定资产投资可能是一种适应性投资，即因企业研发投入以及研发成功后的一种配套性投资行为。但是，当企业固定资产投资规模已经达到产能过剩状态的时候，企业创新投入会进一步加重产能过剩企业的费用粘性程度，而长期来看，其对企业价值减损能力在降低。这一结果就表明，虽然企业研发创新会加剧产能过剩和费用粘性的关系，但是，从长远来看，企业研发的投入会增强企业的盈利能力。因此，政府部门应该继续完善知识产权保护制度，为企业创建良好的创新环境，增强企业进行自主研发的动力，鼓励企业强化自主品牌产品或服务的供给创新，这是提高企业盈利能力的必由之路。

（3）正如前文所述，在产业政策的激励下，企业会更加趋向于向产业政策扶持行业过度投资，进而加剧产能过剩和企业费用粘性关系，并导致更为明显的价值损害效应。这表明，政府干预的资源配置导向功能虽然能够弥补市场失灵缺陷，但不恰当的政府干预会激励微观企业过度投资，加剧产能过剩程度，诱发企业不当行为并损害企业价值创造能力。因此，应该坚持党的十八大、十九大关于以“市场在资源配置中起决定作用和更好发挥政府作用”的基本原则，划清政府和市场的界限，凡是市场能够发挥作用的，政府要简政放权，要松绑支持，不要去干预；凡是市场不能有效发挥作用的，政府应该主动补位，该管的要坚决管、管到位、管出水平，使政府成为市场发挥决定作用的前提和保障。

（4）财政压力越大的地区，产能过剩越严重，费用粘性的价值损害效应越大，而且也会损害长期的企业价值，在一定程度上说明政府在“杀鸡取卵”，损害了企业的长远利益。为此，地方政府部门应该规范政府行为，尤其是规范政府的税收征管行为，坚持依法征税，正确处理好减税降费与组织收入的关系，不收“过头税”，切实减轻企业税费负担，为企业发展营造良好的营商环境，助力中国经济健康发展。

# 第7章 企业金融化行为是否会削弱创新支出费用粘性的绩效

第4章基于公司财务报表的数据表明，我国实体企业大量配置金融资产已经成为我国经济“脱实向虚”重要特征之一。依据企业资源理论，在企业资源一定的情况下，企业一旦将资源配置至金融资产，则用于实体投资（含固定资产投资和研发开支）的部分将会削减。但是，在我国金融行业收益率远高于实体企业的现实面前，企业金融化行为是否能起到“蓄水池”的作用，能否为企业实体投资提供额外资金支持？上述行为又将如何影响企业的成本决策行为，进而影响企业的粘性程度？如果影响到企业成本费用粘性，此时成本费用粘性是否会进一步影响企业的价值创造能力？本章将进一步对上述问题进行研究，以其更好地辨识我国实体企业金融化行为是否已经影响到企业实体投资，进而影响到企业的成本管理行为及其对企业价值创造能力的影响。

## 7.1 引言

自经济自由化和全球化以来，虚拟经济得到迅猛发展，经济金融化格局正在加速形成（张成思和张步昙。2016），实体经济与虚拟经济的关系日益微妙，二者逐渐呈现出“虚实背离”的态势。在此背景下，中国经济也出现了显著的“脱实向虚”趋势。一方面，金融发展逐渐偏离了服务实体经济的本源，资金长期滞留在金融面，金融空转现状突出；另一方面，实体企业将产业资本转投金融、房地产行业的现象盛行，金融渠道获利越来越成为企业盈利的主导模式（彭俞超等，2018a）。诸多研究指出，虚拟经济和实体经济之间的结构失衡会加剧实体经济“空心化”，积聚金融风险，威胁金融市场稳定，不利于社会经济的平稳运行（Ortiz，2014；杜勇等，2017；彭俞超等，2018b）。基于此深刻挑战，近年来党和政府在一系列重要工作会议和报告中对实体经济与虚拟经济关系的发展做了着力强调。2017 年全国金融工作会议指出，“金融要把为实体经济服务作为出发点和落脚点，全面提升服务效率和水平，把更多金融资源配置到经济社会发展的重点领域和薄弱环节”。党的十九大报告进一步明确，“建设现代化经济体系，必须把发展经济的着力点放在实体经济上”，同时要求守住不发生系统性金融风险的底线。可见，如何提振实体经济，促进经济与金融良性循环，切实防范金融风险已经成为经济金融化趋势下全社会面临的重要课题。企业金融化作为经济发展“脱实向虚”趋势的重要特征事实之一，其对实体企业发展的影响是虚拟经济作用于实体经济的重要渠道。因此，厘清企业金融化对实体企业发展的影响及其作用机制，对于化解虚拟经济与实体经济之间的失衡问题，有效引导产业资本“脱虚入实”具有重要现实意义。

步入工业化后期的中国经济，随着实体经济结构性失衡问题逐步显现，经济增长乏力、市场有效供给不足、竞争加剧以及产能过剩等问题进一步加剧（黄群慧，2017），随之而来的则是实体经济投资收益率的不断下滑和金融、房地产行业超额投资收益率的持续膨胀。在行业利差率的诱导和资本逐利的驱使下，大量产业资本纷纷脱离原有主营业务，疯狂涌入金融、房地产行业，试图通过分享虚拟经济的超额收益来驱散实体经济持续低迷的“凛冬之寒”，进而推动了经济发展“脱实向虚”的趋势。据 Wind 数据库披露，2016 年，有 767 家非金融上市公司购买了银行理财产品、证券公司理财产品、信托贷款、私募等金融产品，总金额达 7268.76 亿元；平均而言，非金融上市公司超过 20% 的利润来自金融渠道获利（张成思和张步昙，2016）。企业金融化即反映了实体企业金融资产的规模不断攀升，以及利润构成来自金融渠道的比重不断提高的现象（张成思和张步昙，2015；彭俞超等，2018a）。

现有关于企业金融化的研究主要集中在动机、影响因素以及经济后果方面。具体而言，学术界围绕着企业配置金融资产究竟是出于预防性储蓄动机还是投机套利动机，从企业经营状况（宋军和陆旸，2015）、企业税负（彭俞超等，2017）、公司治理结构（闫海洲和陈百助，2018）、经济政策不确定性（彭俞超等，2018a）、融资约束（刘贯春等，2018）等多视角展开了深入探索。相应地，针对不同动机视角下企业金融化对实体企业主业发展究竟是发挥着“蓄水池”效应还是“挤出”效应的研究也是百家争鸣（Orhangazi，2008；谢家智等，2014；王红建等，2016；杨筝等，2017；刘贯春等，2018）。此外，还有部分研究关注了企业金融化对资源配置效率、企业财务风险和金融市场稳定的影响（成思危，2015；王永钦等，2015；彭俞超等，2018b；黄贤环等，2018）。在汲取上述研究成果的基础上，本章尝试进一步探索企业金融化与成本费用粘性及其经济后果相关研究。一方面，基于微观视角的企业金融化对成本费用粘性影响的研究尚付阙如；另一方面，关于企业金融化动机和经济效应的研究尚存在分歧。成本费用粘性作为公司营运管理的结果，可以较好地展示公司的经营管理效率和资源配置效率，从该视角切入，不仅有助于从成本形态角度去厘清企业金融化的研究分歧，为引导金融发展回归服务实体经济的本源和防范系统性金融风险提供政策启示，还能为打开企业成本管理的“暗箱”提供来自企业金融化层面的新证据，具有重要的理论意义和现实意义。

鉴于上述实践和理论背景，本章将成本费用粘性细分为营业成本粘性和销管费用粘性，实证检验了企业金融化是否及如何影响公司的成本费用粘性，以及金融化下的成本费用粘性对企业价值创造的影响。研究发现：企业金融化对不同成本费用粘性的影响效应存在差异，企业金融化显著弱化了营业成本粘性，金融资产规模每增加一个标准差，营业成本粘性约下降 17.5 个标准差；相反，企业金融化却明显增强了销管费用粘性，金融资产规模每增加一个标准差，销管费用粘性约上升 18.1 个标准差。机制检验发现，企业金融化并未扮演“蓄水池”角色而缓解企业未来的投资不足，不仅挤出了实体企业主业发展，也加剧了公司的代理冲突，且实业资本投资和管理费用率分别是企业金融化作用于营业成本粘性和销管费用粘性的部分中介。上述结果表明，我国上市公司金融资产投资主要是出于投机套利动机，而非预防性储蓄动机。进一步基于金融资产配置差异的分组检验显示，投资性房地产对成本费用粘性的影响作用最显著，说明投资性房地产的投机性更强，对实体经济的危害也更大。此外，本章还发现企业金融化与成本费用粘性的关系在金融发展水平更高的东部地区、投资机会更差的衰退行业更突出。最后的价值检验结果则进一步表明，企业金融化影响企业成本费用粘性的同时降低了企业价值，这一价值损害效应在金融发展程度更低的中西部地区以及明显衰退行业更为显著，进一步核实了我国企业金融化行为主要是出于投机套利动机，而非预防储蓄动机，最终通过挤出实业资本投资和恶化代理冲突而降低了企业价值。

本章可能的贡献如下：①针对现有关于企业投资金融资产动机和影响效应的分歧，本章从成本费用粘性视角切入，发现我国上市公司投资金融资产不仅挤出了实业资本投资，也加剧了代理冲突，支持了企业投资金融资产的投机套利动机观点，为厘清企业金融化与实体经济发展之间的关系做了增量贡献。②区别于现有研究主要从实物资本投资（杜勇等，2017）、研发创新（王红建等，2018）以及主营业务收入（周彬和谢佳松，2018）等角度考察企业金融化与实体经济发展之间关系的研究，本章探究了企业金融化对成本费用粘性的影响，既从微观层面拓展了企业金融化经济后果方面的研究，也对引导产业资本“脱虚入实”的相关政策制定具有一定的实践意义。③结合经济发展“脱实向虚”的背景，本章首次系统研究了微观企业金融化对成本费用粘性的影响效应及其传导机制，并进一步考察了这一关系在不同地区和行业存在的异质性表现，既丰富了成本费用粘性影响因素领域的相关研究，也有助于打开企业成本管理的“暗箱”。④在财务会计向管理会计转型的讨论热潮下，本章的研究结论提醒企业要加强成本管理，尤其是因代理冲突引致的成本浪费和效率损失，符合管理会计强调的加强内部管理、改善经营效率、实现最佳经济效益的目标，为推动企业财务会计向管理会计转型提供了一定的经验启示。

## 7.2　文献回顾、理论分析与研究假设

### 7.2.1　文献回顾

（1）成本粘性文献回顾。

成本粘性表现为公司成本随业务量变化时的非对称性变化幅度，即成本在业务量下降时削减的幅度小于在业务量上升时增加的幅度，打破了传统成本性态理论关于成本与业务量呈线性关系的假说。自 Anderson 等（2003）首次提出其概念以来，学术界围绕这一现象从其存在性和特征、动因以及经济后果方面展开了大量研究。现有研究文献表明，成本粘性广泛存在于各国家、各行业及各企业中，具有普遍性、反转性及分层性（Anderson et al.，2003；Kama and Weiss，2013；Banker，2013；孙铮和刘浩，2004；韩飞和刘益平，2010；江伟等，2017），对企业盈利波动性、分析师预测准确性、投资效率以及研发投入等方面产生了显著影响（Weiss，2010；蒋德权等，2015；步丹璐等，2016；胡华夏等，2017）。然而，限于指标度量的争议性等原因，现有研究更多地将研究重心放在成本粘性的动因及其影响因素上。围绕着调整成本观、代理冲突观以及管理层乐观动因三条主线对成本粘性的影响因素进行了大量的研究。

调整成本观认为，承诺资源的变化会产生调整成本，因而企业的资源调整决策不仅需要考虑当期的业务量变化，更需要考虑现有

的生产能力及未来业务量的变化，由于向下调整承诺资源的成本高于向上调整承诺资源的成本，导致成本在业务量上升时增加的幅度大于业务量下降时减少的幅度，由此产生成本粘性。基于调整成本观，现有文献从要素市场发育（龚启辉等，2010）、人力资本保护（Banker，2013；刘媛媛和刘斌，2014；江伟等，2016）、融资约束（江伟等，2015）、供应链关系（王雄元等，2017；江伟等，2017）等视角进行了探索。代理冲突观认为，成本粘性是管理层违背公司价值最大化目标而基于自身控制权私利满足的一系列自利行为的结果，如管理层为谋求控制权私有收益，会进行诸如帝国构建、在职消费等一系列代理行为，进而引致成本粘性。基于代理冲突观，学者们发现交叉上市（崔学刚和徐金亮，2013）、银企关系（翟胜宝等，2015）、审计师行业专长（宋常等，2016）、媒体关注（梁上坤，2015）以及机构投资者持股（梁上坤，2018）等可以显著抑制公司的成本粘性；而管理层的帝国构建动机（Chen，2012）、金字塔层级（刘慧龙等，2017）和政府补助（南晓莉和张敏，2018）等则会显著增强公司的成本粘性。管理层乐观动因认为，管理层的资源调整决策，不仅会考虑资源调整成本的高低，还会考虑市场的未来发展形势。即使业务量下降，若管理层对未来形势的预期较为乐观，则保留资源的可能性依然较大。反之，管理层会选择及时地削减资源。由此，管理层的预期越乐观，公司的成本粘性越大。Banker 等（2011）发现，公司所处的行业成长性越高，其成本粘性越大。周兵等（2016）发现，管理层乐观预期会提升成本粘性，而悲观预期会降低成本粘性。

（2）企业金融化文献回顾。

基于现有文献的研究成果，企业大量配置金融资产主要出于预防性储蓄动机和投机套利动机。从前者来看，由于我国资本市场发展不完善，在金融抑制和金融错配背景下，我国上市公司普遍面临较高的外部融资成本，融资约束较强（王永钦等，2015，杨筝等，2017）。鉴于固定资产投资和创新投资等实业资本投资的长周期性和高调整成本特征，其对资金的持续性供给具有较高要求，项目一旦中断，投资的不可逆性和沉没成本的存在将使企业遭受巨大损失（刘贯春等，2018）。为减轻对外部融资的依赖，降低未来资金链断裂对企业发展的不利影响，企业有动机通过合理配置资产结构以盘活各期资金的流动性，从而降低未来可能面临的融资约束和投资不足问题。Stulz（1996）认为企业可通过配置金融资产以储备更多的流动性来应对未来可能面临的不确定性冲击。杜勇等（2017）指出，相较于具有期限长、变现差和不可逆性特征的固定资产、无形资产等长期资产而言，企业投资变现能力更强和调整成本更低的金融资产可以作为规避未来不确定性的"前瞻性"策略。刘贯春等（2018）认为，由于金融资产具有短期限和高流动的特征，企业可选择增持更多的金融资产以缓解融资约束带来的资金成本过高问题。在预防性储蓄动机下，企业金融化对固定资产投资、创新投资以及其他生产性投资具有"蓄水池"效应（杨筝等，2017；胡奕明等，2017），即企业在经济不景气和资金紧缺时，可利用投资金融资产获取的收益或及时出售流动性较强的金融资产来缓解融资不足，进而反哺主业发展。

从后者而言，随着中国经济步入新常态，实体经济逐步出现结构性失衡，一方面是实体经济回报率的不断下滑，另一方面是虚拟经济依靠资产价格泡沫超额收益不断膨胀（黄群慧，2017），实体经济"冷"与虚拟经济"热"已成为当前阶段中国经济最为突出的结构性矛盾之一（刘贯春等，2018）。在资本逐利的驱使下，实体企业偏离主营业务而涉足金融、房地产行业已成为当下最受追捧的“时髦”之一，以期分享金融、房地产行业的超额收益来获取短期套利。Demir（2009）发现，行业利差率越大，企业为获取短期收益而投资金融资产的投机动机越强。王红建等（2016）基于我国上市公司金融资产配置与企业创新的关系发现，上市公司投资金融资产的主要目的是进行跨行业套利，而非预防性储蓄。王刚（2018）亦指出，金融面上的资金具有明显的逐利倾向，市场资金会选择性地流向资产收益率更高的行业。此外，诸多学者指出，现代公司治理结构由薪酬激励制度到股票期权的转变，以及“股东价值最大化”压力的鞭策，进一步强化了管理者的投机套利心理（蔡明荣和任世驰，2014；刘贯春等，2018），加剧了公司的代理冲突（杜勇等，2017）。王红建等（2017）指出，管理层更倾向于投资金融、房地产领域来获取短期套利，而忽视企业长远发展的实物资本投资。彭俞超等（2018）研究发现，企业金融化加剧了管理层的代理问题，提升了企业未来股价崩盘的概率。因此，在投机套利动机下，企业金融化必定会对固定资产投资、创新投资以及其他生产性投资产生“挤出”效应（Demir，2009；谢家智等，2014；张成思和张步昙，2016；王红建等，2017），最终损害企业长期价值。

综合上述文献不难发现，现有文献为企业金融化与成本费用粘性的研究提供了真知灼见，但仍存在以下两方面的不足：一是虽有文献开始关注宏观经济环境对成本费用粘性的影响，但忽视了近年来我国经济发展出现的显著“脱实向虚”趋势，鲜有文献关注企业金融化对成本费用粘性的影响；二是关于企业金融化对实体企业发展的影响主要集中在实物资本投资和创新投资上，且关于企业金融资产配置究竟是出于何种动机（预防性储蓄还是投机套利）、对实体经济发展又会产生何种影响（“蓄水池”效应还是“挤出”效应），目前仍是众说纷纭，莫衷一是。鉴于此，本章拟从成本性态视角切入，以探究企业金融化是否与公司成本费用粘性存在关联，如果有所关联，它又会沿着怎样的传导路径发挥作用。

### 7.2.2 理论分析和研究假设的提出

基于上述文献梳理和理论逻辑，我们认为企业金融化对成本费用粘性的影响可能是多方面的，企业配置金融资产的动机不同，可能引致成本费用粘性的变动亦存在显著区别，为厘清这一问题，下面我们分别从预防性储蓄动机和投机套利动机来阐述企业金融化对成本费用粘性的影响。

基于预防性储蓄动机的视角来说，企业会在资金充裕时购买一定的金融资产，通过流动性管理以调节各期资金配置，以便在将来遭遇融资约束时通过出售变现能力较强的金融资产来平滑固定资产投资、创新投资以及其他生产性投资等长周期性和高调整成本特征类实业投资，使得企业成本整体呈现刚性和“棘轮效应”。在市场前景趋好、业务量上升时，基于理性人假设，企业通常会选择通过新建厂房、购置机器设备、增加研发投入、招聘和培训新员工等方式来扩大生产规模，成本增长幅度较大。而在市场形势恶化，业务量下降时，不同于融资约束严重企业因较高的机会成本和严重的财务困境压力，不得不通过削减冗余资源来换取短期生存（江伟等，2015），配置金融资产的企业由于“蓄水池”效应，其融资成本较低，企业可出于战略性安排而有意延缓成本下调。根据实物期权理论的观点，沉没成本和决策的不可逆性会导致企业延缓做出成本下调的决策。Bragger 等（1998）认为，在生产经营活动中往往存在着高的沉没成本，企业面对不确定性时，若选择延迟下调成本决策而等待不确定性的降低或市场环境的改善，可有效避免重置资源所产生的沉没成本。Bloom 等（2007）认为，考虑到投资的不可逆性，在短期的市场环境恶化时，不作为的等待才是更有价值的。因此，考虑到下调承诺资源的显性成本（如支付巨额员工遣散费）和隐性成本（如员工士气下降造成的生产率下降），以及未来业绩回暖时的重置成本，企业可选择保留一定的冗余资源，以便未来市场环境趋好时及时抢占市场。上述分析表明，在预防性储蓄动机下，企业金融化可通过增加业务量变化时成本增减幅度的不对称性而增强成本费用粘性。鉴于此，本章提出如下研究假设：

H7-1：如果企业配置金融资产是出于预防性储蓄动机，则企业金融化会增强公司的成本费用粘性。

基于投机套利动机的视角来说，依据资源配置理论，在资本资源既定的条件下，企业增加对金融资产的投资，必然会对固定资产投资、创新投资以及其他生产性投资等长周期性、高调整成本类投资产生挤出效应。酌量性和约束性固定成本的减少会弱化企业成本的刚性和“棘轮效应”（南晓莉和张敏，2018），进而可能降低成本费用粘性。王红建等（2016）指出，相较于实体经济部门，金融业、房地产业被认为是拥有超额利润的两大暴利行业。出于资本的逐利天性，企业更倾向于投资金融、房地产行业进行投机套利，而忽视利于企业长远发展的实业生产投资（王刚，2018），进而可能形成“配置金融资产—获取投资收益—配置金融资产”的炒钱循环（杜勇等，2017），造成实体经济“空心化”（Ortiz，2014；黄群慧，2017；闫海洲和陈百助，2018）。因此，在市场前景趋好、金融市场稳定时，企业会选择配置一部分资金到金融、房地产领域，以谋求更高的超额收益。在给定融资约束条件下，企业扩产实业生产的资金遭到挤压，成本增加幅度较小。然而，一旦市场形势恶化，实体产业投资收益率进一步下滑时，管理层的投机心理更趋强烈，会加剧企业金融化对实体经济的“挤出”效应（王刚，2018）。例如企业会通过缩小生产规模，减少固定资产投资和创新投资、裁减冗员等方式压缩成本支出，将更多的产业资本转投具有更高收益的金融、房地产行业，成本下降幅度较大。上述分析表明，在投机套利动机下，企业金融化亦可通过降低业务量上升时成本增加的幅度和加剧业务量下降时成本削减的幅度而削弱成本费用粘性，甚至可能形成反粘性现象。鉴于此，本章提出如下研究假设：

H7-2a：如果企业配置金融资产是出于投机套利动机，则企业金融化会削弱公司的成本费用粘性。

但根据企业金融化投机套利动机的代理问题观点，金融资产配置与公司的治理结构紧密相关。一方面，现代公司治理结构由薪酬激励制度到股票期权的转变，以及“股东价值最大化”压力的鞭策，进一步强化了管理者的投机套利心理（蔡明荣和任世驰，2014；刘贯春等，2018），助推了管理者的自利行为和短视行为，进而增强了企业金融化趋势。如 Harford 等（2008）认为代理问题严重的公司管理层更可能进行过度投资及配置更多的金融资产。闫海洲和陈百助（2018）的研究亦证实了该观点，即公司治理水平越差，企业持有的金融资产越多。另一方面，由于金融化可以粉饰报表和平滑利润，掩饰管理层的道德风险和逆向选择等自利行为，投资金融资产更可能成为管理层谋取控制权私利的“保护伞”。杜勇等（2017）认为管理层对企业金融资产配置拥有极大的自由裁量权，其有动机利用投资金融资产来获取私有收益。彭俞超等（2018）发现，当管理层以投机为目的增加金融投资时，会加剧公司的代理问题，增大股价崩盘风险。因此，在企业投资金融资产的背后，亦可能隐藏着严重的代理问题，进而加剧了由代理冲突而引致的成本费用粘性。鉴于此，本章提出如下研究假设：

H7-2b：如果企业配置金融资产是出于投机套利动机，则企业金融化会增强公司的成本费用粘性。

综上所述，企业金融化对成本费用粘性的影响效应取决于企业配置金融资产的动机及其对实业资本投资的经济效应。如果企业配置金融资产是出于流动性管理的预防性储蓄动机，则企业金融化带来的“蓄水池”效应会促进实体经济投资，进而可能增强成本费用粘性；相反，如果企业配置金融资产是出于投机套利动机，则企业金融化带来的“挤出”效应会抑制实体经济投资，一方面可能会弱化调整成本渠道造成的成本费用粘性，另一方面则可能会加剧由代理问题引致的成本费用粘性。

## 7.3 研究设计与描述性统计

### 7.3.1 样本选择和数据来源

本章选择沪深两市 A 股上市公司为研究样本，研究区间为 2009~2017 年。之所以选择从 2009 年开始，是为了避免 2008 年金融危机对金融市场波动的影响，进而造成样本企业配置金融资产的规模在危机前后存在较大差异。样本筛选标准包括：①剔除 ST 和 PT 类上市公司；②剔除金融保险以及房地产类上市公司；③剔除主要变量数据缺失的样本；④剔除资不抵债及销售收入小于 0 等异常值类公司；⑤剔除营业收入变化和成本变化低于 0.5% 以及高于 99.5% 的样本。经过上述筛选，最终得到 17503 个样本观测值。此外，为控制极端值对研究结论的影响，本章对所有连续变量进行了 1% 和 99% 的 Winsorize 处理。除研发投入数据系手工收集以外，样本公司的财务数据均来自 CSMAR 数据库，部分不全的数据通过网站查询进行了相应补充，使用的统计及数据处理软件为 Stata15。

### 7.3.2 模型设计及变量定义

为考察企业金融化对成本费用粘性的影响，本章参考 Anderson 等（2003）、梁上坤等（2017）的方法，建立如下多元回归模型（7-1）：

$$\begin{aligned}LnCost / LnSga = {} & \alpha_0 + \alpha_1 LnSale + \alpha_2 LnSale \times D + \alpha_3 LnSale \times D \times Fin + \\ & \alpha_4 Fin + \sum LnSale \times D \times EconVar + \sum EconVar + \\ & \sum ConVar + Year + Ind + \varepsilon \end{aligned} \quad (7\text{-}1)$$

模型（7-1）中包含的变量具体如下：

（1）被解释变量。梁上坤（2018）认为，营业成本粘性更易受调整成本影响，而销管费用粘性更易受管理层代理问题影响。因此，为避免不同成本结构及动因的差异造成研究结论的偏颇，本章将成本费用粘性细分为营业成本粘性和销管费用粘性。其中，LnCost 表示营业成本变动，等于企业当年营业成本与上年营业成本比值的自然对数；LnSga 表示销管费用变动，等于企业当年销管费用与上年销管费用比值的自然对数。

（2）解释变量。①LnSale 表示收入变动，等于企业当年营业收入与上年营业收入比值的自然对数；②D 表示收入下降的虚拟变量。若企业当年营业收入相较上年营业收入下降取 1，否则取 0；③Fin 表示企业金融化程度，借鉴杜勇等（2017）和彭俞超等（2018）的研究，采用金融资产规模（Fin）来衡量。其中，金融资产范畴我们借鉴杜勇等（2017）、胡奕明等（2017）、黄贤环等（2018）以及彭俞超等（2018a）的选择标准，将交易性金融资产、衍生金融资产、发放贷款及垫款净额、可供出售金融资产净额、持有至到期投资净额、投资性房地产净额、买入返售金融资产净额、长期股权投资纳入金融资产范畴。由此，金融资产规模（Fin）=（交易性金融资产 + 衍生金融资产 + 发放贷款及垫款净额 + 可供出售金融资产净额 + 持有至到期投资净额 + 投资性房地产净额 + 买入返售金融资产净额 + 长期股权投资）/ 资产总额。

（3）控制变量。借鉴 Anderson 等（2003）和梁上坤（2017）

的研究方法，EconVar 表示影响企业成本费用粘性的四大经济变量，具体包括：①收入连续下降（Decre）虚拟变量。若企业营业收入连续两年下降取 1，否则取 0；②宏观经济增长（Growth），当期 GDP 相对上年的增长率；③员工资本密度（Eint），企业员工人数与营业收入（百万元）的比值；④资本密集度（Aint），企业当期资产总额与当期营业收入的比值。参考梁上坤（2017）的研究，本章在模型中分别控制这四个变量本身（EconVar）及其与粘性的交乘项（LnSale × D × EconVar）。ConVar 表示除以上四个经济变量以外的其他所有控制变量。分别为：①企业规模（Size），企业年末资产总额的自然对数；②资产负债率（Lev），企业年末负债总额占资产总额的比例；③盈利能力（Roa），企业当年净利润与年末资产总额的比值；④第一大股东持股比例（Top1），企业年末第一大股东持股比例数占公司总股数的比例；⑤独董比例（Rinde），企业年末独立董事人数占董事会总人数的比例；⑥两职合一（Dual），虚拟变量。若总经理董事长两职合一取 1，否则取 0；⑦管理层持股（Mshare），企业年末管理层持股数量占总股数的比例；⑧上市年龄（Age），企业上市的年份。此外，本章还加入了年度与行业虚拟变量，以控制年度与行业固定效应。表 7-1 是本章的主要变量定义和说明。

在模型（7-1）中，$\alpha_1$ 刻画了企业成本相对收入增加而变动的幅度，若销售收入增加 1%，则营业成本相对增加（$\alpha_0+\alpha_1$）%；$\alpha_2$ 刻画了企业成本相对收入下降而变动的幅度，若销售收入下降 1%，则营业成本相对下降（$\alpha_0+\alpha_{1+}\alpha_2$）%，若 $\alpha_2$ 显著为负，则说明成本在业务量下降时减少的幅度（$\alpha_0+\alpha_{1+}\alpha_2$）% 小于业务量上升时成本增加的幅度（$\alpha_0+\alpha_1$）%，即意味着企业存在成本费用粘性。我们重

点关注系数 $\alpha_3$，若 $\alpha_3$ 显著为负，则意味着企业金融化增强了成本费用粘性，支持了 H7-1 和 H7-2b；相反，若 $\alpha_3$ 显著为正，则意味着企业金融化削弱了成本费用粘性，支持了 H7-2a。为控制异方差和序列相关问题，回归时本章对标准误在企业和年度两个层面进行了双重聚类调整。

**表 7-1 主要变量定义和说明**

| 变量名称 | 变量符号 | 变量说明 |
|---|---|---|
| 营业成本变动 | LnCost | 企业当年营业成本与上年营业成本比值的自然对数 |
| 销管费用变动 | LnSga | 企业当年销管费用与上年销管费用比值的自然对数 |
| 收入变动 | LnSale | 企业当年营业收入与上年营业收入比值的自然对数 |
| 收入下降 | D | 虚拟变量，若企业当年营业收入相较上年营业收入下降取 1；否则取 0 |
| 企业金融化 | Fin | 企业持有的金融资产与总资产的比例 |
| 收入连续下降 | Decre | 虚拟变量，若企业营业收入连续两年下降取 1；否则取 0 |
| 宏观经济增长 | Growth | 当期 GDP 相对上年的增长率 |
| 员工资本密度 | Eint | 企业员工人数与营业收入（百万元）的比值 |
| 资本密集度 | Aint | 企业当期资产总额与当期营业收入的比值 |
| 企业规模 | Size | 企业年末资产总额的自然对数 |
| 资产负债率 | Lev | 企业年末负债总额占资产总额的比例 |
| 盈利能力 | Roa | 企业当年净利润与年末资产总额的比值 |
| 第一大股东持股比例 | Top1 | 企业年末第一大股东持股比例数占公司总股数的比例 |
| 独董比例 | Rinde | 企业年末独立董事人数占董事会总人数的比例 |
| 两职合一 | Dual | 虚拟变量，若总经理董事长两职合一取 1；否则取 0 |
| 管理层持股 | Mshare | 企业年末管理层持股数量占总股数的比例 |
| 上市年龄 | Age | Ln［（当年 - 上市年份）+1］ |

## 7.3.3 描述性统计

表 7-2 报告了主要变量的描述性统计。结果显示，营业成本

变动（LnCost）的均值和中值分别为 0.128 和 0.112，销管费用变动（LnSga）的均值和中值分别为 0.142 和 0.123，收入变动（LnSale）的均值和中值分别为 0.125 和 0.112，收入下降的占比为 0.275，这些统计值与刘慧龙等（2017）、梁上坤等（2017）等的研究发现接近，初步印证了收入变动与成本变动的不对称性，说明我国上市公司普遍存在成本费用粘性。企业持有金融资产规模（Fin）的均值和中值分别为 0.066 和 0.027，最大值和最小值分别为 0.530 和 0，标准差为 0.099，说明我国上市公司普遍存在配置金融资产的情况，但不同企业配置金融资产的规模存在较大差异。

**表 7-2 描述性统计**

| 变量 | N | 均值 | 标准差 | 最小值 | P25 | 中值 | P75 | 最大值 |
|---|---|---|---|---|---|---|---|---|
| LnCost | 17503 | 0.128 | 0.282 | -0.651 | -0.0240 | 0.112 | 0.260 | 1.102 |
| LnSga | 17503 | 0.142 | 0.212 | -0.384 | 0.0170 | 0.123 | 0.244 | 0.923 |
| LnSale | 17503 | 0.125 | 0.277 | -1.043 | -0.0170 | 0.112 | 0.252 | 1.518 |
| D | 17503 | 0.275 | 0.446 | 0.000 | 0.000 | 0.000 | 1.000 | 1.000 |
| Fin | 17503 | 0.066 | 0.099 | 0.000 | 0.005 | 0.027 | 0.082 | 0.530 |
| Decre | 17503 | 0.134 | 0.341 | 0.000 | 0.000 | 0.000 | 0.000 | 1.000 |
| Growth | 17503 | 7.897 | 1.235 | 6.700 | 6.900 | 7.300 | 9.400 | 10.640 |
| Eint | 17503 | 1.535 | 1.251 | 0.064 | 0.657 | 1.218 | 2.039 | 6.776 |
| Aint | 17503 | 2.440 | 1.930 | 0.389 | 1.264 | 1.881 | 2.912 | 12.160 |
| Size | 17503 | 22.100 | 1.275 | 19.710 | 21.180 | 21.920 | 22.830 | 26.020 |
| Lev | 17503 | 0.440 | 0.210 | 0.050 | 0.272 | 0.438 | 0.604 | 0.887 |
| Roa | 17503 | 0.039 | 0.048 | -0.140 | 0.014 | 0.035 | 0.063 | 0.187 |
| Top1 | 17503 | 34.980 | 15.020 | 8.800 | 23.060 | 33.020 | 45.230 | 74.820 |
| Rinde | 17503 | 0.372 | 0.0530 | 0.333 | 0.333 | 0.333 | 0.417 | 0.571 |
| Dual | 17503 | 0.236 | 0.425 | 0.000 | 0.000 | 0.000 | 0.000 | 1.000 |
| Mshare | 17503 | 0.109 | 0.187 | 0.000 | 0.000 | 0.000 | 0.152 | 0.674 |
| Age | 17503 | 2.191 | 0.727 | 0.000 | 1.609 | 2.398 | 2.833 | 3.178 |

## 7.4 实证结果与分析

### 7.4.1 企业金融化与成本费用粘性关系的回归分析

表 7-3 报告了企业金融化与成本费用粘性的回归结果，第（1）、第（2）列为单变量回归结果，第（3）、第（4）列纳入了模型（7-1）中的全部控制变量。限于篇幅，仅报道主要变量的回归结果。结果显示，LnSale × D 的回归系数均为负，说明我国上市公司普遍存在成本费用粘性，这与现有研究结论一致。当以营业成本变动（LnCost）为被解释变量时，LnSale × D × Fin 的回归系数分别为 0.569 和 0.498，均在 1% 水平上显著。经济意义方面（第（3）列），平均而言，企业金融资产规模每增加一个标准差（0.099），营业成本费用粘性将大约下降 17.5 个标准差（0.498 × 0.099/0.282）。当以销管费用变动（LnSga）为被解释变量时，LnSale × D × Fin 的回归系数分别为 –0.529 和 –0.388，同样在 1% 水平上显著。经济意义方面（第（4）列），平均而言，企业金融资产规模每增加一个标准差（0.099），销管费用粘性将大约上升 18.1 个标准差（–0.388 × 0.099/0.212）。上述回归结果表明，企业金融化对不同类型成本费用粘性的影响效应存在异质性，一方面显著弱化了营业成本粘性，另一方面却明显增强了销管费用粘性。

我们认为，企业金融化对不同类型成本费用粘性的影响效应之所以存在差异，恰恰验证了我国上市公司配置金融资产主要出于投机套利动机，而非预防性储蓄动机。一般来说，营业成本由于契约签订的限制，如劳务合同和供销合约的签订，以及为维护供应链关系而进行的专用性投资等，违约成本和转换成本较高，资源调整难度较大（Banker，2013；王雄元和高开娟，2017）。再加上固定资产投资、创新投资等实业生产投资具有长周期性和高调整成本特征，进一步增加了其调整难度（南晓莉和张敏，2018）。因此，营业成本粘性主要由调整成本动因引致。相反，销管费用粘性更易受代理冲突的影响，如管理层修建豪华的办公场所、频繁更新高档的办公设备、雇用不必要的下属人员等自利行为，均会导致较高的销管费用粘性（梁上坤，2017）。梁上坤（2018）指出，销管费用粘性更易受代理问题动因的影响，而营业成本粘性更易受调整成本动因的影响。因此，本章验证的企业金融化显著增强了营业成本粘性，却明显弱化了销管费用粘性的结论，说明企业金融化一方面对实体企业主业发展产生了挤出效应，企业投资实体经济的规模缩减，整体的成本刚性下降，从而抑制了调整成本渠道引致的营业成本粘性；另一方面强化了管理层的道德风险行为，在金融资产投资的掩护下，管理层会进行更多的在职消费等自利行为以谋取控制权私利（杜勇等，2017；彭俞超等，2018b），进而提升了由代理冲突引致的销管费用粘性。因此，上述回归结果支持了企业投资金融资产的投机套利观点，H7-2a 和 H7-2b 均得到部分验证。

表 7-3　企业金融化与成本费用粘性的回归分析

| 变量 | (1) | (2) | (3) | (4) |
|---|---|---|---|---|
| | LnCost | LnSga | LnCost | LnSga |
| LnSale | 0.959*** | 0.481*** | 0.959*** | 0.467*** |
| | (132.626) | (36.619) | (107.794) | (36.577) |
| LnSale × D | -0.098*** | -0.256*** | -0.087 | -0.127** |
| | (-6.444) | (-11.035) | (-1.351) | (-2.020) |
| **LnSale×D×Fin** | **0.569*** ** | **-0.529*** ** | **0.498*** ** | **-0.388*** ** |
| | **(5.541)** | **(-4.308)** | **(4.795)** | **(-3.353)** |
| Fin | 0.003 | -0.179*** | 0.022 | -0.132*** |
| | (0.173) | (-4.997) | (1.234) | (-5.046) |
| Cons | -0.024** | 0.022 | -0.124*** | -0.474*** |
| | (-2.065) | (1.201) | (-4.841) | (-6.749) |
| Controls | No | No | Yes | Yes |
| Year/Ind | Yes | Yes | Yes | Yes |
| N | 0.866 | 0.327 | 0.871 | 0.354 |
| $R^2$_a | 17503 | 17503 | 17503 | 17503 |

注：回归系数标准误差经 Cluster 双重聚类调整。

## 7.4.2　内生性检验

（1）Heckman 两阶段检验法。以上研究结果显示，企业金融资产规模越大，营业成本粘性越低，而销管费用粘性越高。但由此推断企业金融化是公司成本费用粘性变化的原因并不充分，可能导致企业金融化与成本费用粘性的关系受到自选择效应的内生性问题的困扰。对此本章采用 Heckman 两阶段模型进行检验。首先，我们构建模型（7-2）作为第一阶段模型。因变量为高金融资产规模（High_Fin），虚拟变量，若企业金融资产规模超过年度行业中值取 1，否则取 0。自变量包括企业规模（Size）、资产负债率（Lev）、盈利能力（Roa）、第一大股东持股比例（Top1）、独董比例（Rinde）、两职合一（Dual）、管理层持股（Mshare）、上市年龄（Age）、宏观经济增长（Growth）、贷款利率水平（Loanrate）。具体模型如下：

$$\begin{aligned} High\_Fin = & \beta_0 + \beta_1 Size + \beta_2 Lev + \beta_3 Roa + \beta_4 Top1 + \beta_5 Rinde + \\ & \beta_6 Dual + \beta_7 Mshare + \beta_8 Age + \beta_9 Growth + \\ & \beta_{10} Loanrate + Year + Ind + \varepsilon \end{aligned} \tag{7-2}$$

模型（7–2）回归时控制行业固定效应和年份固定效应，同时将回归计算出来的逆米尔斯比率（IMR）纳入模型（7–1）重新回归。回归结果如表 7–4 中列（1）、列（2）所示。可以看到，当以营业成本变动（LnCost）为被解释变量时，LnSale × D × Fin 的回归系数为 0.498，在 1% 水平上显著；当以销管费用变动（LnSga）为被解释变量时，LnSale × D × Fin 的回归系数为 –0.390，同样在 1% 水平上显著，支持了前文结论。

（2）倾向得分匹配法（PSM）。由于不同企业在规模、盈利能力以及公司治理水平等方面存在差异，可能导致成本费用粘性并不受或不显著受企业金融化的影响，而是受相关遗漏变量的影响，因此我们运用倾向得分匹配法（PSM）以控制该问题的影响。具体地，我们按金融资产规模（Fin）中值进行分组，如果大于中值则取 1，定义为金融化程度较高组；否则为 0，定义为金融化程度较低组然后使用该哑变量对所有控制变量进行回归，得到各个观测值的分数；基于这个分数，将金融化程度较高组和较低组的样本进行一对一匹配。未报告的匹配结果显示，在匹配之前两组样本存在较大差异，而在匹配后两组样本已无显著差异，说明我们的配对较为有效。表 7–4 列（3）、列（4）报告了匹配后样本的回归结果。结果显示，当以营业成本变动（LnCost）为被解释变量时，LnSale × D × Fin 的回归系数为 0.378，在 1% 水平上显著；当以销管费用变动（LnSga）为被解释变量时，LnSale × D × Fin 的回归系数为 –0.694，同样在 1% 水平上显著，上文结论依然成立。

（3）固定效应模型。两阶段回归和倾向得分匹配法（PSM），都只能解决我们能够观察到的变量带来的问题。内生性问题也可能是由一些我们没有考虑到的且不随时间推移而变化的公司固定因素所造成的，为解决该问题，本章采用固定效应模型重新进行了估计。表 7–4 列（5）、列（6）报告了估计结果。结果显示，当以营业成本变动（LnCost）为被解释变量时，LnSale × D × Fin 的回归系数为 0.604，在 1% 水平上显著；当以销管费用变动（LnSga）为被解释变量时，LnSale × D × Fin 的回归系数为 –0.561，在 5% 水平上显著。上述回归结果表明，我们的结论在考虑内生性问题后依然成立，具有较好的稳健性。

**表 7–4　企业金融化与成本费用粘性的内生性检验**

| 变量 | （1） | （2） | （3） | （4） | （5） | （6） |
|---|---|---|---|---|---|---|
| | LnCost | LnSga | LnCost | LnSga | LnCost | LnSga |
| LnSale | 0.959*** | 0.467*** | 0.955*** | 0.476*** | 0.953*** | 0.448*** |
| | （108.125） | （36.643） | （71.914） | （25.899） | （113.650） | （36.016） |
| LnSale × D | –0.087 | –0.126** | 0.021 | –0.007 | –0.079 | –0.270** |
| | （–1.356） | （–1.993） | （0.238） | （–0.137） | （–0.895） | （–2.187） |
| **LnSale×D×Fin** | **0.498*** ** | **–0.390*** ** | **0.378*** ** | **–0.694*** ** | **0.604*** ** | **–0.561** ** |
| | **（4.788）** | **（–3.367）** | **（2.582）** | **（–2.878）** | **（4.205）** | **（–2.514）** |
| Fin | 0.021 | –0.125*** | 0.029 | –0.149*** | 0.084*** | –0.217*** |
| | （1.208） | （–3.902） | （1.179） | （–6.684） | （3.944） | （–6.033） |

续表

| 变量 | (1) | (2) | (3) | (4) | (5) | (6) |
|---|---|---|---|---|---|---|
| | LnCost | LnSga | LnCost | LnSga | LnCost | LnSga |
| IMR | 0.000<br>(0.220) | -0.002<br>(-0.930) | | | | |
| Cons | -0.124***<br>(-4.776) | -0.473***<br>(-6.637) | -0.104**<br>(-2.393) | -0.463***<br>(-5.577) | -0.269***<br>(-3.127) | -1.498***<br>(-10.654) |
| Controls | Yes | Yes | Yes | Yes | Yes | Yes |
| Year/Ind | Yes | Yes | Yes | Yes | Yes | Yes |
| N | 0.871 | 0.354 | 0.866 | 0.352 | 0.863 | 0.302 |
| $R^2$_a | 17503 | 17503 | 9178 | 9178 | 17503 | 17503 |

注：回归系数标准误差经 Cluster 双重聚类调整。

### 7.4.3 作用机制检验

前文发现，企业金融资产配置主要出于投机套利动机，一方面削弱了营业成本粘性，另一方面增强了销管费用粘性。但中间的作用机制仍停留在理论层面，下面我们将分别从检验预防性储蓄动机和投机套利动机视角切入，以期为打开企业金融化作用于成本费用粘性的具体途径提供进一步的经验证据。

（1）检验预防性储蓄动机是否存在。

虽然本章的回归结果支持了企业金融化的投机套利动机观点，但并不能完全排除预防性储蓄动机的观点，为论证研究结论的严谨性，下面我们通过构建 Richardson（2006）的模型来估计企业投资不足程度。如果企业金融资产配置是出于预防性储蓄动机，则在企业未来遭遇现金流短缺时，可以通过金融资产配置的“蓄水池”效应释放流动性，缓解投资不足问题。

$$Inv_{t+1} = \alpha_0 + \alpha_1 Inv + \alpha_2 Ros + \alpha_3 Lev + \alpha_4 Cash + \alpha_5 Age + \alpha_6 Size + \alpha_7 Ret + Year + Ind + \varepsilon \quad (7-3)$$

通过模型（7–3）预测出企业正常的投资水平（$Predict\_Inv_{t+1}$），则残差（$Inv_{t+1}-Predict\_Inv_{t+1}$）表示企业的非效率投资水平，若（$Inv_{t+1}-Predict\_Inv_{t+1}$）<0，表示企业的投资不足；若（$Inv_{t+1}-Predict\_Inv_{t+1}$）>0，则表示企业投资过度。参考杜勇等（2017）的方法，我们采用如下两种方式予以检验：①构造虚拟变量 Dum，将（$Inv_{t+1}-Predict\_Inv_{t+1}$）按大小排序，如果样本值小于 1/4 分位数，则 Dum 等于 1，表示投资不足，否则取 0，并构建如下 Logit 模型 7–4；②删掉过度投资样本，将（$Inv_{t+1}-Predict\_Inv_{t+1}$）<0 的部分取绝对值定义为 $Absuinv_{t+1}$，并设置模型（7–5），以检验企业金融化是否缓解了未来的投资不足。如果预防性储蓄动机存在，则模型（7–4）和模型（7–5）中 Fin 的回归系数应该显著为负；否则预防性储蓄动机不存在。

$$Dum_{t+1} = \alpha_0 + \alpha_1 Fin + \sum \alpha_2 Controls + Year + Ind + \varepsilon \quad (7-4)$$

$$Absuinv_{t+1} = \alpha_0 + \alpha_1 Fin + \sum \alpha_2 Controls + Year + Ind + \varepsilon \quad (7-5)$$

表 7–5 报告了回归结果。结果显示，在模型（7–4）的回归中，Fin 的回归系数在 1% 水平显著为正，说明企业金融化加剧了公司的投资不足；在模型（7–5）的回归中，Fin 的回归系数为负但不显著。上述结果表明企业金融化并没有缓解企业未来的投资不足，即没有证据支持企业金融资产配置是出于预防性储蓄动机的观点。

表 7-5　企业金融化与未来投资不足关系检验

| 变量 | (1) | | (2) | |
|---|---|---|---|---|
| | $Dum_{i+1}$ | | $Absuinv_{t+1}$ | |
| | 系数 | T 值 | 系数 | T 值 |
| Fin | 1.708*** | 7.436 | -0.000 | -0.408 |
| Cons | 1.725*** | 3.054 | 0.018*** | 9.231 |
| Controls | Yes | | Yes | |
| Year/Ind | Yes | | Yes | |
| N | 14945 | | 5803 | |
| $R^2$_p | 0.153 | | | |
| $R^2$_a | | | 0.365 | |

注：回归系数标准误差经 Robust 调整。

（2）检验投机套利动机是否存在。

如果企业金融化是出于投机套利动机，则企业金融化与成本费用粘性的关系应该在套利动机强的企业更显著。为此，我们参考王红建等（2017）、戚聿东和张任之（2018）的方法，采用投资收益占净利润之比作为衡量企业套利动机强弱的指标，并依据行业年度中值进行分组检验。表 7-6 报告了回归结果。结果显示，无论以营业成本粘性（LnCost）还是销管费用粘性（LnSga）作为被解释变量，LnSale × D × Fin 的回归系数均在套利动机强的样本组显著（在 1% 水平上显著），而在套利动机弱的样本组不显著。上述结果验证了上市公司主要出于投机套利动机而配置金融资产，进而影响了公司成本费用粘性变动的观点。

表 7-6 基于套利动机强弱的分组检验

| 变量 | LnCost | LnSga | LnCost | LnSga |
|---|---|---|---|---|
| | 套利动机强 | 套利动机强 | 套利动机弱 | 套利动机弱 |
| LnSale | 0.962*** (69.708) | 0.457*** (23.095) | 0.956*** (72.142) | 0.473*** (24.114) |
| LnSale × D | -0.072 (-0.881) | 0.017 (0.131) | -0.104 (-1.390) | -0.215 (-1.625) |
| LnSale × D × Fin | 0.601*** (4.120) | -0.632*** (-2.572) | 0.474 (1.414) | -0.631 (-1.590) |
| Fin | 0.014 (0.841) | -0.131*** (-3.926) | 0.049 (1.336) | -0.132*** (-3.720) |
| Cons | -0.126*** (-4.085) | -0.473*** (-6.082) | -0.135*** (-6.325) | -0.519*** (-6.184) |
| Year/Ind | Yes | Yes | Yes | Yes |
| N | 8524 | 8524 | 8979 | 8979 |
| $R^2$_a | 0.873 | 0.348 | 0.869 | 0.359 |

注：回归系数标准误差经 Cluster 双重聚类调整。

为进一步验证中间的传导机制，我们借鉴 Baron 和 Kenny（1986）的中介效应检验程序考察企业金融化是否通过“金融化—实业生产投资—营业成本粘性”和“金融化—代理冲突—销管费用粘性”两条路径来影响公司的成本费用粘性变化。

具体地，结合模型（7-1），我们建立模型（7-6）和模型（7-7）来检验“金融化—实业生产投资—营业成本粘性”路径，建立模型（7-8）和模型（7-9）来检验“金融化—代理冲突—销管费用粘性”路径。

$$CapitalInv/RD = \beta_0 + \beta_1 Fin + \sum\beta_2 Controls + Year + Ind + \delta.t \quad (7-6)$$

$$\begin{aligned} LnCost/LnSga = {} & \varphi_0 + \varphi_1 LnSale + \varphi_2 LnSale \times D + \varphi_3 LnSale \times D \times Fin + \\ & \varphi_4 Fin + \varphi_5 LnSale \times D \times EconVars + \varphi_6 LnSale \times \\ & D \times CapitalInv/RD + \varphi_7 CapitalInv/RD + \sum EconVars + \\ & \sum ConVars + Year + Ind + \varepsilon \end{aligned} \quad (7-7)$$

$$M\_Exp = \beta_0 + \beta_1 Fin + \sum\beta_2 Controls + Year + Ind + \delta.t \tag{7-8}$$

$$LnCost/LnSga = \varphi_0 + \varphi_1 LnSale + \varphi_2 LnSale \times D + \varphi_3 LnSale \times D \times Fin + \varphi_4 Fin + \varphi_5 LnSale \times D \times EconVars + \varphi_6 LnSale \times D \times M\_Exp + \varphi_7 M\_Exp + \sum EconVars + \sum ConVars + Year + Ind + \varepsilon \tag{7-9}$$

模型（7–6）和模型（7–7）中，分别用实物资本投资（CapitalInv）和创新投资（RD）来表示企业的实业生产投资，其中实物资本投资（CapitalInv）用（固定资产投资 + 在建工程 + 工程物资）/ 总资产来度量；创新投资（RD）用研发投入 / 营业收入来度量。模型（7–8）和模型（7–9）中，代理冲突用管理费用率（M_Exp）来度量。模型（7–6）和模型（7–8）中的控制变量包括：员工资本密度（Eint）、资本密集度（Aint）、公司规模（Size）、资产负债率（Lev）、盈利能力（Roa）、第一大股东持股比例（Top1）、独董比例（Rinde）、管理层持股（Mshare）以及公司上市年龄（Age）等。

中介效应检验程序如下：首先，检验企业金融化对实业生产投资（代理冲突）的影响，观察模型（7–6）和模型（7–8）中回归系数 $\beta_1$；其次，同时检验企业金融化、实业生产投资（代理冲突）对成本费用粘性的影响，观察模型（7–7）和模型（7–9）中回归系数 $\varphi_3$。在模型（7–1）中 $\alpha_3$ 显著的情况下，如果 β1 显著，且 $\varphi_3$ 的显著性下降，说明存在部分中介效应；如果 $\beta_1$ 显著，且 $\varphi_3$ 不再显著，说明存在完全中介效应；若 $\beta_1$ 不显著，则需要通过 Sobel 检验判断中介效应（β1 × φ6）的显著性。

表 7–7 报告了中介效用的回归结果，列（1）~（4）报告了“金融化—实业生产投资—营业成本粘性”路径的检验结果。由表 7–8 可以看到，列（1）和列（3）中，企业金融化（Fin）的系数显著为负，说明企业金融化对实物资本投资和创新投资产生了挤出效

应。列（2）和列（4）中，交乘项（LnSale × D × Fin）的系数显著为正，且 $|\varphi_3|<|\alpha_3|$，说明实物资本投资和创新投资是企业金融化作用营业成本粘性的部分中介因子。列（5）和列（6）报告了“金融化—代理冲突—销管费用粘性”路径的检验结果。可以看到，列（5）中，企业金融化（Fin）的系数显著为正，说明企业金融化加剧了企业的代理冲突。列（6）中，交乘项（LnSale × D × Fin）的系数显著为负，但显著性下降至 5% 水平，说明管理费用率是企业金融化作用销管费用粘性的部分中介因子。上述结果支持了我国上市公司主要是出于投机套利动机而配置金融资产的结论，一方面通过降低调整成本路径弱化了营业成本粘性，另一方面通过加剧代理冲突路径而强化了销管费用粘性。

**表 7–7　企业金融化与成本费用粘性的中介效应检验**

| 变量 | （1） | （2） | （3） | （4） | （5） | （6） |
|---|---|---|---|---|---|---|
| | CapitalInv | LnCost | RD | LnCost | M_Exp | LnSga |
| LnSale | | 0.959*** | | 0.962*** | | 0.469*** |
| | | （108.842） | | （99.230） | | （41.883） |
| LnSale × D | | −0.068 | | −0.096 | | −0.152 |
| | | （−1.172） | | （−0.707） | | （−1.365） |
| LnSale × D × Fin | | 0.460*** | | 0.319** | | −0.432** |
| | | （4.196） | | （2.167） | | （−2.321） |
| Fin | −0.055*** | 0.026 | −0.024*** | 0.029 | 0.020*** | −0.139*** |
| | （−8.514） | （1.468） | （−3.524） | （1.309） | （3.683） | （−7.671） |
| Cons | −0.041** | −0.111*** | 0.021 | −0.162*** | 0.249*** | −0.583*** |
| | （−2.435） | （−4.509） | （1.359） | （−4.560） | （22.173） | （−12.942） |
| Control | Yes | Yes | Yes | Yes | Yes | Yes |
| Year/Ind | Yes | Yes | Yes | Yes | Yes | Yes |
| N | 17503 | 17503 | 17503 | 17503 | 17503 | 17503 |
| $R^2$_a | 0.240 | 0.871 | 0.454 | 0.875 | 0.591 | 0.363 |

注：回归系数标准误差经 Cluster 双重聚类调整。

## 7.4.4　其他稳健性检验

（1）改变金融资产的范围。借鉴杜勇等（2017）和黄贤环等（2018）的方法，我们剔除了长期股权投资，金融资产仅包含交易性金融资产、衍生金融资产、发放贷款及垫款净额、可供出售金融资产净额、持有至到期投资净额、投资性房地产净额、买入返售金融资产净额，并对模型（7–1）重新进行回归。表 7–8 列（1）、列（2）报告了回归结果。结果显示，当以营业成本变动（LnCost）为被解释变量时，LnSale × D × Fin 的回归系数为 0.902，在 1% 水平上显著；当以销管费用变动（LnSga）为被解释变量时，LnSale × D × Fin 的回归系数为 –0.612，在 10% 水平上显著，支持了前文结论。

（2）考虑到 2009 年“十大产业振兴计划”的影响。为有效应对 2008 年金融危机给我国经济带来的严重冲击，防止经济进一步下滑，我国政府于 2009 年年初相继推出了汽车产业、钢铁产业、纺织工业、装备制造业、船舶工业、电子信息产业、轻工业、石化产业、有色金属产业和物流业十大产业的调整和振兴规划（简称“十大产业振兴计划”），短期内刺激了企业投资热情，拉动了经济增长。为缓解这一产业政策对研究结论的影响，我们剔除了 2009 年的数据重新进行回归。表 7–8 列（3）和列（4）报告了回归结果。结果显示，当以营业成本变动（LnCost）为被解释变量时，LnSale × D × Fin 的回归系数为 0.486，在 1% 水平上显著；当以销管费用变动（LnSga）为被解释变量时，LnSale × D × Fin 的回归系数为 –0.413，同样在 1% 水平上显著，结论依然成立。

（3）考虑到盈余管理的影响。江伟等（2015）、梁上坤等

（2017）的研究发现，公司的盈余管理行为会影响成本费用粘性。为控制盈余管理对本章研究结论的影响，我们参考梁上坤等（2017）的方法，首先计算出公司的操纵性应计（Disacc），并取其绝对值，以衡量公司的盈余管理程度；然后将操纵性应计（Disacc）变量及其与粘性的交乘项加入模型（7-1）进行检验。表 7-8 列（5）和列（6）报告了回归结果。结果显示，在控制盈余管理的影响后，LnSale × D × Fin 的回归系数依然在 1% 水平上显著，结论稳定不变。

**表 7-8　企业金融化与成本费用粘性的其他稳健性检验**

| 变量 | （1） | （2） | （3） | （4） | （5） | （6） |
|---|---|---|---|---|---|---|
| | LnCost | LnSga | LnCost | LnSga | LnCost | LnSga |
| LnSale | 0.958*** | 0.469*** | 0.960*** | 0.474*** | 0.970*** | 0.463*** |
| | （107.821） | （37.449） | （100.690） | （44.354） | （117.038） | （37.126） |
| LnSale × D | −0.092 | −0.118* | −0.154*** | −0.081 | −0.119*** | −0.087 |
| | （−1.401） | （−1.944） | （−3.142） | （−1.184） | （−2.809） | （−1.196） |
| **LnSale×D×Fin** | **0.902*** | **−0.609*** | **0.486*** | **−0.413*** | **0.536*** | **−0.361*** |
| | **（4.089）** | **（−1.848）** | **（4.403）** | **（−3.470）** | **（5.676）** | **（−3.103）** |
| Fin | 0.033 | −0.120*** | 0.030* | −0.128*** | 0.031 | −0.130*** |
| | （1.014） | （−3.045） | （1.761） | （−4.531） | （1.559） | （−4.948） |
| Cons | −0.126*** | −0.453*** | −0.121*** | −0.441*** | −0.109*** | −0.499*** |
| | （−4.781） | （−6.350） | （−4.595） | （−6.130） | （−3.601） | （−7.243） |
| Controls | Yes | Yes | Yes | Yes | Yes | Yes |
| Year/Ind | Yes | Yes | Yes | Yes | Yes | Yes |
| N | 17503 | 17503 | 16227 | 16227 | 17473 | 17503 |
| $R^2$_a | 0.871 | 0.353 | 0.870 | 0.363 | 0.852 | 0.355 |

注：回归系数标准误差经 Cluster 双重聚类调整。

# 7.5　进一步分析

## 7.5.1　金融资产配置差异的影响

上述结果表明，总体上，我国上市公司配置金融资产的主要目的是获取短期套利，而非预防性储蓄。不仅对实体经济主业发展产生了挤出效应，降低了公司的调整成本，弱化了营业成本粘性，而且也加剧了公司的代理冲突，增强了销管费用粘性。但针对不同类型的金融资产而言，其结论可能存在偏差。现有研究发现，短期限和低转换成本的金融资产可以起到蓄水池的作用，缓解企业的融资约束问题，从而平滑实业生产投资（刘贯春等，2018）。杨筝等（2017）研究发现，交易性金融资产具有资金储备动机，在缓解融资约束、平滑实体经济投资方面具有重要作用。黄贤环等（2018）在考察金融资产配置期限与企业财务风险的研究中发现，企业持有短期限的交易性金融资产具有“蓄水池”效应，降低了财务风险，表现为一种“未雨绸缪”活动；而持有长期金融资产则具有挤出效应，增加了财务风险，表现为一种“舍本逐末”行为。周彬和谢佳松（2018）研究发现，企业持有房地产性金融资产对实体经济的挤出危害最严重。

因此，为捕捉实体企业配置不同金融资产于成本费用粘性可能存在的异质性影响，增强研究结论的准确性，我们参考黄贤环等

（2018）、周彬和谢佳松（2018）的分类方法，将金融资产分为交易性金融资产、房地产性金融资产和其他金融资产，并代入模型（7–1）中分别进行回归。表 7–9 报告了回归结果。列（1）和列（2）报告了企业配置交易性金融资产对成本费用粘性的影响效应。可以看到，列（1）以营业成本变动（LnCost）为被解释变量时，LnSale × D × Fin 的回归系数为正，但不显著；列（2）以销管费用变动（LnSga）为被解释变量时，LnSale × D × Fin 的回归系数为负，在 10% 水平上显著；列（3）、列（4）报告了企业配置房地产性金融资产对成本费用粘性的影响效应。可以看到，无论以营业成本变动（LnCost）为被解释变量还是以销管费用变动（LnSga）为被解释变量，LnSale × D × Fin 的回归系数均在 1% 水平上显著。列（5）、列（6）报告了企业配置其他金融资产对成本粘性的影响效应。可以看到，列（5）以营业成本变动（LnCost）为被解释变量时，LnSale × D × Fin 的回归系数为正，在 1% 水平上显著；列（6）以销管费用变动（LnSga）为被解释变量时，LnSale × D × Fin 的回归系数为负，但不显著。综上可知，企业配置房地产性金融资产的投机套利动机最强，对实体经济的危害也最严重，这与周彬和谢佳松（2018）的研究一致。

**表 7–9　企业金融资产配置差异与成本费用粘性关系检验**

| 变量 | （1） | （2） | （3） | （4） | （5） | （6） |
|---|---|---|---|---|---|---|
| | LnCost | LnSga | LnCost | LnSga | LnCost | LnSga |
| LnSale | $0.959^{***}$<br>（105.991） | $0.469^{***}$<br>（37.063） | $0.958^{***}$<br>（108.033） | $0.469^{***}$<br>（37.171） | $0.959^{***}$<br>（107.116） | $0.467^{***}$<br>（36.635） |
| LnSale × D | −0.062<br>（−1.019） | $-0.131^{**}$<br>（−2.084） | −0.066<br>（−0.982） | $-0.133^{**}$<br>（−2.260） | −0.085<br>（−1.279） | $-0.138^{**}$<br>（−2.244） |
| **LnSale×D×Fin** | **9.448**<br>**（1.333）** | **$-18.557^{*}$**<br>**（−1.679）** | **$2.551^{***}$**<br>**（4.755）** | **$-1.517^{***}$**<br>**（−2.876）** | **$0.498^{***}$**<br>**（3.072）** | **−0.100**<br>**（−0.479）** |

续表

| 变量 | (1) | (2) | (3) | (4) | (5) | (6) |
|---|---|---|---|---|---|---|
| | LnCost | LnSga | LnCost | LnSga | LnCost | LnSga |
| Fin | 0.027<br>(0.151) | -0.234<br>(-1.224) | 0.056<br>(1.262) | -0.230***<br>(-4.683) | 0.023<br>(1.098) | -0.117***<br>(-3.438) |
| Cons | -0.125***<br>(-4.989) | -0.447***<br>(-6.365) | -0.123***<br>(-4.731) | -0.443***<br>(-6.397) | -0.123***<br>(-4.892) | -0.470***<br>(-6.839) |
| Control | Yes | Yes | Yes | Yes | Yes | Yes |
| Year/Ind | Yes | Yes | Yes | Yes | Yes | Yes |
| N | 17503 | 17503 | 17503 | 17503 | 17503 | 17503 |
| $R^2$_a | 0.871 | 0.352 | 0.871 | 0.353 | 0.871 | 0.353 |

注：回归系数标准误差经 Cluster 双重聚类调整。

### 7.5.2　地区发展差异的影响

我国幅员辽阔，不同地区金融发展水平存在较大差异，由此导致不同地区企业金融化程度与成本费用粘性关系可能存在差异。东部地区相较中西部地区而言，一方面，金融市场发育程度更高，金融创新产品较多，发达的金融市场、金融中介可以使企业更容易从事金融投机活动（杜勇等，2017），虚拟经济的发展规模更大，速度更快（周彬和谢佳松，2018）。另一方面，东部地区上市公司聚集现象突出，市场竞争更为激烈，实体经济利润率持续下滑，与金融、房地产行业超额收益率持续膨胀的对比更为鲜明，进而可能加剧实体企业投资金融资产的套利动机，增强企业金融化与成本费用粘性变动的关系。Tori 和 Onaran（2017）发现，金融发展水平较高地区的企业投资金融资产的投机套利动机更强，对实体经济的挤出效应也更明显。周彬和谢佳松（2018）的研究亦表明，企业金融化对实体经济的挤出效应在东部地区更显著。鉴于此，我们将模型（7-1）基于地区进行分组检验，表 7-10 报告了回归结果。结果显示，无论以营业成本变动（LnCost）为被解释变量还是以销管费用变动（LnSga）为被解释变量，LnSale × D × Fin 的回归系数均在金融发展水平更高的东部地区更显著。说明东部地区上市公司出于投机套利动机而投资金融资产的动机较强，进而强化了企业金融化与成本费用粘性的关系。

**表 7-10　企业金融化与成本费用粘性关系的地区差异检验**

| 变量 | LnCost | LnSga | LnCost | LnSga |
|---|---|---|---|---|
| | 东部地区 | 东部地区 | 中西部地区 | 中西部地区 |
| LnSale | 0.972***<br>（98.815） | 0.458***<br>（26.082） | 0.942***<br>（58.563） | 0.445***<br>（32.780） |
| LnSale × D | −0.174**<br>（−2.038） | −0.227*<br>（−1.893） | 0.126<br>（1.184） | 0.135<br>（0.676） |
| **LnSale×D×Fin** | **0.593*****<br>**（5.434）** | **−0.477*****<br>**（−2.559）** | **0.401***<br>**（1.842）** | **−0.212**<br>**（−0.570）** |
| Fin | 0.044***<br>（3.361） | −0.114***<br>（−5.078） | −0.002<br>（−0.057） | −0.121***<br>（−3.540） |
| Cons | −0.050<br>（−1.134） | −0.428***<br>（−4.850） | −0.189***<br>（−3.147） | −0.588***<br>（−4.879） |
| Control | Yes | Yes | Yes | Yes |
| Year/Ind | Yes | Yes | Yes | Yes |
| N | 10026 | 10026 | 4347 | 4347 |
| $R^2$_a | 0.876 | 0.362 | 0.852 | 0.329 |

注：回归系数标准误差经 Cluster 双重聚类调整。

### 7.5.3 行业成长性的影响

根据产业生命周期理论，每个行业的发展历程都会经历从高速成长到稳定发展再到逐渐衰退的过程，在不同的生命周期，行业的成长机会和投资决策存在显著差异，由此可能导致企业金融化与成本费用粘性的关系存在显著区别。一般来说，在成长性行业中，企业普遍面临富有前景的发展空间及更多的投资机会，行业利润率呈逐渐上升的趋势（杨兴全等，2017），在融资约束的限定下，企业趋于投机套利动机而配置金融资产的动机较弱。相反，在衰退性行业，产品市场逐渐萎缩，企业面临的投机机会较少，行业利润率不断下滑，在金融、房地产行业超额收益的刺激和资本逐利的驱动下，企业将产业资本转投金融、房地产行业以谋求跨行业套利的动机较强，从而推动了衰退行业内企业的金融化趋势。因此，我们预测企业金融化与成本费用粘性的关系在衰退行业内更显著。为验证这一预测，本章借鉴闫海洲和陈百助（2018）衡量投机机会的方法，使用营业收益率来测度行业成长性。具体地，我们将营业收益率按年度行业排序，将低于上四分位数的行业判定为衰退行业，将高于上四分位数的企业判定为成长行业，而将介于二者之间的行业判定为成熟行业。表 7-11 报告了分组回归结果。结果显示，无论以营业成本变动（LnCost）为被解释变量还是以销管费用变动（LnSga）为被解释变量，LnSale × D × Fin 的回归系数均在投资机会更差的衰退行业更显著，支持了我们的预测。

表 7-11 企业金融化与成本费用粘性关系的行业差异检验

| 变量 | 成长行业 | 成长行业 | 成熟行业 | 成熟行业 | 衰退行业 | 衰退行业 |
|---|---|---|---|---|---|---|
| | LnCost | LnSga | LnCost | LnSga | LnCost | LnSga |
| LnSale | 0.975*** (63.684) | 0.398*** (20.764) | 0.980*** (80.540) | 0.478*** (39.662) | 0.897*** (62.852) | 0.525*** (26.647) |
| **LnSale×D** | **-0.100*** (**-1.940**) | **0.021** (**0.334**) | **-0.056** (**-0.334**) | **-0.161** (**-1.022**) | **-0.093** (**-0.467**) | **-0.111** (**-0.989**) |
| LnSale×D×Fin | 0.359** (2.418) | -0.089 (-0.222) | 0.404*** (3.291) | -0.397 (-1.426) | 0.698*** (3.950) | -0.529** (-2.149) |
| Fin | 0.003 (0.165) | -0.118** (-2.444) | 0.018 (1.127) | -0.084*** (-3.041) | 0.047 (1.272) | -0.192*** (-5.712) |
| Cons | -0.117*** (-5.243) | -0.566*** (-5.422) | -0.062*** (-3.556) | -0.419*** (-4.092) | -0.288*** (-2.955) | -0.503*** (-4.329) |
| Control | Yes | Yes | Yes | Yes | Yes | Yes |
| Year/Ind | Yes | Yes | Yes | Yes | Yes | Yes |
| N | 4604 | 4604 | 8253 | 8253 | 4646 | 4646 |
| $r^2$_a | 0.938 | 0.273 | 0.907 | 0.371 | 0.756 | 0.407 |

注：回归系数标准误差经 Cluster 双重聚类调整。

## 7.6 企业金融化影响成本费用粘性的经济后果：基于企业价值的纵深检验

### 7.6.1 检验模型的构建

本章上述检验结果表明，企业金融化一方面挤出了实体企业的实业资本投资而抑制了营业成本粘性，另一方面恶化了实体企业的代理冲突而增强了销管费用粘性。理论上，企业金融化对实业资本投资的抑制和对代理冲突的恶化均会降低企业价值（戚聿东和张任之，2018）。那么，企业金融化对成本费用粘性的上述影响是否会降低企业价值？

鉴于此，本章构建如下模型来检验上述预测：

$$MV_{t+1} = \alpha_0 + \alpha_1 Fin + \alpha_2 Fin \times Sticky + \alpha_3 Sticky + \alpha_4 ControlVariables + \sum Industry + \sum Year + \varepsilon \quad (7-10)$$

其中，MV 为企业价值，参考杨兴全等（2018）的研究，具体包括市场价值 Tobinq（(企业价值 + 负债面值）/ 资产面值）和账面价值 Ros（净利润 / 营业收入）。Sticky 是根据 Weiss（2010）模型计算的成本费用粘性，具体包括营业成本粘性 CostSticky 和销管费用粘性 SgaSticky。ControlVariables 是控制变量，参考戚聿东和张任之（2018）、杨兴全等（2018）的研究，具体包括：企业规模（Size）、资产负债率（Lev）、成长机会（Growth）、第一大股东持股比例（Top1）、独董比例（Rinde）、两职合一（Dual）、管理层持股（Mshare）和企业年龄（Age）等。若系数 Fin × Sticky 显著为负，则说明企业金融化对成本费用粘性的影响降低了企业价值；相反，若系数 Fin × Sticky 显著为正，则说明企业金融化对成本费用粘性的影响提升了企业价值。

### 7.6.2　价值检验基本结果及其分析

表 7–12 报告了回归结果。结果显示，无论采用账面价值 Ros 还是市场价值 Tobinq 度量企业价值，营业成本粘性 CostSticky 与金融化 Fin 的交乘项 Fin × CostSticky 均在 10% 水平上显著为负；销

管费用粘性 SgaSticky 与金融化 Fin 的交乘项 Fin × SgaSticky 至少在 10% 水平上显著为负。

表 7-12　经济后果基本检验

| 变量 | (1) | (2) | (3) | (4) |
|---|---|---|---|---|
| | Ros | Ros | Tobinq | Tobinq |
| Fin | 0.228***<br>(5.817) | 0.216***<br>(6.180) | -0.431**<br>(-2.269) | -0.415**<br>(-2.169) |
| Fin × CostSticky | -0.019*<br>(-1.651) | | -0.074*<br>(-1.815) | |
| CostSticky | -0.001<br>(-0.405) | | 0.020<br>(1.386) | |
| Fin × SgaSticky | | -0.039**<br>(-1.999) | | -0.047*<br>(-1.682) |
| SgaSticky | | -0.001<br>(-0.858) | | -0.008<br>(-0.873) |
| Size | 0.029***<br>(11.095) | 0.029***<br>(11.154) | -0.721***<br>(-18.062) | -0.721***<br>(-18.062) |
| Lev | -0.248***<br>(-19.785) | -0.247***<br>(-20.116) | -1.817***<br>(-10.243) | -1.819***<br>(-10.284) |
| Growth | 0.010***<br>(4.430) | 0.010***<br>(4.396) | 0.159***<br>(5.402) | 0.160***<br>(5.413) |
| Top1 | 0.001***<br>(5.006) | 0.001***<br>(4.996) | 0.005***<br>(3.466) | 0.005***<br>(3.465) |
| Rinde | -0.036<br>(-1.246) | -0.036<br>(-1.228) | 1.579***<br>(4.624) | 1.582***<br>(4.617) |
| Dual | 0.011***<br>(3.039) | 0.011***<br>(3.083) | 0.148***<br>(2.623) | 0.147***<br>(2.606) |
| Mshare | 0.053***<br>(6.074) | 0.053***<br>(6.092) | 0.313***<br>(2.651) | 0.310***<br>(2.618) |
| Controls | Yes | Yes | Yes | Yes |
| Year/Ind | Yes | Yes | Yes | Yes |
| N | 11804 | 11804 | 11804 | 11804 |
| $R^2$_a | 0.1376 | 0.1395 | 0.3687 | 0.3687 |

这一结果表明，企业金融化对成本费用粘性的影响显著降低了企业价值，进一步验证了本章的核心结论，即我国的企业金融化行为主要是出于投机套利动机，而非预防储蓄动机，最终通过挤出实业资本投资和恶化代理冲突而降低了企业价值。

### 7.6.3 地区金融发展和行业成长性差异下价值检验结果及其分析

为进一步考察企业金融化影响成本费用粘性抑制企业价值的效应在不同情境下是否存在差异，结合上文分析，本章分组检验了这一关系在金融发展水平不同地区和行业成长性不同企业的差异。

表7-13结果显示，无论采用账面价值Ros还是市场价值Tobinq度量企业价值，营业成本粘性CostSticky与金融化Fin的交乘项Fin × CostSticky，以及销管费用粘性SgaSticky与金融化Fin的交乘项Fin × SgaSticky基本在金融发展程度较低的中西部地区显著为负，而在金融发展程度较高的东部地区为正，这说明企业金融化影响成本费用粘性抑制企业价值的效应在金融发展程度更低的中西部地区更加明显。造成上述差异的原因可能在于，虽然金融发展程度更高的东部地区，实体企业的投机套利动机更强，金融化对成本费用粘性的影响更加显著，但金融发展程度更高的东部地区金融监管要求更严格，金融法治体系更健全（李延喜等，2015），加之金融发展程度越高，投资者接受的金融教育水平越高，专业知识素养更完备（杜勇等，2017），有助于投资者识别内部人利用金融资产配置进行的盈余操纵和利益侵占行为，从而促使内部人减轻代理冲突，因此企业金融化影响成本费用粘性抑制企业价值的效应在金融

发展程度较高的东部地区相对较弱。

**表 7-13　经济后果地区差异检验**

| 变量 | 东部地区 | 中西部地区 | 东部地区 | 中西部地区 | 东部地区 | 中西部地区 | 东部地区 | 中西部地区 |
|---|---|---|---|---|---|---|---|---|
| | Ros | Ros | Tobinq | Tobinq | Ros | Ros | Tobinq | Tobinq |
| Fin | 0.144***<br>(5.062) | 0.416***<br>(3.007) | -0.779***<br>(-2.795) | 0.172<br>(0.433) | 0.145***<br>(5.062) | 0.330***<br>(3.091) | -0.721***<br>(-2.585) | 0.140<br>(0.341) |
| Fin×CostSticky | 0.012<br>(1.059) | -0.036<br>(-0.595) | 0.131<br>(1.079) | -0.418**<br>(-2.477) | | | | |
| CostSticky | 0.001<br>(0.282) | -0.001<br>(-0.397) | 0.029<br>(1.430) | 0.008<br>(0.322) | | | | |
| Fin×SgaSticky | | | | | 0.007<br>(0.876) | -0.161**<br>(-2.377) | 0.060<br>(0.662) | -0.033<br>(-0.263) |
| SgaSticky | | | | | 0.000<br>(0.441) | -0.007**<br>(-2.191) | -0.002<br>(-0.146) | -0.029*<br>(-1.830) |
| Size | 0.024***<br>(6.971) | 0.042***<br>(5.945) | -0.705***<br>(-13.567) | -0.770***<br>(-10.341) | 0.024***<br>(6.972) | 0.042***<br>(6.112) | -0.704***<br>(-13.527) | -0.772***<br>(-10.378) |
| Lev | -0.228***<br>(-15.760) | -0.320***<br>(-8.226) | -1.755***<br>(-7.196) | -1.593***<br>(-4.898) | -0.228***<br>(-15.812) | -0.312***<br>(-8.927) | -1.763***<br>(-7.236) | -1.579***<br>(-4.859) |
| Growth | 0.010***<br>(3.170) | 0.014***<br>(2.659) | 0.156***<br>(3.978) | 0.114**<br>(2.080) | 0.010***<br>(3.164) | 0.014***<br>(2.715) | 0.157***<br>(3.996) | 0.117**<br>(2.123) |
| Top1 | 0.000***<br>(2.614) | 0.002***<br>(4.311) | -0.001<br>(-0.778) | 0.014***<br>(5.321) | 0.000***<br>(2.593) | 0.001***<br>(4.470) | -0.002<br>(-0.808) | 0.014***<br>(5.262) |
| Rinde | -0.054<br>(-1.243) | -0.005<br>(-0.085) | 1.956***<br>(3.777) | 1.069<br>(1.611) | -0.053<br>(-1.237) | -0.005<br>(-0.084) | 1.967***<br>(3.766) | 1.043<br>(1.568) |
| Dual | 0.004<br>(1.010) | 0.033***<br>(3.348) | 0.121<br>(1.498) | 0.173*<br>(1.817) | 0.005<br>(1.028) | 0.033***<br>(3.338) | 0.120<br>(1.476) | 0.171*<br>(1.809) |
| Mshare | 0.053***<br>(4.460) | 0.073***<br>(3.671) | 0.134<br>(0.972) | 0.384<br>(1.113) | 0.052***<br>(4.475) | 0.075***<br>(3.759) | 0.130<br>(0.942) | 0.384<br>(1.115) |
| Year/Ind | Yes | Yes | Yes | Yes | Yes | Yes | Yes | Yes |
| N | 6846 | 2881 | 6846 | 2881 | 6846 | 2881 | 6846 | 2881 |
| $R^2$_a | 0.1257 | 0.1690 | 0.3579 | 0.4067 | 0.1256 | 0.1951 | 0.3573 | 0.4063 |

表7–14和表7–15结果显示，无论采用账面价值Ros还是市场价值Tobinq度量企业价值，营业成本粘性CostSticky与金融化Fin的交乘项Fin×CostSticky，以及销管费用粘性SgaSticky与金融化Fin的交乘项Fin×SgaSticky基本在衰退行业更加显著，这说明衰退行业实体企业投机套利动机更强，企业金融化对成本费用粘性的影响最显著，从而导致企业金融化对企业价值的损害作用最强，这一发现与上文结果一致。

**表7–14 经济后果行业成长性差异检验：营业成本粘性检验结果**

| 变量 | 成长行业 | 成熟行业 | 衰退行业 | 成长行业 | 成熟行业 | 衰退行业 |
|---|---|---|---|---|---|---|
| | Ros | Ros | Ros | Tobinq | Tobinq | Tobinq |
| Fin | 0.377***<br>(4.221) | 0.100***<br>(2.843) | 0.175***<br>(3.417) | –0.436<br>(–1.262) | 0.149<br>(0.557) | –0.835**<br>(–2.268) |
| Fin×CostSticky | 0.060<br>(1.434) | 0.016<br>(1.397) | –0.034*<br>(–1.736) | –0.088<br>(–0.526) | –0.059<br>(–0.413) | –0.012*<br>(–1.772) |
| CostSticky | –0.004*<br>(–1.772) | 0.000<br>(0.379) | 0.004<br>(0.915) | 0.055*<br>(1.870) | 0.006<br>(0.391) | –0.003<br>(–0.081) |
| Size | 0.054***<br>(7.614) | 0.017***<br>(9.040) | 0.022***<br>(3.751) | –0.764***<br>(–13.177) | –0.583***<br>(–22.048) | –1.005***<br>(–8.563) |
| Lev | –0.375***<br>(–8.233) | –0.162***<br>(–11.949) | –0.091***<br>(–4.414) | –2.332***<br>(–9.221) | –1.685***<br>(–10.669) | –0.017<br>(–0.033) |
| Growth | 0.022***<br>(3.700) | 0.008***<br>(2.972) | 0.004<br>(0.941) | 0.330***<br>(5.453) | 0.165***<br>(5.194) | –0.079<br>(–1.190) |
| Top1 | 0.001***<br>(2.702) | 0.000***<br>(4.293) | 0.001***<br>(3.290) | 0.011***<br>(4.163) | 0.005***<br>(3.844) | –0.001<br>(–0.294) |
| Rinde | 0.025<br>(0.458) | –0.086***<br>(–2.897) | –0.000<br>(–0.006) | 0.489<br>(0.657) | 0.944**<br>(2.542) | 2.399***<br>(3.604) |
| Dual | 0.015**<br>(1.989) | 0.002<br>(0.587) | 0.012<br>(1.366) | 0.048<br>(0.523) | 0.107**<br>(2.026) | 0.234<br>(1.171) |
| Mshare | 0.022<br>(1.573) | 0.027**<br>(2.221) | 0.055***<br>(2.635) | 0.300<br>(1.328) | 0.173<br>(1.043) | –0.507**<br>(–2.346) |
| Year/Ind | Yes | Yes | Yes | Yes | Yes | Yes |
| N | 3206 | 5553 | 3045 | 3206 | 5553 | 3045 |
| $R^2$_a | 0.1832 | 0.1569 | 0.0673 | 0.4271 | 0.4565 | 0.2865 |

表 7-15 经济后果行业成长性差异检验：销管费用粘性检验结果

| 变量 | 成长行业 | 成熟行业 | 衰退行业 | 成长行业 | 成熟行业 | 衰退行业 |
|---|---|---|---|---|---|---|
| | Ros | Ros | Ros | Tobinq | Tobinq | Tobinq |
| Fin | 0.359*** (4.429) | 0.099*** (2.768) | 0.166*** (3.055) | -0.443 (-1.266) | 0.147 (0.557) | -0.717* (-1.945) |
| Fin × SgaSticky | 0.090* (1.768) | 0.015 (1.591) | -0.004 (-0.274) | 0.051 (0.419) | -0.017 (-0.144) | -0.138* (-1.664) |
| SgaSticky | -0.004 (-1.462) | -0.001 (-1.063) | 0.004** (2.409) | -0.001 (-0.078) | -0.010 (-0.928) | -0.011 (-0.518) |
| Size | 0.053*** (7.828) | 0.017*** (9.069) | 0.022*** (3.744) | -0.761*** (-13.329) | -0.583*** (-22.052) | -1.004*** (-8.539) |
| Lev | -0.374*** (-8.423) | -0.162*** (-11.990) | -0.092*** (-4.480) | -2.330*** (-9.226) | -1.684*** (-10.687) | -0.021 (-0.041) |
| Growth | 0.023*** (3.810) | 0.008*** (2.993) | 0.004 (0.863) | 0.330*** (5.473) | 0.166*** (5.181) | -0.077 (-1.139) |
| Top1 | 0.001*** (2.675) | 0.000*** (4.234) | 0.001*** (3.280) | 0.011*** (4.150) | 0.005*** (3.844) | -0.001 (-0.282) |
| Rinde | 0.030 (0.561) | -0.086*** (-2.887) | -0.002 (-0.021) | 0.511 (0.686) | 0.942** (2.541) | 2.407*** (3.542) |
| Dual | 0.016** (2.019) | 0.003 (0.601) | 0.013 (1.450) | 0.049 (0.534) | 0.107** (2.020) | 0.230 (1.142) |
| Mshare | 0.023 (1.618) | 0.027** (2.188) | 0.055*** (2.712) | 0.307 (1.360) | 0.170 (1.028) | -0.512** (-2.382) |
| Year/Ind | Yes | Yes | Yes | Yes | Yes | Yes |
| N | 3206 | 5553 | 3045 | 3206 | 5553 | 3045 |
| $R^2$_a | 0.1906 | 0.1568 | 0.0681 | 0.4261 | 0.4567 | 0.2868 |

# 7.7 研究结论与启示

## 7.7.1 研究结论

步入工业化后期的中国经济结构逐渐显现出结构性失衡问题，其中之一就体现在实体经济与金融房地产业之间的结构失衡，宏观层面表现为实体经济与金融业出现“虚实失衡”和“虚实分离”，金融空转现状突出；微观层面则表现为实体企业金融化趋势愈演愈烈，金融资产规模不断攀升。针对目前关于微观层面企业金融化动机和经济效应的研究分歧，本章从成本费用粘性视角切入，讨论了企业金融化对实体经济发展的影响。研究发现：

第一，企业金融化对不同成本费用粘性的影响效应存在差异，企业金融化显著弱化了营业成本粘性，金融资产规模每增加一个标准差，营业成本粘性约下降 17.5 个标准差；相反，企业金融化却明显增强了销管费用粘性，金融资产规模每增加一个标准差，销管费用粘性约上升 18.1 个标准差。机制检验结果支持了企业金融资产投资的投机套利动机观点，否定了预防性储蓄动机的观点，且实业资本投资和管理费用率分别是企业金融化作用于营业成本粘性和销管费用粘性的部分中介。

第二，基于金融资产配置差异的分组检验显示，投资性房地产对成本费用粘性的影响作用最显著，说明投资性房地产的投机性更强，对实体经济的危害也更大。此外，本书还发现企业金融化与成本费用粘性的关系在金融发展水平更高的东部地区、投资机会更差的衰退行业更突出。

第三，企业金融化影响企业成本费用粘性的同时，降低了企业价值，这一价值损害效应在我国金融发展程度更低的中西部地区、以及明显衰退行业更为显著。这一观点进一步核实了我国企业金融化行为主要是出于投机套利动机，而非预防储蓄动机，最终通过挤出实业资本投资和恶化代理冲突而降低了企业价值。

### 7.7.2 研究启示和政策建议

（1）加强金融监管，健全风险防控机制。在实体经济“冷”与虚拟经济“热”的现实背景下，出于资本逐利天性，实体企业对于投资金融资产趋之若鹜，加剧了金融泡沫和金融风险，对宏观经济平稳运行构成了严重威胁。因此，政府监管部门应加强金融监管，建立健全风险预警和防控机制，严格规范金融、房地产市场运作和市场准入规则，严厉打击乱加杠杆、违规套利等行为，特别是要严厉打击房地产行业投机炒作行为，坚持党的十九大报告强调的“房子是用来住的，不是用来炒的”的定位方针。通过积极营造良好的金融生态环境以引导产业资本回归服务实体经济的本源，切实防范系统性金融风险。

（2）继续完善并推行产业政策，积极淘汰落后产能，鼓励实体企业转型升级。王刚（2018）指出，金融面上的资金具有明显的逐利取向，资金会选择性地流向资产收益率更高的行业。产业资本偏离实体经济的一个最重要原因在于实体经济的持续低迷，投资机会较差，本章验证的企业金融化对成本费用粘性的影响在衰退性行业更显著即是一个有力的验证。因此，政府应当继续完善并推行产业政策，改善实体经济的投资环境，通过供给侧结构性改革淘汰落后产能和促进产业结构优化升级，提高实体经济整体收益率，通过提振实体经济的方式从根源上整治产业资本"弃主业、逐副业"问题。

（3）构建现代公司治理体系，积极推动财务会计向管理会计转型。管理会计强调要加强内部管理，改善经营效率，实现最佳经济效益，而本章的研究发现企业金融化会加剧公司的代理冲突，造成成本浪费和效率损失。因此，企业应积极构建现代公司治理体系，加强管理层激励机制和监督机制设计，抑制管理层的金融投机活动。同时，积极推进公司内部财务会计向管理会计的转型，以完善成本管理和效率改进，最终实现利润最大化目标。

# 第 8 章　研究结论与建议

## 8.1　研究结论

本书基于有限理性假说、信息不对称理论、委托—代理理论、契约理论、产业经济学相关理论，从我国实施的创新驱动战略背景出发，在阐述成本费用粘性基本机理的基础上，从企业践行创新驱动战略的企业研发及配套固定资产升级换代两类开支来探究其对企业成本费用粘性影响及其相应的经济后果。与此同时，进一步考察我国企业金融化行为是否发生挤占效应挤占实体企业的正常的研发投资和固定资产投资，进而造成导致企业成本调整能力弱化而影响企业粘性程度，本章的核心研究结论包括：

第一，基于我国公司财务报表的整体特征和代表性案例，公司数据分析表明，在我国实体经济“冷”与虚拟经济“热”的结构性矛盾以及资本的逐利避险性环境下，我国企业存在着严重的金融化行为，其主要目的在于投机套利。这个行为进一步导致了中国实体企业盈利能力不断下降，实体经济的“脱实向虚”过于严重，并可能进一步诱发中国金融风险问题。针对这个问题，党的十九大报告专门提出要“健全金融监管体系，守住不发生系统性金融风险的底线”。与此同时，为提高我国企业核心竞争力，我国提出调整经济结构和经济转型的任务，一方面要求企业运用价值链、价值工程、作业管理等工具，从原来粗放式管理的低成本往精益式管理的低成本转型；另一方面则是大力投入品牌建设、技术研发等，从总成本领先策略往差异化策略转型。这些举措上升到国家层面就成为了国家创新驱动战略中的重要组成部分。在国家的创新驱动战略驱动及其配套有利政策激励下，我国采取加大企业研发投入以其实现产品的更新换代，不断进行固定资产投资更新满足产品更新换代需要。可以说，国家创新驱动战略的提出和企业战略行为的选择是一个相随相伴的过程，驱动战略的提出将会对企业战略行为选择尤其是其投资产生巨大的影响，而企业投资，尤其是研发投入将助力国家创新战略目标的达成。

第二，技术创新是企业核心竞争力形成的基础和关键。但是，提升核心竞争力以企业大量资源投入与消耗为前提，为此，企业资源充裕与否对企业技术创新与核心竞争力提升起着决定性作用。本书第5章基于“费用粘性本质是一种特殊情境下的内部资源储备”，立足于国家宏观经济发展与企业微观核心竞争力现状以及企业面临的资源约束，通过深入剖析企业费用粘性冗余资源的战略效应及中介路径来考察企业技术创新和费用粘性关系，以及微观产权性质与宏观金融发展对战略效应与中介机制的调节效果。研究证实，我国企业费用粘性有助于企业提升其核心竞争力，进而证明费用粘性具有战略效应。其中，进一步中介效应检验表明，技术创新在费用粘性发挥市场竞争优势中具有显著的中介效应。与此同时，产权性质与金融生态环境对费用粘性的战略效应具有调节作用。

第三，固定资产投资是企业应对经济周期波动的策略，能够对新进入者构成进入壁垒，实现企业长期获利能力的提升。为此本书第6章基于微观企业的视角出发，研究固定资产及产能过剩对企业成本决策的影响。研究发现，企业固定资产投资不能增加企业费用粘性，但是其产能过剩会通过增加企业调整成本进而增强费用粘性。基于企业创新投入的长期性和持续性特征，企业创新投入会进一步强化产能过剩与费用粘性之间的正向关系。通过进一步考察产能过剩影响费用粘性的经济后果发现，产能过剩通过增加费用粘性对当期企业价值产生负面效应，但在未来一期这种显著的负相关关系不再显著，进而表明企业创新投入在长期内有助于提升企业竞争力，能够缓解产能过剩诱致的费用粘性的负面经济后果。同时，本书也发现，在产业政策扶持行业、财政压力较大的地区，产能过剩对费用粘性的强化作用更显著，产能过剩引致的费用粘性价值损害效应更严重。

第四，基于我国实体企业大量配置金融资产已经成为我国经济“脱实向虚”重要特征之一，本书立足企业资源基础等理论，在将成本费用粘性细分为营业成本粘性和销管费用粘性的基础上，实证检验了企业金融化是否及如何影响公司的成本费用粘性，以及金融化下的成本费用粘性对企业价值创造的影响。研究结果表明，企业金融化行为对不同成本费用粘性的影响效应存在差异，其中企业金融化显著弱化了营业成本粘性，但是却明显增强了销管费用粘性程度。机制检验发现，企业金融化并未扮演“蓄水池”角色而缓解企业未来的投资不足，不仅挤出了实体企业主业发展，也加剧了公司的代理冲突。企业金融化与成本费用粘性的关系在金融发展水平更高的东部地区、投资机会更差的衰退行业更突出。与此同时，本书研究表明，企业金融化影响企业成本费用粘性的同时，降低了企业价值，这一价值损害效应在我国金融发展程度更低的中西部地区、以及明显衰退行业更为显著。上述观点从不同视角证实了我国企业金融化行为主要是出于投机套利动机，而非预防储蓄动机，最终通过挤出实业资本投资和恶化代理冲突而降低了企业价值。

本书丰富成本费用粘性动因及经济后果相关成果的同时，更是对我国创新驱动战略实施效果进行了微观层面的效果检验，有效拓展了“政府作为—企业行为”的宏微观互动机制研究框架，为我国创新驱动战略的有效推进提供了一定启示和建议。

## 8.2　研究启示和建议

本书基于创新驱动战略政策，结合资源调整成本、管理层预期和代理问题对成本费用粘性的影响，分别研究了成本费用粘性对企业创新的影响、在产能过剩的背景下成本费用粘性的变化以及其对企业价值的影响，以及实体企业金融化对成本费用粘性的影响。根据主要分析结果，本章提出如下研究启示及针对性的建议：

### 8.2.1　构建现代公司治理体系，积极推动财务会计向管理会计转型

对于企业而言，不能仅以收支匹配作为成本决策的唯一标准，

管理层需要根据企业自身特质与外部金融环境，对成本决策做出适当调整，要因时、因地、因环境而异。尤其要结合外部环境与自身特点，保有适量的冗余资源，及时捕获市场先机，并将冗余资源投入到企业技术创新，提升企业核心竞争力。

为此，从公司角度来看，需要构建现代公司治理体系，积极推动财务会计向管理会计转型。管理会计强调要加强内部管理，改善经营效率，实现最佳经济效益，而本书的研究发现企业金融化会加剧公司的代理冲突，造成资源浪费和效率损失。因此，企业应积极构建现代公司治理体系，加强管理层激励机制和监督机制设计，抑制管理层的金融投机活动。同时，积极推进公司内部财务会计向管理会计转型，改进成本管理效率，实现利润最大化目标。

### 8.2.2 持续实施国家创新驱动战略

正如第 4 章所述，国家创新驱动战略的提出和企业战略行为的选择是一个相随相伴的过程，驱动战略的提出将会对企业战略行为选择尤其是其投资产生巨大的影响，而企业投资，尤其是研发投入将助力国家创新战略目标的达成。在国家创新驱动战略及其配套有利政策激励下，我国采取加大企业研发投入以期实现产品的更新换代，不断进行固定资产投资满足产品更新换代需要。这一点有助于提高企业的核心竞争力，提高我国企业的整体实力，为此，继续实施国家创新驱动战略，增强实体企业的持续获利能力，进而引导企业从金融化行为理性退出。

### 8.2.3 持续推进现代国家治理体系建设

政府干预具有资源配置导向功能，能够弥补市场失灵缺陷，但不当干预也会激励微观企业过度投资，加剧产能过剩程度。当前产业政策的导向和财政税收体制的实施给地方政府带来的财政压力均会导致产能过剩，降低资源要素配置效率。因此，政府在制定产业政策时应避免重复刺激，应适当调整地方政府财权事权匹配水平、缩小财政压力，减少政府过度干预行业企业投资行为。

为此，一方面，继续完善并推行产业政策，积极淘汰落后产能，鼓励实体企业转型升级。王刚（2018）指出，金融面上的资金具有明显的逐利取向，资金会选择性地流向资产收益率更高的行业。产业资本偏离实体经济的一个最重要原因在于实体经济的持续低迷、投资机会较差，本书验证的企业金融化对成本费用粘性的影响在衰退性行业更显著即是一个有力的验证。因此，政府应当继续完善并推行产业政策，改善实体经济的投资环境，通过供给侧结构性改革淘汰落后产能和促进产业结构优化升级，提高实体经济整体收益率，通过提振实体经济的方式从根源上整治产业资本“弃主业逐副业”问题。另一方面，推行简政放权，加快推进政府由“干预型”向“服务型”转变。减少对企业干预行为，下放包括投资在内的各种行政审批权利，加速建设统一开放、竞争有序的市场体系，将稀缺资源配置方面引入市场机制，使稀缺资源能达到最佳配置和最大效用。

## 8.3 研究不足及其下一步研究方向

### 8.3.1 研究不足

本书虽然在不少研究内容上有所突破，但是，鉴于目前的数据可获得性和可靠性，尤其是笔者研究能力问题，本书依然存在如下不足：

第一，本书关键问题在于成本费用粘性与创新绩效的因果关系，这一核心问题的关键在于创新绩效的度量。虽然创新绩效可以采取创新产出方面的数据（如专利产出或新产品销售收入等度量）更为合适，但是在我国创新产出方面的数据的可获得性，尤其是数据的可靠性问题使得本书只是采取了企业绩效指标来衡量企业的创新绩效。这一衡量方法难以剔除其他因素的影响，进而在一定程度上影响着本书的研究结论。

第二，关于核心内容“第 6 章　创新投入、固定资产投资（产能过剩）与费用粘性战略效应”部分，这部分核心内容在于检验企业固定资产投资适应性行为是否会导致企业更高的成本费用粘性行为及其粘性的经济后果。在本书研究中发现，如果只考虑企业新增固定资产投资时，则当期和滞后一期的固定资产投资并不会显著地增加费用粘性，换言之，企业固定资产投资行为不会导致企业更高的成本费用粘性。鉴于固定资产投资的过量行为是导致企业固定资产产能过剩的最主要因素，加之企业固定资产产能过剩程度会加剧企业成本费用粘性程度，为此，本书在后续的相关检验中只考虑了固定资产产能过剩变量，而没有考虑固定资产投资变量。这一设计和检验会存在“偷换概念”嫌疑，也使得该章节的核心貌似偏离了章节主题，但是鉴于“单期固定资产购建金额毕竟较小，其对公司成本的调整影响较小，难以对公司成本变动产生实质性影响”以及“产能过剩是企业固定资产产能过度投资的具体表现”，本书依然采取了用“固定资产产能过剩”指标取代“固定资产投资”这一指标进行了后续的研究设计和检验。这的确也是本书的研究不足之处。

第三，部分专家认为，第7章内容与本书题目没有紧密的关联性，建议删除。但是，在撰写本书时，笔者发现，我国实体企业存在着严重的“脱实向虚”，或者说金融化问题。企业基于短期利益考虑的金融化行为已经挤占了企业正常的生产经营资金以及长期投资资金。为此，经过讨论后笔者认为，为进一步探究企业金融化对企业创新支出挤出效应引发的费用粘性程度以及战略效应的差异，有必要增加一章对这一问题进行研究。当然，本书考虑的理由并不能排除评审专家关于“本章与全书存在着关联性不强”问题，为此本书将其归为本研究的第三个不足。

### 8.3.2 下一步研究方向

针对本书存在的问题、成本费用粘性最新研究进展以及我国创新驱动战略实施现状，今后可以进一步拓展研究的方向有：

第一，随着企业研发相关信息披露的完善，尽量采取更加可靠、相关的创新绩效衡量指标来度量创新绩效，进而提供更加可靠的成本费用粘性与创新绩效的因果关系的论点。

第二，企业创新绩效的高低不仅仅取决于企业研发投入的高低，更取决于公司治理体系下企业研发人员的管理及其研发效率，为此，后续可以进一步考虑不同公司治理水平下的成本费用粘性与创新绩效关系。

# 参考文献

[1] Alegre J, Mateo S, Pou L. Tourism Participation and Expenditure by Spanish Households: The Effects of the Economic Crisis and Unemployment [J]. Tourism Management, 2013, 39 (1): 37-49.

[2] Anderson M C, Banker R D, Janakiraman S N. Are selling, General, and Administrative Costs "Sticky"? [J]. Journal of Accounting Research, 2003, 41 (1): 47-63.

[3] Anderson M C, Banker R, Huang R, et al.. Cost Behavior and Fundamental Analysis of SG&A Costs [J], Journal of Accounting, Auditing & Finance, 2007, 22 (1): 1-28.

[4] Ball J, Fiscal Pressure, Tax Competition and Environmental Pollution [J]. Environmental and Resource Economics, 2018 (1): 1-17.

[5] Banker R, Ciftci M, Mashruwala D. Managerial Optimism and Cost Behavior [R]. SSRN Working Paper, 2011.

[6] Banker R D, Chen L. Predicting Earnings Using A Model Based on Cost Variability and Cost Stickiness [J]. The Accounting Review, 2006, 81 (2): 285-307.

[7] Banker R D, Byzalov D. Asymmetric Cost Behavior [J]. Journal of Management Accounting Research, 2013, 26 (2): 14.

[ 8 ] Banker R D, Chen L T. Labor Market Characteristics and Cross-country Differences in Cost Stickiness [ R ]. Working Paper, 2006.

[ 9 ] Banker R D, Potter G, Schroeder R G. An Empirical Analysis of Manufacturing Overhead Cost Drivers [ J ]. Journal of Accounting and Economics, 1995, 19 ( 1 ): 115–137.

[ 10 ] Bansak C, Morin N, STtarr M. Technology Capital Spending and Capacity Utilization [ J ]. Economic Inquiry, 2007, 45 ( 3 ): 263–285.

[ 11 ] Baron R M, Kenny D A. The Moderator–mediator Variable Distinction in Social Psychological Research: Conceptual, Strategic and Statistical Considerations [ J ]. Journal of Personality and Social Psychology, 1986, 51 ( 6 ): 1173.

[ 12 ] Bloom N, Van Reenen John. Measuring and Explaining Management Practices Across Firms and Countries [ J ].The Quarterly Journal of Economics, 2007, 122 ( 4 ): 1351–1408.

[ 13 ] Bourgeois L J. On the Measurement of Organizational slack [ J ]. Academy of Management Review, 1981, 6 ( 1 ): 29–39.

[ 14 ] Bragger D J, Bragger D, Hantula D A, Kirnan J. Hyteresis and Uncertainty: The Effect of Uncertainty on Delays to Exit Decisions [ J ]. Organizational Behavior and Human Decision Processes, 1998, 74 ( 3 ): 353–396.

[ 15 ] Bulow J, J D Geanakoplos, P D Klemperer. Multimarket Oligopoly: Strategic Substitutes and Complements [ J ]. Journal of Political Economy, 1985, 93 ( 3 ): 488–511.

[ 16 ] Calleja K, Steliaros M E, Thomas D C. Further Evidence on

the Sticky Behaviors of Costs [ J ]. SSRN Electronic Journal, 2005 ( 3 ): 168–188.

[ 17 ] Callejaa K, Steliarosb M, Thomas D.A Note on Cost Stickiness: Some International Comparisons [ J ]. Management Accounting Research, 2006, 17 ( 2 ): 127–140.

[ 18 ] Chandra Subramaniam, Marcia L, Weidenmier. Additional Evidence on the Sticky Behaviour of Costs [ R ], Working Paper, 2003.

[ 19 ] Chen C X, Lu H, Sougiannis T. The Agency Problem, Corporate Governance and the Asymmetrical Behavior of Selling, General and Administrative Costs [ J ]. Contemporary Accounting Research, 2012, 29( 1 ): 252–282.

[ 20 ] Chen C X, Gores T, Nasev J.Managerial Overconfidence and Cost Stickiness [ R ].Available at SSRN: http: //ssrn.com/abstract=2208622, 2013.

[ 21 ] Chen S, Sun Z, Tang S, et al. Government Intervention and Investment Efficiency: Evidence from China [ J ]. Journal of Corporate Finance, 2011, 17 ( 2 ): 259–271.

[ 22 ] Chen C X, Williamson M G, Zhou F H. Reward System Design and Group Creativity: An Experimental Investigation [ J ]. The Accounting Review, 2012, 87 ( 6 ): 1885–1911.

[ 23 ] Ciftci M, Mashruwala R, Weiss D. Implications of Cost Behavior for Analysts' Earnings Forecasts [ J ]. Journal of Management Accounting Research, 2016, 28 ( 1 ): 57–80.

[ 24 ] Cooper R, Kaplan R S. Activity–based System: Measuring the Costs of Resource Usage [ J ]. Accounting Horizons, 1992 ( 3 ): 1–13.

[25] Cyert R M, J. G. March. A Behavioral Theory of the Firm [J]. Englewood Cliffs, NJ, 1963, 2 (4): 169- 187.

[26] De Medeiros O R, Costa P D S. Cost Stickiness in Brazilian Firms [J]. European Economic Review, 2004(6): 1389–1408.

[27] Demir F. Financial Liberalization, Private Investment and Portfolio Choice: Financialization of Real Sectors in Emerging Markets [J]. Journal of Development Economics, 2009, 88 (2): 310–324.

[28] Dimmick D E, Murray V V. Correlates of Substantive Policy Decisions in Organizations: The Case of Human Resource Management [J]. Academy of Management Journal, 1978, 21 (4): 611–623.

[29] Drucker P F. Management: Tasks Responsibilities Practices [M]. New York: Harper & Row Publishers, 1973.

[30] Fama E F, Jensen M C. Agency Problems and Residual Claims [J]. Journal of Law & Economics, 1983, 26 (2): 327–349.

[31] Fresard L. Financial Strength and Product Market Behavior: The Real Effects of Corporate Cash Holdings [J]. The Journal of Finance, 2010, 65 (3): 285–311.

[32] García–Cicco J, Pancrazi R, Uribe M. Real Business Cycles in Emerging Countries? [J]. American Economic Review, 2010, 100 (5): 2510–2531.

[33] Ghosh D, Olsen L. Environmental Uncertainty and Managers' Use of Discretionary Accruals [J]. Accounting Organizations & Society, 2009, 34 (2): 188–205.

[34] Groth C. Bargaining Structure and Nominal Wage Flexibility [J]. European Economic Review, 2004, 48 (6): 1349–1365.

[ 35 ] Hansen K. Measuring Performance at Trade Shows: Scale Development and Validation [ J ]. Journal of business research, 2004 ( 1 ): 1–13.

[ 36 ] Harford J, Klasa S, Walcott N. Do Firms Have Leverage Targets ? Evidence from Acquisitions [ J ]. Journal of Financial Economics, 2009, 93 ( 1 ): 1–14.

[ 37 ] Hartman R. The Effects of Price and Cost Uncertainty on Investment [ J ]. Journal of Economic Theory, 1972 ( 5 ): 258–266.

[ 38 ] Hirai H, Shiiba A. Cost Behavior of Selling, General and Administrative Costs [ J ]. Journal of Management Accounting, 2006, 14 ( 2 ): 15–27.

[ 39 ] Hulya Dagdeviren. Structural Constraints and Excess Capacity: An International Comparison of Manufacturing Firms [ J ]. Development Policy Review, 2016 ( 5 ): 623–641.

[ 40 ] Ibrahim A E A, Ezat A N. Sticky Cost Behavior: Evidence from Egypt [ J ]. Journal of Accounting in Emerging Economies, 2017, 7 ( 1 ): 16–34.

[ 41 ] Ibrahim A E A. Economic Growth and Cost Stickiness: Evidence from Egypt [ J ]. Journal of Financial Reporting and Accounting, 2015, 13 ( 1 ): 119–140.

[ 42 ] Jensen M C, Meckling W H. Theory of the Firm: Management Behavior, Agency Cost and Ownership Structure [ J ]. Social Science Electronic Publishing, 1976, 3 ( 4 ): 305–360.

[ 43 ] Joanna Ball, Lisa Armistead, Barbara–jeanne Austin. The Relationship Between Religiosity and Adjustment Among African–

American, Female, Urban Adolescents [ J ]. Journal of Adolescence, 2003, 26 ( 4 ): 185-205.

[ 44 ] John H, Myriam C.Measuring Innovative Performance: Is There an Advantage in Using Multiple Indicators ? [ J ]. Rsearch Policy, 2003, 32 ( 8 ): 1365-1379.

[ 45 ] Joseph Francois, Marion Jansen, Ralf Peters. Trade Adjustment Costs and Assistance: The Labour Market Dynamics [ R ]. Working Paper, 2011.

[ 46 ] Kama I, Weiss D. Do Earnings Targets and Managerial Incentives Affect Sticky Costs? [ J ].Journal of Accounting Research, 2013, 51 ( 1 ): 201-224.

[ 47 ] Kama I, Weiss D. Do Managers' Deliberate Decisions Induce Sticky Costs ? [ R ].Working Paper, 2010.

[ 48 ] Kitching K, Mashruwala R, Pevzner M. Culture and Cost Stickiness: A Cross-country Study [ J ]. International Journal of Accounting, 2016, 51 ( 3 ): 155-216.

[ 49 ] Kothari S P, Sabino J S, Zach T. Implications of Survival and Data Trimming for Tests of Market Efficiency [ J ].Journal of Accounting& Economics, 2005, 39 ( 1 ): 129-161.

[ 50 ] Levy A, Hennessy C. Why Does Capital Structure Choice Vary with Macroeconomic Conditions? [ J ]. Journal of monetary Economics, 2007, 54 ( 6 ): 1545-1564.

[ 51 ] Linton O.Adaptive Estimation in ARCH Models [ J ].Econometric Theory, 1993, 9 ( 4 ): 265-279.

[ 52 ] Nohria N, Gulati R. Is Slack Good or Bad for Innovation ? [ J ].

Academy of Management Journal, 1996, 39 (5): 1245–1264.

[53] Noreen E, Soderstrom N.The Accuracy of Proportional Cost Models: Evidence from Hospital Service Departments [J].Review of Accounting Studies, 1997, 2(1): 89–114.

[54] Orhangazi O. Financialisation and Capital Accumulation in the Non–financial Corporate Sector: A Theoretical and Empirical Investigation on the US Economy: 1973–2003 [J]. Cambridge Journal of Economics, 2008, 32 (6): 863–886.

[55] Ortiz J P D, Pablo J. Financialization: The Aids of Economic System [J]. Ensayos Economica, 2014, 23 (44): 55–73.

[56] Penrose, Edith. Theory of the Growth of the Firm [J]. Journal of the Operational Research Society, 1959, 23 (2): 240–241.

[57] Peteraf M A.Intra–industry Structure and the Response Toward Rivals [J]. Managerial & Decision Economics, 1993, 14 (6): 519–528.

[58] Pfann H G A.Adjustment Costs in Factor Demand [J]. Journal of Economic Literature, 1996, 34 (3): 1264–1292.

[59] Pfeffer J, Salancik G R. The External Control of Organizations: A Resource Dependence Perspective [J]. Social Science Electronic Publishing, 1978, 23 (2): 123–133.

[60] Rajiv D. Banker, Sunil Wattal, Jose M. Plehn–Dujowich. R&D Versus Acquisitions: Role of Diversification in the Choice of Innovation Strategy by Information Technology Firms [J].Journal of Management Information Systems, 2011, 28 (2): 109–144.

[61] Rajiv D.Banker, Dmitri Byzalov.Asymmetric Cost Behavior

[ J ].Journal of Management Accounting Research，2014，26 ( 2 ) .

[ 62 ] Rajiv D.Banker，Lei Chen.Predicting Earnings Using A Model Based on Cost Variability and Cost Stickiness [ J ].The Accounting Review，2006 ( 2 )：285–307.

[ 63 ] Rajiv Shah. Harnessing Technology for Development Cooperation [ J ]. Journal of International Affairs，2010，64 ( 1 )：167–175.

[ 64 ] Ramji Balakrishnan，Thomas S. Gruca. Cost Stickiness and Core Competency：A Note [ J ]. 2008，25 ( 4 )：993–1006.

[ 65 ] Robert G. King，Charles I. Plosser. Money，Credit and Prices in A Real Business Cycle [ J ]. The American Economic Review，1984，74 ( 3 )：268–285.

[ 66 ] Rouxelin F，Wongsunwai W，Yehuda N. Aggregate Cost Stickiness in GAAP Financial Statements and Future Unemployment Rate [ J ]. The Accounting Review，2017，92 ( 1 )：60 – 96.

[ 67 ] Singh J V. Performance，Slack and Risk Taking in Organizational Decision Making. [ J ]. Academy of Management Journal，1986，29 ( 3 )：562–585.

[ 68 ] Spence M. Consumer Misperceptions，Product Failure and Producer Liability [ J ]. The Review of Economic Studies，1977，44 ( 3 )：162–186.

[ 69 ] Stulz R M. Rethinking Risk Management [ J ]. Journal of Applied Corporate Finance，1996，9 ( 3 )：8–25.

[ 70 ] Tori D，Onaran O. The Effects of Financialisation and Financial Development on Investment：Evidence from Firm–level Data in Europe [ R ].Working Paper，2017.

[ 71 ] Venieris G，Naoum V C，Vlismas O. Organization Capital and Sticky Behavior of Selling，General and Administrative Expenses [ J ]. Management Accounting Research，2015 ( 26 )：386-405.

[ 72 ] Weiss D. Cost Behavior and Analysts' Earnings Forecasts [ J ]. The Accounting Review，2010，85 ( 4 )：1441-1471.

[ 73 ] Williamson O E. "Book-review" Evolution of International Management Structures [ J ]. Business History Review，1975，49 ( 4 )：241-271.

[ 74 ] Williamson O E. Reflections on the New Institutional Economics [ J ]. Journal of Institutional and Theoretical Economics，1985，141 ( 1 )：75-115.

[ 75 ] Yasukata K，Kajiwara T，Shima Y，et al. Costs Stickiness in Non-Profit Organizations：An Empirical Research [ J ].The Journal of Cost Accounting Research，2011，35 ( 1 )：163-183.

[ 76 ] Zanjirdar M，Kasbi P K，Madahi Z. Investigating the Effect of Adjusted DuPont Ratio and Its Components on Investor's Decisions in Short and Long Term [ J ]. Management Science Letters，2014，3 ( 4 )：591-596.

[ 77 ] 白俊，连立帅 . 信贷资金配置差异：所有制歧视抑或禀赋差异？[ J ]. 管理世界，2012 ( 6 )：30-42.

[ 78 ] 白俊红，李婧 . 政府 R&D 资助与企业技术创新——基于效率视角的实证分析 [ J ]. 金融研究，2011 ( 6 )：181-193.

[ 79 ] 白让让 . 竞争驱动、政策干预与产能扩张——兼论“潮涌现象”的微观机制 [ J ]. 经济研究，2016，51 ( 11 )：56-69.

[ 80 ] 毕晓方，张俊民，李海英 . 产业政策、管理者过度自信

与企业流动性风险［J］. 会计研究，2015（3）：57-63+95.

［81］步丹璐，文彩虹，Rajiv Banker. 成本粘性和盈余稳健性的衡量［J］. 会计研究，2016（1）：31-37+95.

［82］蔡明荣，任世驰 . 企业金融化：一项研究综述［J］. 财经科学，2014（7）：41-51.

［83］曹歌 . 管理者预期对费用粘性的影响研究［D］. 大连：东北财经大学，2012.

［84］曹晓雪，于长春，周泽将 . 费用“粘性”研究：来自中央企业的经验证据［J］. 产业经济研究，2009（1）：40-46.

［85］曹裕，陈晓红，万光羽 . 控制权、现金流权与公司价值——基于企业生命周期的视角［J］. 中国管理科学，2010，18（3）：185-192.

［86］曹越，陈文瑞 . 固定资产加速折旧的政策效应：来自财税［2014］75 号的经验证据［J］. 中央财经大学学报，2017（11）：58-74.

［87］曾庆生，陈信元 . 国家控股、超额雇员与劳动力成本［J］. 经济研究，2006（5）：74-86.

［88］陈灿平 . 企业费用“粘性”行为影响因素研究——基于地区经济生态差异视角［J］. 财经理论与实践，2008（6）：92-95.

［89］陈冬华，姚振晔 . 政府行为必然会提高股价同步性吗？——基于我国产业政策的实证研究［J］. 经济研究，2018，53（12）：112-128.

［90］陈劲，陈钰芬 . 企业技术创新绩效评价指标体系研究［J］. 科学学与科学技术管理，2006（3）：86-91.

［91］陈劲，龚焱，雍灏 . 技术创新信息源新探：领先用户研

究［J］. 中国软科学，2001（1）：86–88+121.

［92］陈良华，胡雨菲，迟颖颖 . 基于供应链视角的供应商关系对企业成本粘性影响研究——来自中国制造业上市公司的经验数据［J］. 河海大学学报（哲学社会科学版），2019，21（3）：37–45+106.

［93］陈文铭，徐晨阳 . 从推动产业升级转型看固定资产加速折旧新政［J］. 财务与会计，2015（3）：66.

［94］陈勇星，屠文娟，季萍，杨晶照 . 江苏实施创新驱动战略的对策研究［J］. 科技管理研究，2012，32（20）：37–41.

［95］陈勇星，屠文娟，季萍，胡桂兰 . 江苏省实施创新驱动战略的路径选择［J］. 科技管理研究，2013，33（4）：103–107.

［96］陈煜，方军雄 . 政策性优惠：馅饼还是陷阱？——基于固定资产加速折旧税收政策的检验［J］. 证券市场导报，2018（6）：32–41.

［97］成思危 . 虚拟经济不可膨胀［J］. 资本市场，2015（1）：8.

［98］程宏伟 . 中国上市公司股利政策实证研究综述［J］. 吉林财税高等专科学校学报，2004（3）：25–29.

［99］崔学刚，徐金亮 . 境外上市、绑定机制与公司费用粘性［J］. 会计研究，2013（12）：33–39.

［100］戴晨，刘怡 . 税收优惠与财政补贴对企业 R & D 影响的比较分析［J］. 经济科学，2008（3）：58–70.

［101］杜勇，张欢，陈建英 . 金融化对实体企业未来主业发展的影响：促进还是抑制［J］. 中国工业经济，2017（12）：113–131.

［102］杜勇，周丽 . 高管学术背景与企业金融化［J］. 西南大学学报（社会科学版），2019，45（6）：63–74.

［103］樊勇，李昊楠，蒋玉杰．企业税负、税收凸显性与企业固定资产投资［J］．财贸经济，2018，39（12）：49-61.

［104］方军雄．民营上市公司，真的面临银行贷款歧视吗？［J］．管理世界，2010，206（11）：123-131.

［105］方润生，龚毅．企业的冗余资源及其潜在价值［J］．经济经纬，2003（6）：85-87.

［106］房曼，杨凤．我国制造业上市公司费用粘性行为影响因素研究——基于外部与内部因素的经验分析［J］．会计之友，2013（9）：94-97.

［107］费利群．论以创新驱动战略思想为导向的学习型政党和创新型国家建设［J］．山东社会科学，2011（5）：85-96.

［108］冯惠琴．关于固定资产减值计量问题的思考［J］．山西财经大学学报，2012，34（S1）：172+176.

［109］冯展斌，张兆慧，李庆德．公司治理、过度投资与盈余质量［J］．财会通讯，2014（6）：46-49.

［110］冯展斌，张兆慧．官员更替会降低费用粘性吗？［J］．现代财经（天津财经大学学报），2017，37（12）：67-83.

［111］干春晖，邹俊，王健．地方官员任期、企业资源获取与产能过剩［J］．中国工业经济，2015（3）：44-56.

［112］高伟．实施创新驱动发展战略的思考［J］．宏观经济管理，2016（5）：69-71.

［113］高允斌，吴明泉．关于固定资产加速折旧政策的解读与分析［J］．财务与会计，2015（4）：46-48.

［114］耿强，江飞涛，傅坦．政策性补贴、产能过剩与中国的经济波动——引入产能利用率 RBC 模型的实证检验［J］．中国工业

经济，2011（5）：27-36.

［115］龚启辉，刘慧龙，申慧慧．地区要素市场发育、国有控股与成本和费用粘性［J］．中国会计评论，2010，8（4）：431-446.

［116］辜胜阻，韩龙艳，何峥．供给侧改革需加快推进国企创新驱动战略——来自于央企的调查研究［J］．湖北社会科学，2016（7）：87-92.

［117］郭宏，李婉丽，高伟伟．政治治理、管理层权力与国有企业过度投资［J］．管理工程学报，2020，34（2）：71-83.

［118］郭永清．财务报表分析和股票估值评估［M］．北京：机械工业出版社，2017.

［119］韩飞，刘益平．关于制造业上市公司总成本粘性的实证分析［J］．财会月刊，2010（33）：24-26.

［120］韩国高，高铁梅，王立国，齐鹰飞，王晓姝．中国制造业产能过剩的测度、波动及成因研究［J］．经济研究，2011，46（12）：18-31.

［121］韩国高，胡文明．宏观经济不确定性、企业家信心与固定资产投资——基于我国省际动态面板数据的系统 GMM 方法［J］．财经科学，2016（3）：79-89.

［122］韩岚岚，马元驹．内部控制对费用粘性影响机理研究——基于管理者自利行为的中介效应［J］．经济与管理研究，2017，38（1）：131-144.

［123］韩岚岚．创新投入、内部控制与成本粘性［J］．经济与管理研究，2018，39（10）：131-144.

［124］洪昀，隋晓敏．融资融券能抑制企业费用粘性吗——基于中国上市公司的经验证据［J］．财经理论与实践，2019，40（1）：

105–110.

［125］侯晓红，魏文静．交叉上市、机构投资者异质性与费用粘性［J］.现代财经（天津财经大学学报），2016，36（8）：45–55.

［126］胡丹，胡祎蝶，梁樑．冗余资源、财政压力与企业社会责任表现［J］.华东经济管理，2019，33（6）：147–154.

［127］胡华夏，洪荭，肖露璐，刘雯．税收优惠与研发投入——产权性质调节与成本粘性的中介作用［J］.科研管理，2017，38（6）：135–143.

［128］胡奕明，王雪婷，张瑾．金融资产配置动机："蓄水池"或"替代"？——来自中国上市公司的证据［J］.经济研究，2017，52（1）：181–194.

［129］华桂宏，周茂彬，成春林．银行体系、股票市场与固定资产投资——基于三元向量自回归模型的格兰杰因果关系检验［J］.财贸研究，2008（1）：90–94+146.

［130］黄久美，车士义，黄福广．不确定性对企业固定资产投资影响的研究［J］.软科学，2010，24（1）：85–92.

［131］黄群慧．"新常态"、工业化后期与工业增长新动力［J］.中国工业经济，2014（10）：5–19.

［132］黄群慧．论新时期中国实体经济的发展［J］.中国工业经济，2017（9）：5–24.

［133］黄贤环，吴秋生，王瑶．金融资产配置与企业财务风险："未雨绸缪"还是"舍本逐末"［J］.财经研究，2018，44(12)：100–112+125.

［134］江飞涛，曹建海．市场失灵还是体制扭曲——重复建设形成机理研究中的争论、缺陷与新进展［J］.中国工业经济，2009

（1）：53–64.

［135］江飞涛，耿强，吕大国，李晓萍．地区竞争、体制扭曲与产能过剩的形成机理［J］. 中国工业经济，2012（6）：44–56.

［136］江飞涛，李晓萍．直接干预市场与限制竞争：中国产业政策的取向与根本缺陷［J］. 中国工业经济，2010（9）：26–36.

［137］江伟，胡玉明，吕喆．应计盈余管理影响企业的成本粘性吗［J］. 南开管理评论，2015，18（2）：83–91.

［138］江伟，底璐璐，姚文韬．客户集中度与企业成本粘性——来自中国制造业上市公司的经验证据［J］. 金融研究，2017（9）：192–206.

［139］江伟，胡玉明．企业成本费用粘性：文献回顾与展望［J］. 会计研究，2011（9）：74–79.

［140］江伟，李斌．金融发展与企业债务融资［J］. 中国会计评论，2006（2）：255–276.

［141］江伟，姚文韬，胡玉明．《最低工资规定》的实施与企业成本粘性［J］. 会计研究，2016（10）：56–62.

［142］江新峰，张敦力．官员激励、产业政策执行与产能过剩——基于企业投资同群效应的分析［J］. 现代财经（天津财经大学学报），2018，38（7）：88–102.

［143］江轩宇，许年行．企业过度投资与股价崩盘风险［J］. 金融研究，2015（8）：141–158.

［144］蒋德权，姜国华，陈冬华．地方官员晋升与经济效率：基于政绩考核观和官员异质性视角的实证考察［J］. 中国工业经济，2015（10）：21–36.

［145］金碚．中国经济发展新常态研究［J］. 中国工业经济，

2015（1）：5–18.

［146］鞠晓生，卢荻，虞义华．融资约束、营运资本管理与企业创新可持续性［J］．经济研究，2013（1）：4–16.

［147］孔宁宁，张新民，李寅迎．成长型公司财务报表分析与股票未来收益——来自中国上市公司的经验证据［J］．会计研究，2010（6）：37–43+95.

［148］孔玉生，朱乃平，孔庆根．成本粘性研究：来自中国上市公司的经验证据［J］．会计研究，2007（11）：58–65.

［149］郎丽华，周明生．经济增速换档期的体制改革与发展转型——第八届中国经济增长与周期论坛综述［J］．经济研究，2014，49（10）：179–183.

［150］黎文靖，郑曼妮．实质性创新还是策略性创新？——宏观产业政策对微观企业创新的影响［J］．经济研究，2016，51（4）：60–73.

［151］李彬．管理层权利、过度投资与公司价值——基于集权与分权理论的分析［J］．财经论丛，2013（6）：75–82.

［152］李博，赵树宽，余海晴．政府补贴、过度投资与产能过剩——基于国有、非国有工业上市公司的实证研究［J］．预测，2017，36（6）：50–55.

［153］李博．企业环境创新研究综述［J］．经济论坛，2017（8）：121–123.

［154］李丹蒙，夏立军．股权性质、制度环境与上市公司 R&D 强度［J］．财经研究，2008，34（4）：93–104.

［155］李昊洋，程小可，高升好．税收激励影响企业研发投入吗？——基于固定资产加速折旧政策的检验［J］．科学学研究，

2017，35（11）：1680-1690.

［156］李华.创新驱动发展战略下研发支出资本化的会计选择研究——来自A股制造业的经验证据［J］.华东经济管理，2016，30（7）：179-184.

［157］李建军，李丹蒙.创业团队人力资本特征与高新技术企业研发投入——基于我国创业板公司的实证研究［J］.软科学，2015，29（3）：79-83.

［158］李杰.当前银行信贷中存在的“五性”问题及对策［J］.当代经理人，2006（2）：35+75-83.

［159］李莉，闫斌，顾春霞.知识产权保护、信息不对称与高科技企业资本结构［J］.管理世界，2014（11）：1-9.

［160］李粮，赵息.我国上市公司经理人动机对费用粘性影响研究［J］.天津大学学报（社会科学版），2013，15（6）：512-518.

［161］李青原，王永海.资产专用性与公司资本结构——来自中国制造业股份有限公司的经验证据［J］.会计研究，2006（7）：66-71+94.

［162］李涛，黄晓蓓，王超.企业科研投入与经营绩效的实证研究——信息业与制造业上市公司的比较［J］.科学学与科学技术管理，2008（7）：170-174.

［163］李维安，李浩波，李慧聪.创新激励还是税盾？——高新技术企业税收优惠研究［J］.科研管理，2016，37（11）：61-70.

［164］李晓萍，李平，江飞涛.创新驱动战略中市场作用与政府作为——德国经验及其对我国的启示［J］.产经评论，2015，6（6）：5-12.

［165］李晓翔，刘春林.高流动性冗余资源还是低流动性冗余

资源——一项关于组织冗余结构的经验研究［J］. 中国工业经济，2010（7）：94-103.

［166］李晓翔，刘春林 . 冗余资源与企业绩效关系的情境研究——兼谈冗余资源的数量变化［J］. 南开管理评论，2011，14（3）：4-14.

［167］李晓翔，刘春林 . 突发事件情境下冗余资源与公司绩效的关系研究——以汶川地震为例［J］. 财经研究，2011，37（2）：124-134.

［168］李延喜，曾伟强，马壮，陈克兢 . 外部治理环境、产权性质与上市公司投资效率［J］. 南开管理评论，2015，18（1）：25-36.

［169］李增泉，辛显刚，于旭辉 . 金融发展、债务融资约束与金字塔结构——来自民营企业集团的证据［J］. 管理世界，2008（1）：123-135+188.

［170］梁上坤，陈冬，胡晓莉 . 外部审计师类型与上市公司费用粘性［J］. 会计研究，2015（2）：79-86.

［171］梁上坤 . 管理者过度自信、债务约束与成本粘性［J］. 南开管理评论，2015（3）：122-131.

［172］梁上坤 . 机构投资者持股会影响公司费用粘性吗？［J］. 管理世界，2018，34（12）：133-148.

［173］梁上坤 . 媒体关注、信息环境与公司费用粘性［J］. 中国工业经济，2017（2）：154-173.

［174］林川 . 过度投资、市场情绪与股价崩盘——来自创业板上市公司的经验证据［J］. 中央财经大学学报，2016（12）：53-64.

［175］林毅夫，巫和懋，邢亦青 ."潮涌现象"与产能过剩的

形成机制［J］. 经济研究，2010，45（10）：4–19.

［176］林毅夫 . 潮涌现象与发展中国家宏观经济理论的重新构建［J］. 经济研究，2007（1）：126–131.

［177］林钟高，刘捷先，章铁生 . 企业负债率、研发投资强度与企业价值［J］. 税务与经济，2011（6）：1–11.

［178］凌士显，白锐锋 . 董事高管责任保险与公司费用粘性——基于中国上市公司经验数据的实证检验［J］. 保险研究，2018（5）：73–86.

［179］刘嫦，杨兴全，李立新 . 绩效考核、管理者过度自信与成本费用粘性［J］. 商业经济与管理，2014（3）：78–87.

［180］刘嫦，赵姗姗，谭清月 . 技术约束、真实盈余管理与费用粘性［J］. 财会月刊，2015（33）：16–20.

［181］刘贯春，段玉柱，刘媛媛 . 经济政策不确定性、资产可逆性与固定资产投资［J］. 经济研究，2019，54（8）：53–70.

［182］刘贯春，张军，刘媛媛 . 金融资产配置、宏观经济环境与企业杠杆率［J］. 世界经济，2018，41（1）：148–173.

［183］刘航，孙早 . 城镇化动因扭曲与制造业产能过剩——基于 2001–2012 年中国省级面板数据的经验分析［J］. 中国工业经济，2014（11）：5–17.

［184］刘红雪 . 市场化程度、政府干预与劳动保护［D］. 重庆：重庆大学，2015.

［185］刘焕蕊 . 新常态下中国企业转型升级的路径选择研究［J］. 技术经济与管理研究，2016（11）：59–63.

［186］刘慧龙，齐云飞，王成方 . 金字塔集团不同层级公司成本粘性差异及其成因的实证分析［J］. 会计研究，2017（7）：82–

88+97.

[187] 刘金全，印重. 我国固定资产投资与经济增长的关联性研究 [J]. 社会科学辑刊，2012（1）：131-134.

[188] 刘津宇，王正位，朱武祥. 产权性质、市场化改革与融资歧视——来自上市公司投资—现金流敏感性的证据 [J]. 南开管理评论，2014，17（5）：126-133.

[189] 刘楠，杜跃平. 政府补贴方式选择对企业研发创新的激励效应研究 [J]. 科技进步与对策，2005（11）：18-19.

[190] 刘啟仁，赵灿，黄建忠. 税收优惠、供给侧改革与企业投资 [J]. 管理世界，2019，35（1）：78-96+114.

[191] 刘思明，侯鹏，赵彦云. 知识产权保护与中国工业创新能力——来自省级大中型工业企业面板数据的实证研究 [J]. 数量经济技术经济研究，2015（3）：40-57.

[192] 刘武. 企业费用"粘性"行为：基于行业差异的实证研究 [J]. 中国工业经济，2006（12）：105-112.

[193] 刘彦文，王玉刚. 中国上市公司费用粘性行为实证分析 [J]. 管理评论，2009，21（3）：98-106.

[194] 刘玉敏. 我国上市公司董事会效率与公司绩效的实证研究 [J]. 南开管理评论，2006（1）：84-90.

[195] 刘煜辉. 中国通胀和流动性过剩的根源 [J]. 中国金融，2007（21）：48-49.

[196] 刘媛媛，刘斌. 劳动保护、成本粘性与企业应对 [J]. 经济研究，2014（5）：63-76.

[197] 逯进，王晓飞. 固定资产投资、老龄化与经济活力——基于省域视角研究 [J]. 人口学刊，2019，41（5）：57-71.

［198］罗宏，曾永良．外部审计、产权性质与费用粘性［J］．南京审计学院学报，2015（2）：63–72.

［199］罗晓梅．我国创新驱动发展战略的理论基础和学术渊源［J］．探索，2016（5）：5–11.

［200］吕峻．股权性质、管理层激励和过度投资［J］．经济管理，2019，41（9）：160–174.

［201］吕兆德，李霜．盈余管理强化审计费用粘性了吗？［J］．南京审计大学学报，2018，15（3）：68–79.

［202］马伟红．税收激励与政府资助对企业 R&D 投入影响的实证研究——基于上市高新技术企业的面板数据［J］．科技进步与对策，2011（17）：111–114.

［203］马永强，张泽南．金融危机冲击、管理者盈余动机与成本费用粘性研究［J］．南开管理评论，2013，16（6）：70–80.

［204］毛洪涛，李子扬，程军．非经济动因可引致企业粘性成本行为吗——基于社会成本理论及中国市场背景的实证分析［J］．南开管理评论，2015（6）：136–145.

［205］牟伟明．自由现金流、董事会治理与费用粘性研究［J］．经济与管理研究，2018，39（5）：103–113.

［206］穆林娟，张妍，刘海霞．管理者行为、公司治理与费用粘性分析［J］．北京工商大学学报（社会科学版），2013，28（1）：75–81.

［207］南晓莉，张敏．政府补助是否强化了战略性新兴产业的成本粘性？［J］．财经研究，2018，44（8）：114–127.

［208］潘亮．产业政策对中国企业投资行为影响的相关分析［J］．云南社会科学，2012（5）：93–97.

［209］庞瑞芝，师雯雯，丁明磊．政企关联、研发与创新绩效——基于426家创新型企业的数据［J］．当代经济科学，2014，36（1）：55-62.

［210］彭俞超，韩珣，李建军．经济政策不确定性与企业金融化［J］．中国工业经济，2018（1）：137-155.

［211］彭俞超，倪骁然，沈吉．企业“脱实向虚”与金融市场稳定——基于股价崩盘风险的视角［J］．经济研究，2018，53（10）：50-66.

［212］戚聿东，张任之．金融资产配置对企业价值影响的实证研究［J］．财贸经济，2018，39（5）：38-52.

［213］齐建国，王红，彭绪庶，刘生龙．中国经济新常态的内涵和形成机制［J］．经济纵横，2015（3）：7-17.

［214］齐鹰飞，李东阳．固定资产投资波动对经济周期波动“放大效应”的实证分析［J］．财政研究，2014（9）：48-51.

［215］裘益政．政治关系、预算软约束与过度投资——基于民营上市公司的经验证据［J］．商业经济与管理，2014（3）：88-96.

［216］全怡，陶聪．女性高管与企业费用粘性——基于管理层自利的视角［J］．会计与经济研究，2018，32（5）：40-58.

［217］邵传林．制度环境、财政补贴与企业创新绩效——基于中国工业企业微观数据的实证研究［J］．软科学，2015，29（9）：34-37.

［218］申广军，陈斌开，杨汝岱．减税能否提振中国经济？——基于中国增值税改革的实证研究［J］．经济研究，2016，51（11）：70-82.

［219］石善冲，王晋珍，林亚囡．内部控制、产权性质与费用

粘性——基于中国上市公司的实证研究［J］. 工业技术经济，2018，37（2）：32–41.

［220］宋常，杨华领，李沁洋．审计师行业专长与企业费用粘性［J］. 审计研究，2016（6）：72–79.

［221］宋军，陆旸．非货币金融资产和经营收益率的U形关系——来自我国上市非金融公司的金融化证据［J］. 金融研究，2015（6）：111–127.

［222］宋云玲，吕佳宁，王菊仙 .CEO 的动态过度乐观影响费用粘性吗？［J］. 会计与经济研究，2019，33（2）：5–21.

［223］孙凤娥，田治威，陈丽荣．股权激励与过度投资：激励力度的门槛效应［J］. 中央财经大学学报，2019（11）：67–75.

［224］孙嘉舸，王满．竞争战略、地区要素市场化水平与费用粘性［J］. 财经问题研究，2019（1）：105–113.

［225］孙维章，王灿，干胜道．高管薪酬激励与费用粘性克服——基于"薪酬差距"和"薪酬溢价"视角的实证检验［J］. 经济经纬，2016，33（3）：96–101.

［226］孙玮，王满，马影．营销能力、产品市场竞争和费用粘性［J］. 经济问题，2019（5）：91–99.

［227］孙铮，刘浩．中国上市公司费用"粘性"行为研究［J］. 经济研究，2004（12）：26–34.

［228］谭志敏．中国创新驱动发展战略思想体系研究［D］. 广州：华南理工大学，2018.

［229］唐跃军，宋渊洋，左晶晶．第二类代理问题、大股东偏好与费用粘性差异［J］. 公司治理评论，2012，4（3）：51–86.

［230］田利辉，李春霞．债务约束、经理薪酬与上市公司过度

投资研究［J］. 证券市场导报，2014（6）：46–52.

［231］万寿义，田园 . 第一大股东控制权、大股东制衡与费用粘性差异［J］. 财贸研究，2017，28（2）：100–110.

［232］万寿义，王红军 . 管理层自利、董事会治理与费用粘性——来自中国制造业上市公司的经验证据［J］. 经济与管理，2011（3）：26–32.

［233］万寿义，徐圣男 . 我国上市公司费用粘性行为的经验研究——基于不同成本类型的视角［J］. 价格理论与实践，2012（12）：73–74.

［234］万寿义，徐圣男 . 中国上市公司费用粘性行为的经验证据——基于上市公司实质控制人性质不同的视角［J］. 审计与经济研究，2012，27（4）：79–86.

［235］汪冰 . 创新、创新驱动和创新驱动战略［J］. 甘肃理论学刊，2013（4）：24–26.

［236］王聪，何爱平 . 创新驱动发展战略的理论解释：马克思与熊彼特比较的视角［J］. 当代经济研究，2016（7）：57–65.

［237］王刚，颜苏，王洋 . 完善金稳会治理机制以有效防控系统性金融风险研究［J］. 经济纵横，2018（1）：92–97.

［238］王红建，曹瑜强，杨庆，杨筝 . 实体企业金融化促进还是抑制了企业创新——基于中国制造业上市公司的经验研究［J］. 南开管理评论，2017，20（1）：155–166.

［239］王红建，李茫茫，汤泰劼 . 实体企业跨行业套利的驱动因素及其对创新的影响［J］. 中国工业经济，2016（11）：73–89.

［240］王红建，李青原，邢斐 . 经济政策不确定性、现金持有水平及其市场价值［J］. 金融研究，2014（9）：53–68.

［241］王兰芳，胡悦．创业投资促进了创新绩效吗？——基于中国企业面板数据的实证检验［J］．金融研究，2017（1）：177-190.

［242］王立国，高越青．基于技术进步视角的产能过剩问题研究［J］．财经问题研究，2012（2）：26-32.

［243］王明虎，席彦群．产权治理、自由现金流量和企业费用粘性［J］．商业经济与管理，2011（9）：68-73.

［244］王明虎，章铁生．产品市场竞争、资本结构波动与费用粘性［J］．商业经济与管理，2017（3）：69-80.

［245］王青云，饶扬德．企业技术创新绩效的层次灰色综合评判模型［J］．数量经济技术经济研究，2004（5）：55-62.

［246］王睿，韦鹏．中国经济换挡对企业成本费用粘性的影响［J］．财经问题研究，2016（7）：117-121.

［247］王涛，邱国栋．创新驱动战略的“双向驱动”效用研究［J］．技术经济与管理研究，2014（6）：33-38.

［248］王雄元，高开娟．客户关系与企业成本粘性：敲竹杠还是合作［J］．南开管理评论，2017，20（1）：132-142.

［249］王亚妮，程新生．环境不确定性、沉淀性冗余资源与企业创新——基于中国制造业上市公司的经验证据［J］．科学学研究，2014，32（8）：1242-1250.

［250］王一卉．政府补贴、研发投入与企业创新绩效——基于所有制、企业经验与地区差异的研究［J］．经济问题探索，2013（7）：138-143.

［251］王永钦，刘紫寒，李嫦，杜巨澜．识别中国非金融企业的影子银行活动——来自合并资产负债表的证据［J］．管理世界，

2015（12）：24-40.

［252］王宗军，周文斌，后青松．固定资产加速折旧所得税政策对企业研发创新的效应［J］．税务研究，2019（11）：41-46.

［253］魏志华，赵悦如，吴育辉．财政补贴："馅饼"还是"陷阱"？——基于融资约束 VS. 过度投资视角的实证研究［J］．财政研究，2015（12）：18-29.

［254］温湖炜．研发投入、创新方式与产能过剩——来自制造业的实证依据［J］．南京财经大学学报，2017（4）：8-17.

［255］温忠麟，叶宝娟．有调节的中介模型检验方法：竞争还是替补［J］．心理学报，2014，46（5）：714-726.

［256］温忠麟，张雷，侯杰泰等．中介效应检验程序及其应用［J］．心理学报，2004，36（5）：614-620.

［257］吴超鹏，唐菂．知识产权保护执法力度、技术创新与企业绩效——来自中国上市公司的证据［J］．经济研究，2016，51（11）：125-139.

［258］吴春雅，吴照云．政府补贴、过度投资与新能源产能过剩——以光伏和风能上市企业为例［J］．云南社会科学，2015（2）：59-63.

［259］伍红，郑家兴，王乔．固定资产加速折旧、厂商特征与企业创新投入——基于高端制造业 A 股上市公司的实证研究［J］．税务研究，2019（11）：34-40.

［260］席鹏辉，梁若冰，谢贞发，苏国灿．财政压力、产能过剩与供给侧改革［J］．经济研究，2017，52（9）：86-102.

［261］夏飞龙．产能过剩的概念、判定及成因的研究评述［J］．经济问题探索，2018（12）：54-69.

［262］夏晓华，史宇鹏，尹志锋．产能过剩与企业多维创新能力［J］．经济管理，2016，38（10）：25-39.

［263］向坚，刘洪伟．技术创新绩效评价研究综述［J］．科技进步与对策，2011，28（6）：155-160.

［264］肖怡清，陈宪．技术进步对过度投资和产能过剩的中介作用——基于不同企业性质和行业性质的视角［J］．上海大学学报（社会科学版），2018，35（3）：65-77.

［265］谢家智，王文涛，江源．制造业金融化、政府控制与技术创新［J］．经济学动态，2014（11）：78-88.

［266］邢斐，王红建．企业规模、市场竞争与研发补贴的实施绩效［J］．科研管理，2018，39（7）：43-49.

［267］邢天才，张梦．经济波动、金融摩擦与固定资产投资——来自中国地级市样本的证据［J］．金融论坛，2018，23（12）：10-20.

［268］修宗峰，黄健柏．市场化改革、过度投资与企业产能过剩——基于我国制造业上市公司的经验证据［J］．经济管理，2013，35（7）：1-12.

［269］徐朝辉，周宗放．融资约束下财务柔性对公司信用风险的作用机理［J］．技术经济，2014，33（10）：106-112.

［270］徐业坤，马光源．地方官员变更与企业产能过剩［J］．经济研究，2019，54（5）：129-145.

［271］许良超，王志强．产品市场竞争对股票收益的影响研究——基于固定资产投资的中介效应分析［J］．投资研究，2019，38（1）：32-44.

［272］薛云奎，白云霞．国家所有权、冗余雇员与公司业绩

[J]. 管理世界，2008（10）：96–105.

[273] 闫海洲，陈百助 . 产业上市公司的金融资产：市场效应与持有动机 [J]. 经济研究，2018，53（7）：152–166.

[274] 杨道广，陈汉文，刘启亮 . 媒体压力与企业创新 [J]. 经济研究，2017，52（8）：125–139.

[275] 杨其静，吴海军 . 产能过剩、中央管制与地方政府反应 [J]. 世界经济，2016，39（11）：126–146.

[276] 杨兴全，吴昊旻，曾义 . 公司治理与现金持有竞争效应——基于资本投资中介效应的实证研究 [J]. 中国工业经济，2015（1）：121–133.

[277] 杨兴全，曾义 . 现金持有能够平滑企业的研发投入吗？——基于融资约束与金融发展视角的实证研究 [J]. 科研管理，2014，35（7）：107–115.

[278] 杨兴全，申艳艳，尹兴强 . 外资银行进入与公司投资效率：缓解融资约束抑或抑制代理冲突？[J]. 财经研究，2017，43（2）：98–109.

[279] 杨兴全，张照南，吴昊旻 . 治理环境、超额持有现金与过度投资——基于我国上市公司面板数据的分析 [J]. 南开管理评论，2010，13（5）：61–69.

[280] 杨长汉 . 信贷投放、固定资产投资与经济增长 [J]. 宏观经济研究，2017（5）：21–28.

[281] 杨振兵 . 有偏技术进步视角下中国工业产能过剩的影响因素分析 [J]. 数量经济技术经济研究，2016，33（8）：30–46.

[282] 杨筝，刘放，王红建 . 企业交易性金融资产配置：资金储备还是投机行为？[J]. 管理评论，2017，29（2）：13–25+34.

［283］于蔚，汪淼军，金祥荣．政治关联和融资约束：信息效应与资源效应［J］．经济研究，2012，47（9）：125-139.

［284］余明桂，范蕊，钟慧洁．中国产业政策与企业技术创新［J］．中国工业经济，2016（12）：5-22.

［285］余明桂，潘红波．政府干预、法治、金融发展与国有企业银行贷款［J］．金融研究，2008（9）：1-22.

［286］余稳策，张雪妍，徐静．美国创新驱动战略及对中国的启示［J］．亚太经济，2017（2）：94-98.

［287］袁洪川．企业技术创新的核子模型——分层创新驱动战略［J］．经济工作通讯，1996（13）：27-28.

［288］袁建国，后青松，程晨．企业政治资源的诅咒效应——基于政治关联与企业技术创新的考察［J］．管理世界，2015（1）：139-155.

［289］翟胜宝，陈紫薇，刘亚萍．银企关系与企业成本费用粘性［J］．系统工程理论与实践，2015，35（4）：928-938.

［290］张成思，张步昙．中国实业投资率下降之谜：经济金融化视角［J］．经济研究，2016，51（12）：32-46.

［291］张传奇，孙毅．债务约束、过度投资和成本粘性的关系研究——基于中国制造业上市公司的实证证据［J］．云南财经大学学报，2018，34（2）：69-80.

［292］张功富，王永强，刘振．地方保护、企业投资与竞争优势——基于中国制造业上市公司面板数据的实证研究［J］．经济经纬，2013（5）：84-89.

［293］张俊瑞，王良辉，汪方军．高管—独董任职联结与“机会主义”的费用粘性——基于独立董事外生离任所构建的拟自然实

验［J］. 山西财经大学学报，2017，39（10）：85-99.

［294］张路，李金彩，张瀚文，王会娟 . 管理者能力影响企业成本粘性吗？［J］. 会计研究，2019（3）：71-77.

［295］张倩肖，董瀛飞 . 渐进工艺创新、产能建设周期与产能过剩——基于"新熊彼特"演化模型的模拟分析［J］. 经济学家，2014（8）：33-42.

［296］张伟华，郭盈良，王春燕 . 国有企业高管薪酬、产品市场竞争与费用粘性［J］. 科学决策，2017（4）：38-59.

［297］张玉利，田新，王晓文 . 有限资源的创造性利用——基于冗余资源的商业模式创新：以麦乐送为例［J］. 经济管理，2009（3）：119-125.

［298］张泽南 . 政治关联、管理者过度自信与成本粘性——基于创业板上市公司的经验证据［J］. 财经论丛，2016（10）：67-75.

［299］张泽一 . 党的创新驱动战略的理论渊源及其现实意义［J］. 甘肃理论学刊，2013（5）：34-37.

［300］赵卿，曾海舰 . 中国式产业政策引致产能过剩吗——基于中国工业行业面板数据的经验分析［J］. 华中科技大学学报（社会科学版），2017，31（3）：75-85.

［301］赵昕，许杰，丁黎黎 . 董事网络、独立董事治理与上市公司过度投资行为研究［J］. 审计与经济研究，2018，33（1）：69-80.

［302］赵新贵，刘曜铭 . 固定资产加速折旧税收新政策与会计处理［J］. 财务与会计，2015（6）：42-44.

［303］郑春美，李佩 . 政府补助与税收优惠对企业创新绩效的影响——基于创业板高新技术企业的实证研究［J］. 科技进步与对

策，2015，32（16）：83-87.

［304］郑烨．创新驱动发展战略与科技创新支撑：概念辨析、关系厘清与实现路径［J］．经济问题探索，2017（12）：163-170.

［305］周彬，谢佳松．虚拟经济的发展抑制了实体经济吗？——来自中国上市公司的微观证据［J］．财经研究，2018，44（11）：74-89.

［306］周兵，钟延勇，徐辉等．企业战略、管理者预期与成本粘性——基于中国上市公司经验证据［J］．会计研究，2016（7）：58-65.

［307］周琎．产业政策、产能过剩与僵尸企业形成的关系研究［J］．新经济，2019（1）：51-57.

［308］周黎安．行政发包的组织边界兼论“官吏分途”与“层级分流”现象［J］．社会，2016，36（1）：34-64.

［309］周黎安．晋升博弈中政府官员的激励与合作——兼论我国地方保护主义和重复建设问题长期存在的原因［J］．经济研究，2004（6）：33-40.

［310］周丽，李水力，许琼月．宏观政策抑制了成本粘性效应吗？［J］．中国注册会计师，2013（8）：72-77.

［311］周林洁，刘慧龙，章红霞．董事会留有前任总经理会如何影响公司资源调整？——基于成本粘性视角的实证分析［J］．金融研究，2019（2）：169-187.

［312］周琳．基于创新驱动发展战略的企业创新绩效研究［J］．经济问题，2015（5）：124-129.

［313］周雪峰．地方政府债务成因分析及对宏观经济的影响——以内蒙古为例［J］．内蒙古金融研究，2012（2）：30-33.

［314］周业樑，盛文军．转轨时期我国产能过剩的成因解析及政策选择［J］. 金融研究，2007（2）：183–190.

［315］朱鹏飞，张丹妮，周泽将．企业风险承担会导致审计溢价吗？——基于产权性质和费用粘性视角的拓展性分析［J］. 中南财经政法大学学报，2018（6）：72–80.

［316］祝继高，韩非池，陆正飞．产业政策、银行关联与企业债务融资——基于 A 股上市公司的实证研究［J］. 金融研究，2015（3）：176–191.

# 后　记

成本作为一个客观存在的经济范畴，在以提高经济效益为根本目标的企业管理中发挥着重要的作用。作为企业管理的一个重要方面，成本费用管理是企业受到外界干扰最小且易于改善的管理领域。然而鉴于成本管理数据的隐秘性，成本管理会计领域的实证研究难以顺利开展。自 2003 年 Anderson 等正式提出成本费用粘性的概念和量化模型，架起成本管理会计与财务会计、财务管理之间相互作用的桥梁以来，国外学者基于成本费用粘性存在性、动因解释及其经济后果等视角的实证研究成果不断涌出。

历经 20 余年高速增长且取得令人瞩目成就后，我国经济正走向速度趋缓、结构趋优的工业化后期，经济社会面临诸多矛盾的叠加和风险隐患的加剧。在此背景下，以习近平同志为核心的党中央在中共十八大报告中提出了“五位一体”总体布局，要求“统筹推进经济建设、政治建设、文化建设、社会建设、生态建设，全面实现社会主义现代化和中华民族伟大复兴”。然而，我国经济“大而不强、臃肿虚胖体弱问题相当突出，主要体现在创新能力不强，成为我国经济大块头的阿喀琉斯之踵”。创新引领、驱动发展已经成为我国经济发展的迫切要求。正是基于这一原因，党的十九大报告 50 余次提到创新，反复强调“创新是建设现代化经济体系的战略支撑”，并将创新位列新发展理念之首，居于国家发展全局的核心位置。从微观层面来看，实施创新驱动发展战略，建设创新型国家，需要大批高水平创新型企业群体的有力支撑。随着后工业化时代的到来，我国科技与经济发展的未来以及我国在国际市场上的竞争力，将在很大程度上取决于我国企业在国际上的核心竞争力。而培育具有较强自主创新能力和较强国际竞争力的创新型企业群体，不能仅依靠企业的单方面投入，还需要国家和企业协同共进，共同致力推进创新型企业的建设，打造一大批具有自主创新能力和较强国际竞争力的创新型企业群体。这一工作将成为我国建设创新型国家的长期的基础工程，也将成为企业提升其核心竞争力的根本任务。

可以说，在我国宏观的创新驱动战略指引下，实施创新驱动战略已成为我国基本国策之一，目前我国已经制订包括企业研发费用加计扣除、扩大固定资产加速折旧实施范围等系列政策措施。这些制度的出台及其实施已经对微观企业的研发支出投入及为新产品投产而进行的固定资产升级换代投入产生了强烈的激励效果，并进一步影响着企业的成本管理行为及其绩效。本书基于我国宏观创新驱动战略大背景，集中关注企业践行创新驱动战略中企业研发支出以及为此配套的固定资产升级两类开支的成本费用粘性及其对创新绩效的影响以及实体企业金融化是否影响企业粘性及其战略效应，首次将企业创新投入开支分解为企业研发支出与为今后新产品投产而进行的固定资产升级换代投入，分别关注这两类开支对我国企业成本费用粘性的影响，进而拓展了企业成本费用粘性的研究范畴，在一定程度上补充了费用粘性研究范畴，拓展了费用粘性经济后果研究领域，并在一定程度上丰富了“政府作为—企业行为”的宏观、微观互动机制研究。

在本书的写作过程中，得到了石河子大学经济与管理学院杨兴全教授、吴昊旻教授等的大力支持，部分章节的写作是在和笔者的研究生马杰、李丽丹、孙洪锋、付荟芸、高雅等合作的基础上完成的，他们在资料收集尤其是在数据处理中进行了大量工作。在此向杨兴全教授、吴昊旻教授及笔者的研究生们致以诚挚的谢意！

本书的出版得到了石河子大学哲学社会科学优秀学术著作出版基金石河子大学会计学重点学科项目的资助，在此表示衷心的感谢！

刘嫦

2020 年 9 月 18 日